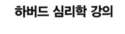

하버드 심리학 강의

《哈佛心理课 》
作者：哈佛公开课研究会

인생의 모든 순간을 행복으로 바꾸는 마법

하버드 심리학 강의

HARVARD

하버드 공개 강의 연구회 지음 | 송은진 엮음

BOOK
AGIT

하버드 심리학 강의

초판 2쇄 발행 · 2022년 08월 25일
개정 1쇄 발행 · 2024년 01월 20일

지은이 · 하버드 공개강의연구회
옮긴이 · 송은진
펴낸이 · 김승헌

펴낸곳 · 도서출판 작은우주 | 주소 · 서울특별시 마포구 양화로 73, 6층 MS-8호.
출판등록일 · 2014년 7월 15일(제2019-000049호)
전화 · 031-318-5286 | 팩스 · 0303-3445-0808 | 이메일 · book-agit@naver.com

| 북아지트는 작은우주의 성인단행본 브랜드입니다. |

서문

하버드 대학 Harvard University 은 100년이 넘는 역사가 있는 세계 최고의 명문이다. 현대 사회에서 하버드라는 타이틀은 곧 성공을 의미한다고 해도 과언이 아니다. 전 세계 거의 모든 영역의 최정상에 하버드 출신이 포진했기 때문이다. 또 하버드는 세계 최초로 심리학과를 개설한 대학으로 수많은 훌륭한 심리학자를 배출해 심리학 발전에 크게 공헌했다.

처음에는 '심리학'을 난해하고 신비한 학문이라고 생각하는 사람이 많았다. 아주 간단한 이론인데도 '심리학적으로'나 '심리학 법칙에 따르면'이라는 말이 더해지면 왠지 어렵다고 느꼈다. 사실 심리학은 아주 쉽게 접할 수 있는 과학으로 일상의 다양한 현상을 분석하고 이해하는 데 도움을 준다. 하버드의 한 심리학 교수는 심리학의 궁극적인 목표를 이렇게 설명했다. "심리학은 연구하기 위해 만들어진 학문이 아니다. 심리학의 목표는 인류를 더 행복하게 하는 데 있다."

지금은 심리학 지식이 꽤 광범위하게 보급되었다. 덕분에 점점 더 많은 사람이 '어떻게 하면 심리학 지식을 이용해서 심리 문제를 해결할 수 있을까?'에 관심을 보인다. 치열한 경쟁이 펼쳐지는 현대 사회에서 성공하려면 단순히 노력만으로는 충분하지 않다. 남들보다 한 발 더 앞서려면 반드시 심리학 지식을 쌓아 효율적으로 이용할 줄 알아야 한다.

지금 현대인에게 가장 필요한 것은 건강한 심리상태다. 바쁘게 살아가는 현대인은 모두 많거나 적은 심리적 문제를 안고 산다. 특히 경쟁이 과열되면서 심리적 압박은 점점 강도가 세지고 있다. 이런 문제들은 무시나 회피로는 절대 해결할 수 없다. 가장 좋은 방법은 심리학 지식을 이용해서 자신의 내면을 강하게 만드는 것이다. 그래야 좋은 심리상태를 유지하면서 스스로 찾은 수준 높은 행복을 마음껏 누릴 수 있다.

이 책은 독자들에게 행복해지는 법, 성공하는 법, 감정을 제어하는 법, 좋은 인간관계를 쌓는 법을 알려준다. 또 독자들은 이 책을 통해 직장에서 활약하는 법, 우위를 점해서 승승장구하는 법, 존중받는 법, 카리스마 넘치는 사람이 되는 법 등을 깨닫게 될 것이다.

심리학은 복잡해 보이지만 간단하고, 어려워 보이지만 재미있는 학문이다. 심리학을 배워 보겠다고 딱딱하고 난해한 심리학 전문 서적을 들고 죽어라 외울 필요는 없다. 가볍고 쉽게 이해할 수 있고 이론과 실제가 하나로 잘 결합한 심리학 서적만으로도 자신과 타인의 내면을 분석하고 이해하는 데 큰 도움이 될 것이다. 이렇게 해서 신체뿐 아니라 심리까지 건강하게 유지하는 사람이 성공할 수 있다. 이 책은 하버드 심리학 공개강의의 핵심내용을 선정, 정리했으며 주제마다 재미있고 생각할 부분이 있는 이야기를 더했다. 가장 쉽게 이해할 수 있는 언어로 실용적인 이론을 설명함으로써 독자들을 심리학 세계로 안내하고자 했다.

이 책의 핵심은 배운 것을 실제에 활용하는 데 있다. 독자들이 이 책에 소개된 다양한 사례를 통해 심리학 이론과 방법을 이해하고 내면의 고민과 고뇌를 말끔히 해소하기 바란다.

차례

Harvard Psychology Lecture

1장

행복

"당신도 행복해질 수 있다."

탈 벤 샤하르 교수가 하버드에서 강의한 행복학은 학생들로부터 뜨거운 호응을 얻었다. 이유는 바로 이 강의에서 행복해지는 방법을 나 자신 스스로에게서 배울 수 있기 때문이었다. 이 장에서는 샤하르 교수가 강의에서 소개한 행복을 얻는 작은 비결들을 소개한다. 독자들은 행복의 문을 여는 황금열쇠를 찾을 것이다.

행복 민감도를 사수하라!

행복이란 무엇인가? 행복은 내면의 감각이다. 행복한 사람이 되고 싶다면 행복을 감지하는 '행복 민감도'를 높게 유지해야 한다. 탈 벤 샤하르 Tal Ben-Shahar 교수가 하버드에서 교양 선택과목으로 강의한 '행복학'이 학생들의 뜨거운 호응을 얻었던 까닭은 그가 행복의 본질뿐 아니라 어떻게 행복을 느껴야 하는지 알려주었기 때문이다.

행복은 '한계효용 체감의 법칙'을 따른다. 즉 행복의 크기는 끝도 없이 커지지 않으며 오히려 점점 줄어든다. 이는 곧 우리 내면에서 행복에 대한 민감도가 약해진다는 이야기다. 사실 행복은 계속 더 많이 얻는 것이 아니라 만족할 줄 아는 것에서 온다. 다음은 행복의 한계효용 체감의 법칙에 관한 이야기다.

66

길거리를 헤매며 여러 날 굶주린 거지가 현자 賢者 를 만났다. 거지는 현자가 건넨 빵 한 덩이를 허겁지겁 먹으며 "정말 감사합니다. 이 빵은 정말이지 세상에서 가장 맛있네요!"라고 말했다. 거지가 빵 하나를 순식간에 먹어 치우자 현자는 두 번째 빵을 주었다. 거지는 이번에도 행복에 겨운 표정으로 신나게 다 먹었다. 그러자 현자는 다시 세 번째 빵을 건넸다. 거지는 이번에도 다 먹었지만, 배가 많이 불렀다. 급기야 현자가 네 번째 빵을 건넸을 때, 거지의 얼굴에는 고통스러운 표정이 드러났다. 첫 번째 빵을 먹을 때 느꼈던 희열과 쾌락은 이미 사라진 지 오래였다.

”

    사람은 기본적인 욕망을 만족하면 행복을 느낀다. 하지만 얻는 것이 많고 만족도가 커질수록 행복의 크기는 점차 감소한다. 심지어 전혀 행복하지 않은 지경까지 갈 수도 있다. 빵을 먹을수록 희열과 쾌락을 잃어버린 거지처럼 말이다. 그러니 무조건 많이 가졌다고 행복하다고 단정할 수는 없다. 간단히 말해서 행복은 일종의 '깨닫는 능력'이다.

    행복은 한계효용 체감의 법칙을 따른다. 이는 정말로 행복한 일이 줄어들어서가 아니라 사람의 내면에서 어떠한 변화가 발생하기 때문이다. 사람은 심리상태가 부정적이고 불안정하면 아주 약간만 부족해도 쉽게 흥분한다. 반대로 주변 환경이 이전보다 나아지면 그에 따라 욕망도 함께 커진다.
    도무지 행복을 느끼기 어렵다면 주변을 돌아보자. 어쩌면 행복은 당신의 주변에 숨어 있을지도 모른다. 단지 그것을 알아차릴 내면의 행복 민감도가 떨어졌을 뿐이다.

“

    어느 날 왕은 군사를 이끌고 전쟁에 나섰으나 크게 패하고 말았다. 그는 추적하는 적을 피해 남은 병사들과 함께 필사적으로 도망쳤다. 숲에서 몸을 웅크리고 숨어 있던 이틀 동안, 그들은 먹지도 마시지도 못했다. 그러던 중 나무를 하러 온 노인이 왕을 보고서 불쌍히 여겨 옥수수와 배추로 만든 떡을 조금 가져다주었다. 잔뜩 굶주렸던 왕은 떡을 순식간에 전부 먹어 치웠다. 천국 같은 맛이라고 생각하면서. 그는 노인에게 감사하다고 말하면서 이 맛있는 떡이 대체 무엇이냐고 물었다. 노인은 이것이 '굶주림'이라는 떡이라고 말했다.

후에 궁으로 무사히 돌아온 왕은 요리사에게 '굶주림'을 설명해주고 어서 만들라고 명령했다. 하지만 아무리 여러 번 고쳐가며 만들어도 도통 숲에서 먹었던 그 맛이 나지 않았다. 하는 수 없이 왕은 사람을 보내 '굶주림'을 주었던 그 노인을 찾아오게 했다. 노인이 '굶주림'을 한 바구니 가득 만들어 바치자 왕은 크게 반기며 먹었다. 하지만 어떻게 된 일인지 숲에서 먹었던 그 맛이 아니었다.

사실 궁정 요리사가 만든 떡도 노인이 만든 '굶주림'과 같은 떡이었다. 하지만 왕이 궁에 돌아온 후 매일 산해진미를 먹어서 '굶주림'의 그 황홀한 맛이 사라졌을 뿐이었다.

99

행복은 사람이 느끼는 일종의 감각에 지나지 않는다. 알다시피 감각은 상당히 미묘하고 변화무쌍하다. 똑같은 대상이라도 시간, 장소, 환경에 따라 그 느낌이 달라진다.

하버드 행복학에 따르면 행복은 추구에서 생겨나며 희망과 필요를 따라온다. 하지만 왔더라도 계속 있지 않으며 객관조건이 변화하면 길에서 스쳐 지나가는 사람처럼 금세 사라진다. 행복은 어떤 때, 어떤 장소에 머무르지 않는다.

행복하기 바란다면 자기 삶 속에서 적극적으로 찾고, 깨닫고, 느껴야 한다. 삶은 신이 우리에게 내린 축복이다. 연인이 로맨틱하지 않아 서운하다면 외로워하는 솔로들을 생각하라. 아이의 지능이 평범한 수준이라 아쉽다면 아이를 원해도 낳지 못하는 부모를 생각하라. 당신은 이미 충분히 행복하지 않은가?

행복이 한계효용 체감의 법칙에 따라 어느 순간 홀연히 사라지지 않게 하려면 끊임없이 자신을 일깨워야 한다. 삶의 곳곳에 행복이 있으니 그것을 느끼고, 깨닫고, 발견해야 한다고.

행복은 가끔 발생하는 행운이라기보다
매일 내면에서 얻는 작은 성과라고 말해야 맞다.
- 프랭클린 루스벨트 -

행복은 많이 가진 사람이 아니라 가장 많이 느끼는 사람만이 가질 수 있는 감정이다. 그러니 더 많이 가지려고 힘들게 애쓰기보다 내면의 행복 민감도를 높이는 데 더 집중해야 한다.

아주 평범한 즐거움이 행복을 만든다.

프랑스 작가 로맹 롤랑 Romain Rolland 은 행복이 '영혼의 향기'라고 말했다. 그렇다. 행복은 영혼이 뿜어내는 향기이고, 내면이 즐거울 때만 그 아름다운 행복의 향기에 젖을 수 있다. 행복은 수천, 수만 년 전부터 인류가 추구해온 삶의 상태다. 사실상 인생이란 끊임없이 평안을 찾고, 느끼고, 깨닫고, 비우고, 만족하면서 행복을 다져나가는 과정이라고 해도 과언이 아니다. 행복은 특정한 시간, 특정한 장소에 머무르지 않는다. 그것은 순간의 즐거움과 평안, 다시 말해 어떤 일이 일어난 바로 그때 느끼는 만족이다. 인생의 행복은 이러한 순간의 작은 행복들이 하나하나 엮여 만들어진다. 행복은 손에 쥔 물질이 아니라 마음의 상태이며 감각이다.

행복에는 크기가 없다. 행복은 일종의 '이지적인 즐거움'이며, 그것을 추구하는 과정이 곧 행복이다. 또 행복은 내면의 즐거움이 자연스레 드러나는 것으로 그 안에는 어떠한 불만이나 악의도 숨겨져 있지 않다.

미시간 대학 University of Michigan 이 2004년 전 세계 82개국을 대상으로 한 '세계 가치관 조사'에 따르면 행복지수 1위를 차지한 나라는 멕시코였다. 세계 최강국이라는 미국은 15위, 일본은 더 낮은 42위에 불과했다.

조사 결과에서 알 수 있듯이 행복지수는 경제력과 정비례하지 않는다. 행복은 감정, 구체적으로 만족, 무욕 無欲, 안정, 즐거움의 감정이지 무슨 대단히 심오하고 신비스러운 것이 아니다. 우열이나 귀천의 구분도 없다. 부의 크기 역시 행복의 일부분일 뿐이다.

　심리학의 관점에서 주관적인 행복은 곧 긍정적인 태도를 가리킨다. 펜실베이니아 대학 University of Pennsylvania 의 교수로 긍정 심리학의 아버지라 불리는 마틴 셀리그만 Martin Seligman 은 'H=S+C+V'이라는 공식을 내놓았다. 그에 따르면 행복의 총량 Happiness 은 선천적 특성 Set range, 후천적 환경 Circumstances of your life, 스스로 통제할 수 있는 자율성 Voluntary control 의 총합이다. 이 중에서 우리가 키울 수 있는 부분은 '스스로 통제할 수 있는 자율성 V'뿐이다. 즉 행복의 총량을 키우려면 스스로 즐거움, 만족, 자신감, 감동 같은 '희열의 감정'을 느끼는 능력을 길러야 한다는 이야기다. 더불어 실현 가능한 삶의 목표를 세울 줄 알아야 한다.

　지금 행복하지 않다고 토로하는 사람들이 많다. 이야기를 들어보면 그들은 대부분 현실과 맞지 않는 목표를 추구하고 있다. 그러니 당연히 즐겁지 않고, 즐겁지 않으니 행복할 리 없다. 이런 사람은 자기 내면을 좀 더 단순하게 만들어서 행복이 가까이 다가오게 할 필요가 있다. 주변에서 작은 즐거움과 만족을 느낄 만한 일들을 더 많이 찾아 주관적인 행복을 느끼는 능력을 키워야 한다. 그래야 평범한 생활 속에서도 행복과 조우할 수 있다.

　텍사스 대학 University of Texas 심리학 교수 스나이더 Charles R. Snyder 의 연구에 따르면 늘 기분이 좋고 삶에 대한 희망이 가득한 사람은 자기

격려 능력이 뛰어나다. 언제나 현실에 맞게 실현 가능성이 큰 목표를 추구하는 그들은 다양한 방법을 동원해서 목표를 완수할 줄 안다.

당신 곁에 이미 행복이 있는데 혹시 엉뚱한 곳을 헤매고 있지는 않은가? 내면이 복잡하지 않아야 자기 주변에 숨어 있는 행복을 알아볼 수 있다. 따사로운 햇볕, 싱그러운 푸른 나뭇잎, 아름답게 핀 꽃 한 송이……, 어쩌면 가장 알아차리기 어려운 일이 가장 행복한 일일지도 모르겠다. 행복은 크기도 우열도 귀천도 없으며 그저 자기 내면의 즐거움일 뿐이다.

마음이 즐거우면 행복이 당신에게서 멀지 않다. 귀하고 화려한 물질 조건은 필요하지 않으며 평범한 즐거움 속에서 행복을 느끼기만 하면 된다.

행복은 삶의 유일한 기준이자 모든 목표의 최종 목표다.
행복은 즐거움과 의미가 만나는 곳에 있다.

– 하버드 행복학 교수 탈 벤 샤하르 –

행복은 물에 비친 달처럼 가질 수 없는 존재가 아니다. 그것은 분명히 가까이에 있으나 당신이 무시한 감정이다. 행복하려면 복잡한 내면을 비워 단순하게 만들고 좀 더 편안한 마음으로 일상의 작은 즐거움을 찾아야 한다.

욕망, 당신과 행복 사이에 놓인 벽

당신이 행복으로 가는 길은 왜 그토록 순탄하지 않은가? 지나쳐버린 행복에 흐느껴 울면서도 행복으로 향한 길 위에 놓인 장애물들을 치우지 않는 까닭은 무엇인가? 단순하게 말하자면 한 사람의 인생은 그가 선택하거나 포기한 결과다. 살면서 반드시 손에 넣어야 할 것이라면 당당하게 나서야겠지만, 손대지 말아야 할 것은 의연하게 포기할 줄도 알아야 한다. 물론 말처럼 쉬운 일은 아니다. 특히 얻는 것은 쉽게 받아들여도, 포기하려면 커다란 용기가 필요하다. 인생의 배를 타고 행복이라는 목표 지점까지 무사히 항해하려면 앞을 가로막은 벽, 즉 욕망을 줄여야 한다.

심리학자들은 다양한 연구를 통해 욕망이 인간의 본성임을 증명했다. 욕심이 없다는 칭찬은 그 사람에게 아무런 욕망이나 사심이 없다는 뜻이 아니다. 도덕과 이성의 힘으로 타인을 생각해서 자신의 이익을 일정 부분 포기했으니 훌륭하다는 의미다. 욕망은 누구에게나 있고 단지 그것을 드러내는 정도가 각기 다를 뿐이다.

사람은 욕망을 가지고 태어나 평생 그 타고난 욕망과 뒤엉켜 살며 고뇌한다. 욕망 자체는 크게 비난할 대상이 아니지만, 그 정도가 과하거나 도덕적 경계를 넘어선다면 분명히 비난의 대상이 된다. 욕망이 커지는 걸 무조건 경계할 필요는 없다. 추구하고픈 것이 너무 많은 이 세상에서 욕망은 삶의 원동력이 되기도 한다. 욕망이 없으면 필요를 느끼지 못하고, 필요가 없으면 인류는 발전을 멈출 것이다.

관건은 욕망을 대하는 태도다. 욕망을 자유롭게 분출할 때와 절제할 때를 알아야 한다. 그렇지 않으면 욕망은 끝도 없이 커지고 삶은 그 안에 파묻혀 방향을 잃을 것이다.

처음에 조물주는 지네를 창조하면서 발을 만들어주지 않았다. 지네는 발이 없어도 빠르게 기어 다닐 수 있었기 때문에 전혀 불만이 없었다. 그러던 어느 날, 지네는 사슴과 노루가 엄청 빠른 속도로 뛰어다니는 모습을 보고 기분이 크게 상했다. 쟤네들은 발이 있으니까 나보다 훨씬 빨리 뛰잖아, 나도 발만 있으면 더 빨리 달릴 수 있는데! 이때부터 지네는 사슴과 노루처럼 되고 싶어서 간절히 기도했다. 신이시여! 제게도 다른 동물들처럼 발을 만들어주세요!

지네의 간곡한 기도를 들은 조물주는 그에게 아주 많은 발을 내려주고 원하는 만큼 가져가라고 말했다. 눈앞에 놓인 수많은 발을 보고 흥분한 지네는 냉큼 발을 집어 들고 하나, 하나 몸에 붙이기 시작했다. 잠시 후, 지네는 머리부터 꼬리까지 빈틈 하나 없이 발들이 생겼다.

지네는 자기 몸 전체에 붙은 발들을 보고 희희낙락했다. 이제 나도 엄청 빠르게 달릴 수 있어! 그런데 신이 나서 한 번 뛰어보려는 순간, 발들이 도무지 말을 듣지 않았다. 앞으로 가려는 생각과 달리 발들은 제각기 다른 방향으로 움직이고 있었다. 지네는 한참이나 온 정신을 집중한 끝에 간신히 중구난방으로 움직이던 발들을 한 방향으로 돌려놓을 수 있었다. 하지만 뛰기는커녕 예전보다 훨씬 느리게 걷는 데 만족해야 했다.

지네는 끝도 없이 탐욕을 부려 어떻게든 가능한 한 많은 발을 몸에 붙이는 바람에 이전보다 더 불편하게 살게 되었다. 사회와 과학기술이 급속도로 발전하면서 물질이 나날이 풍부해지고, 경쟁은 갈수록 치열해졌다. 그 안에서 명예, 이익, 부, 각종 물질에 사로잡힌 사람도 점점 더 많아지고 있다. 사람들은 늘 뭔가를 얻고자 하며 모든 것을 차지할 수 있기를 간절히 바란다. 도무지 내려놓지도 포기하지도 못한다. 그 바람에 늘 걱정, 초조, 불안과 갈등에 시달리며 사는 게 피곤한 지경에 이르렀다.

태국 방콕을 여행하던 한 일본인이 기념품을 파는 작은 노점에서 물건을 구경했다. 노점을 지키는 젊은 여자는 밝고 상냥한 미소를 띠고 있었다. 일본인이 마음에 드는 작은 기념품 세 개를 골라 가격을 묻자 그녀는 개당 200바트라고 말했다. 일본인은 개당 150바트로 깎아서 살 요량으로 한참이나 흥정을 시도했지만, 여자는 끝까지 깎아주지 않으면서 이렇게 말했다. "200바트짜리 물건을 팔면 사장님이 내게 20바트를 줘요. 150바트에 팔면 나는 한 푼도 손에 쥐지 못한다고요."

잠시 고민하던 일본인이 아이디어를 내놨다. "그럼 이렇게 합시다. 개당 120바트에 팔면, 따로 당신에게 30바트씩 줄게요. 그러면 사장한테 받는 돈보다 더 많이 받을 수 있잖아요. 나도 원하는 가격에 물건을 사고요. 우리 둘 다 좋은 방법 아니에요? 오케이?"

일본인은 드디어 흥정이 성공하겠다고 생각했지만, 그녀는 여전히 고개를 가로저었다. 일본인이 "걱정할 필요 없어요. 사장은 절대 모를 거예요."라고 말하자, 그녀는 더 결연한 눈빛으로 고개를 저으며 조용히 대꾸했다. "부처님이 알잖아요." 일본인은 여자의 순수한 눈을 바라보며 잠시 말을 잃었다.

아무도 모르게 이익을 얻을 수 있을 때, 당신은 유혹을 뿌리칠 수 있는가? 그 욕망의 시험을 견뎌낼 수 있는 사람은 얼마나 될까?

많은 사람이 스스로 자신을 욕망의 전차에 묶어 놓고 달리게 한다. 그들은 숨이 턱까지 차올라도 잠시 멈춰서 쉴 생각을 하지 못한다. 끝도 없이 커지는 일, 책임, 인간관계, 물질에 대한 욕망이 현대인의 시공간을 모두 점령했다고 해도 과언이 아니다. 사람들은 그 욕망의 대가를 치르느라 쉴 새 없이 달리고 또 달린다. 먹고 쉬고 잠자는 시간까지 모두 쏟아붓는다. 더 많은 돈을 벌려고, 더 좋은 직장을 구하려고, 더 좋은 집에 살려고, 더 좋은 차를 몰려고 갖은 애를 쓴다. 하지만 욕망을 채우고 나면 이상하게도 멍한 기분이 든다. 가진 에너지를 모두 짜내어서 쏟아부은 덕에 표면적으로는 물질적인 조건을 모두 만족했지만, 그로부터 얻는 즐거움은 생각만큼 크지 않다. 왜 그럴까?

물질을 향한 과도한 욕망은 행복과 나 사이에 높이 선 벽과 같다. 이 벽은 행복의 문이 보이지 않게 가려서 우리가 행복으로부터 점점 더 멀어지게 만든다. 행복하려면 반드시 이 벽을 허물어야 한다. 모든 물질과 육체는 내면의 조종을 받아야지, 나를 이끄는 주체가 되어서는 안 된다. 더 수준 높은 행복을 추구한다면 물질적, 외적 조건을 모두 내려놓음으로써 욕망의 벽을 무너뜨리고 내면의 소리를 들어야 한다. 삶 자체의 순수함을 추구하면서 만족하며 자유롭게 행복으로 나아가야 한다.

사심 없이 사랑할 때, 모든 것을 가질 수 있다.
- 하버드 금언 -

행복은 좋은 차나 좋은 집처럼 화려한 물질에 있지 않다. 행복은 명리에 담박하고, 한없이 선하며, 포용하는 가슴이다. 까다롭거나 각박하지 않으며, 원망도 걱정도 없이 사는 삶이다. 부유하나 도리에 어긋나지 않고, 가난하나 탐하지 않으며, 끝도 없이 욕망을 키우지 않는 태도다. 이것이 바로 행복의 지혜다.

원망을 멈추면 행복해질 수 있다.

빌 게이츠는 행복한 사람이 되려면 인생이 불공평하다고 원망하지 말고 받아들이는 법을 배워야 한다고 말했다. 불공평한 인생을 받아들이려고 노력하는 사람만이 행복해질 수 있고, 행복의 진면목을 본다. 이런 사람과 행복 사이에는 어떠한 괴리도 없다.

살다 보면 마음을 어지럽히는 일이 자주 일어난다. 아침 출근길에 지독한 교통체증으로 길 위에 꼼짝없이 묶여 있거나 이유도 없이 상사에게 혼이 난다든지, 모처럼 외출하려는데 날이 궂을 수도 있다. 또 좀처럼 낫지 않는 병 때문에 고통스럽거나 생활 스트레스가 겹겹이 쌓여 심신이 짓눌리는 느낌을 받을 수도 있다. 이런 때에 사람들은 원망으로 내면의 불만을 분출하곤 한다. 이런 일이 잦으면 원망이 습관으로 자리 잡고, 현실에서 부딪히는 모순과 갈등에 대항하는 수단으로 쓰인다. 하지만 원망으로는 절대 문제를 해결할 수 없으며, 오히려 부정적 감정을 더 격화해 행복으로부터 멀어지게 만든다.

66

한 젊은 농부가 수확한 농산물을 부근의 여러 마을에 가져가서 팔았다. 하루는 강 건너에 있는 마을에 가려는데 그날따라 햇볕이 불같이 타올라 여간 더운 것이 아니었다. 뙤약볕에 혼자 농산물을 전부 배에 싣고 노를 저어 가려니 땀이 쉴 새 없이 등을 타고 흘렀다. 농부는 힘들어도 얼른 강 건너로 가서 쉬는 게 낫다 싶어 부지런히 노를 저었다. 그때 저 앞에 강물을 따라 흘러 내려오는 작은 배 하나가 보였다. 그대로 쭉 오면 농부의 배에 정면으로 충돌할 게 뻔한데도 방향을 틀 생각이 전혀 없어 보였다. 아니, 마치 일부러 세게 부딪혀서 농부의 작은 배를 뒤집어 놓으려는 것 같았다.

화가 난 농부는 큰소리로 외쳤다. "미쳤어? 왜 이쪽으로 오는 거야?" 하지만 대답하는 사람은 없고 배는 계속 내려오자 농부는 다시 소리를 질렀다. "내 배에 부딪히기만 해봐! 당장 저리 안 가? 지금 제정신이야?" 이번에도 역시 반응이 없었다. 그제야 농부는 방향을 조금 틀어 충돌을 피하려고 했지만 쉽지 않았다. 혼자 안간힘을 쓰는 동안 강물을 따라 빠르게 내려온 그 배는 농부의 배에 세게 부딪혔다. "당신 뭐야? 일부러 이쪽으로 왔지? 이 넓은 강에서 기어코 내 배에 부딪힌 이유가 뭐야? 뭐냐고?" 고래고래 소리 지르면서 화가 치솟아 벌게진 눈으로 맞은편 배를 노려본 순간, 농부는 멍해졌다. 그 배는 아무도 없이 텅 비어 있었기 때문이다. 지금까지 농부가 내뱉은 욕설 섞인 거친 말을 들은 건 밧줄이 끊어져 강 위를 표류하던 빈 배였다.

"

아마 농부가 처음 그 배를 발견했을 때, 이성적으로 자기 배의 방향을 바꾸었다면 충돌하지 않았을 것이다. 하지만 농부는 화내고 원망하느라 스스로 최악의 결과를 만들었다.

지금 당신이 쏟아내는 원망과 불만을 듣는 청중은 어쩌면 '빈 배'일지도 모른다. 그 텅 비어 있는 배는 당신이 아무리 화를 내고 질책

해도 방향을 바꾸지 않는다. 오히려 더 빠르게 다가와 당신의 심신에 해를 입힌다.

미국의 목사이자 작가인 윌 보웬Will Bowen은 "원망은 동정과 주목을 얻기 위해서, 그리고 하기 싫은 일을 피하려고 하는 행동에 불과하다"라고 말했다. 분노도 원망도 할 필요 없다. 그래봤자 당신이 얻을 수 있는 것이 무엇인가?

66

이제 막 사회에 발을 들인 야심만만한 청년이 있었다. 그는 열심히 일해 성공하려고 했지만, 뜻하지 않게 모함을 받아 구속되고 말았다.

그는 인생에서 가장 아름다운 시기에 꼬박 9년을 감옥에서 보냈다. 출소 후에도 실의에 빠져 매일 신을 향해 원망과 저주를 퍼부었다. 하늘이 나를 버렸어, 그 바람에 청춘을 전부 감옥에서 보냈지, 내게 이런 고난을 주다니 신은 정말 불공평해! 이제 내게는 희망도 미래도 없어⋯⋯. 청년은 그렇게 신을 원망하면서 평생을 힘들게 보냈다.

노인이 된 그는 병들어 일어나지 못하게 되었다. 임종 직전, 목사가 찾아와 그에게 말했다. "세상을 떠나기 전에 그간의 죄악을 모두 참회하고 가야 합니다." 하지만 그는 마지막 순간까지 눈물을 흘리면서 자신이 얼마나 불행한지, 신이 얼마나 자신을 홀대했는지만 구구절절 읍소했다.

이야기를 전부 들은 목사는 안타까운 목소리로 말했다. "말씀대로 당신은 세상에서 가장 불행한 사람이 맞습니다. 세상이 당신을 가둔

시간은 9년이지만, 당신은 자신을 평생 가두었으니까요. 당신은 다시 자유를 얻고도 원한과 복수심으로 자신을 꽁꽁 묶어 스스로 자유를 저버렸죠. 그러니 정말 불행한 사람입니다.

"

원망으로는 내면의 분노, 상처, 고뇌를 다스릴 수 없다. 만약 그 청년이 출소한 날부터 마음을 잘 다스려 소중한 시간과 에너지를 더 잘 살아나가는 데 썼다면, 삶의 즐거움을 찾으려고 노력했다면 그의 삶은 아름답고 행복했을 것이다.

행복은 저절로 당신에게 찾아오는 것이 아니다. 당신이 행복을 찾아 쟁취하기 위해 열심히 움직여야 한다. 가장 먼저 할 일은 원망을 멈추는 것이다. 외부 환경을 원망하지 말고, 자신을 탓하지 말자. 반성하는 법을 배우고 다른 각도로 문제를 바라보면 타인이나 자신을 향한 원망이 줄어들 것이다. 그래야 행복해질 수 있다.

인생은 원래 불공평하니 그냥 받아들여라!
원망은 금물이다.

- 빌 게이츠 -

_____

원망을 멈추려면 먼저 그 원인을 깊이 생각하고, 이어서 각도를 바꾸어 문제를 생각해야 한다. 이렇게 해서 불안과 초조함을 줄이는 것이다. 원망을 멈추면 자연히 행복해질 수 있다.

타인에 봉사하는 사람이 가장 행복하다.

봉사는 베풂인 동시에 거둠이다. 봉사를 통해 타인을 즐겁게 하면 그로부터 감사와 찬사를 얻기 때문이다. 이러한 감사와 찬사는 우리의 가치를 향상하고 강한 동력으로 작용해 더 많은 사람에게 봉사하고 행복을 얻게 한다. 바로 이러한 선순환을 통해 타인을 위해 봉사하는 사람이 가장 행복해질 수 있다.

베풀고자 하는 마음을 실제 가치로 구현한 것이 곧 봉사다. 봉사하는 사람은 타인이 어려움을 극복하도록 도움으로써 즐거움을 얻는다. 설령 아무런 보상이 없어도 불만이나 후회 없이 열심히 돕는다. 남을 돕는 행위 자체와 사회에 대한 책임을 다했다는 점에서 이미 행복을 느끼기 때문이다.

2006년 10월, IOC가 주관하고 베이징 올림픽 조직위원회 BO-COG가 주최하는 '제5차 세계 스포츠교육문화 포럼'이 베이징에서 열렸다. 당시 칭화대학淸華大學 학생 49명이 자원봉사자로 참여했다. 그들은 공항 송영送迎, 시설관리, 수행지원, 회의 및 호텔 등록지원 등의 분야에서 일했으며, 총 누적 봉사시간은 2,500시간이 넘었다.

포럼이 끝난 후, 모든 봉사자는 입을 모아 '힘들었지만 즐거웠다'라고 말했다.

이중 '힘들었다'는 부분은 의심할 여지가 없었다. 모든 봉사자는 상당히 어려운 환경에서 일했다. 회의 및 호텔 등록지원팀에서 일한

한 자원봉사자는 수백 명에 이르는 참석자의 명찰을 만드느라 종이에 벤 상처가 양손에 한가득 생겼다. 공항 송영팀은 세계 각지에서 오는 손님들을 맞이하기 위해 밤낮없이 움직였다. 자정에 잠이 들어 새벽 4~5시에 공항으로 달려가는 일이 다반사였고, 비행기가 연착이라도 하면 공항 입국장에서 꼬박 하루를 기다려야 했다.

그럼에도 봉사자들은 모두 매우 커다란 즐거움을 느꼈다. 그들은 자신의 도움이 타인을 더 편하게 할 수 있음을 알고 기뻐했다. 짧은 감사와 칭찬 한마디에서 얻은 자부심은 무엇보다 귀한 보상이었다. 포럼 기간 내내 봉사자들은 매우 열정적으로 일했으며, 끝까지 즐거운 마음으로 최선을 다해 봉사했다. 이때 알게 된 참가자와 이후에 꾸준히 교류한 사람도 적지 않다. 봉사자들은 모두 커다란 명예와 정신적인 만족감을 얻었다고 말했다.

타인을 위해 봉사할 때, 무엇과도 비교할 수 없는 즐거움을 얻는다고 말하는 사람은 얼굴이 빛으로 반짝인다. 이것이 바로 행복이다. 토머스 에디슨Thomas Edison은 "나의 인생철학은 바로 연구다. 나는 대자연의 신비를 밝힘으로써 인류에 봉사하고자 한다. 짧은 인생에서 봉사보다 더 좋은 일이 무엇인지 나는 알 수 없다"라고 말했다. 봉사하는 사람의 마음은 즐거움이 샘솟고, 자부심으로 충만하다. 그는 세상에서 가장 행복한 사람이 된다.

노자老子는《도덕경 道德經》제81장에서 이렇게 말했다. "성인은 쌓아두지 않고 남을 위해 베풀면서도 오히려 여유가 있고, 남에게 주지

29

만 오히려 자기 것이 더 많아진다. 하늘의 도는 이롭게 할 뿐 해롭지 아니하고, 성인의 도는 남을 위할 뿐 다투지 않는다." 삶에 대한 확고한 철학이 있고 도덕 수준이 높은 사람은 재물을 축적할 생각 따위는 하지 않는다. 그들은 늘 타인에게 베풀고 봉사함으로써 명예와 찬사를 얻어 자신의 정신세계를 더욱 풍요롭게 한다.

노자의 말처럼 사람은 다른 사람을 돕고 베풂으로써 삶의 진정한 가치와 즐거움을 얻는다. 베푸는 것이 얻는 것보다 더 커다란 행복을 가져올 수 있다.

봉사야말로 쾌락을 향한 길이다.

- 하버드 금언 -

베푸는 데 인색하지 말고, 더 많이 봉사하라. 보상을 바라지 않고 타인을 돕다 보면 당신은 행복 속에서 빛날 것이다.

지족은 행복의 열쇠다.

어떻게 해야 행복이라는 열차에 탑승할 수 있을까? 미국 경제학자 폴 새뮤얼슨 Paul Samuelson 은 이 질문에 대한 답으로 '행복=소유/욕망'이라는 공식을 내놓았다. 그는 소유와 욕망을 행복을 결정하는 요소로 보았는데, 여기에서 소유는 주관적인 만족, 욕망은 도달하고픈 목표를 각각 가리킨다. 새뮤얼슨의 공식에서 소유가 불변하는 상황이라면 분모인 욕망이 적을수록 행복지수가 높아진다. 다시 말해, 욕망을 줄이면 더 행복해질 수 있다.

어느 날 플라톤 Plato 이 스승 소크라테스 Socrates 에게 사랑이 무엇인지 물었다. 그러자 소크라테스는 플라톤을 넓은 보리밭으로 데려갔다.

"이 보리밭을 가로지르면서 네가 보기에 가장 실한 보리를 하나 뽑아오거라. 단 한 번만 뽑을 수 있고 이미 지나간 길을 되돌아올 수는 없으니 신중해야 한다."

플라톤은 스승의 말대로 보리밭을 가로질러 끝까지 갔지만, 빈손으로 돌아왔다.

"어째서 보리를 뽑아오지 않았느냐?"

"단 한 번만 뽑을 수 있고 되돌아갈 수도 없으니 실한 보리를 보아도 더 좋은 것이 있을까 봐 뽑지 못했습니다. 하지만 끝까지 가도 이전에 봐두었던 것보다 더 좋은 것은 없었습니다. 가장 실한 보리는 이미 지나쳤기 때문에 뽑아오지 못했습니다."

"이것이 바로 사랑이다."

얼마 후, 플라톤은 다시 소크라테스를 찾아가 결혼이 무엇이냐고 물었다. 이번에는 소크라테스가 그를 숲으로 데려가서 가장 크고 잎이 무성한 나무 한 그루를 베어 오라고 했다. 규칙은 보리밭에 갔을 때와 같았으나, 플라톤은 저번과 달리 빈손으로 돌아오지 않았다. 그는 그리 크지도 않고 잎이 무성하지도 않은 나무, 그러니까 너무 좋지도 너무 나쁘지도 않은 나무를 베어 왔다.

"왜 이 나무를 골랐느냐?"

"숲은 중간쯤 갔을 때, 이 나무가 그리 나쁘지 않아 보여 베었습니다. 더 좋은 나무를 찾다가 계속 앞으로 가다가는 보리밭에서처럼 빈손으로 돌아올까 걱정되었기 때문입니다."

"이것이 바로 결혼이다!"

이 이야기에서 소크라테스는 플라톤이 '지족知足'을 아는지 시험했다. '지족'이란 분수를 지키며 만족할 줄 아는 태도를 가리킨다. 지족을 모르는 사람은 끝까지 얻는 것이 없고, 지족을 아는 자만이 진정으로 얻는 것이 있다.

예를 들어 평생의 반려자를 찾을 때, 대부분 사람은 지족을 모른다. 이 산에서 보면 저 산이 더 높아 보이는 심리 탓에 나중에 더 나은 사람이 나타날 거라고 믿는다. 그러다 나쁘지 않은 사람을 찾았을 때, 사실 이전에 더 나은 사람이 있었음을 깨닫는다. 소동파蘇東坡는 "여산廬山의 진면목을 알지 못하는 것은 내가 이 산에 있기 때문이라"

라고 했다. 가장 아름다운 풍경은 다음 역에 있을 거라면서 지나치고 또 지나치다 보면 결국 끝까지 가도 원하는 풍경을 보지 못하게 된다. 오직 지족하는 사람만이 자신에게 맞는 반려자를 선택해 진심으로 사랑하고 평생의 행복을 얻는다.

옛날 한 가난한 농부가 산에 나무를 하러 갔다. 산신령은 곤궁하게 살면서도 항상 즐겁게 나무하러 오는 농부를 보고서 곁에 있던 제자에게 말했다. "상처 입은 은조銀鳥로 둔갑해 저 농부의 발아래 떨어지거라. 그가 너보다 더 좋은 것을 알고도 너를 계속 돌본다면 황금을 내릴 것이다. 아니라면 그냥 돌아오면 된다."

잠시 후, 농부는 온몸이 은빛으로 반짝이는 다친 은조를 발견하고서 소중히 집으로 데려와 세심하게 상처를 치료했다.

은조는 상처가 아무는 동안 매일 농부에게 아름다운 노랫소리를 들려주었다. 농부는 그때마다 무척 행복하다고 생각했다.

하루는 친구가 농부의 집에 놀러 왔다. 농부는 반짝이는 은조를 자랑스레 보여주었지만, 친구는 별거 아니라는 반응을 보였다.

"아니 이렇게 아름다운 새를 보고도 놀랍지 않은가?"

"이 정도는 대단하지도 않다네. 나는 저번에 금조金鳥를 보았는데 정말 대단했지! 온몸이 황금빛으로 번쩍여서 눈도 제대로 뜨지 못할 정도였어. 게다가 노랫소리는 얼마나 멋진지, 자네의 은조는 비교할 수도 없어!"

친구가 잘난 체하며 늘어놓는 말을 들은 농부는 금세 풀이 죽었다. 은조보다 더 아름다운 금조가 있었구나······. 이날 이후, 농부는 금조를 보고 싶다는 생각에 골몰하느라 은조의 노랫소리를 듣지 않았다. 시간이 흐를수록 왜 자신은 금조를 만나지 못했는지 화가 치밀어 올랐다.

농부는 문밖에 서서 황금빛으로 물든 석양을 바라보며 금조를 상상했다. 금조는 대체 얼마나 아름다운 새일까? 그동안 은조의 상처는 깨끗이 나았다. 원래는 상처가 나으면 돌아가려 했지만, 은조는 농부가 자신을 돌봐주었으니 곁에 남아서 함께 살겠다고 했다. 하지만 농부는 차가운 목소리로 말했다. "네 노랫소리가 아름답지만, 금조가 내는 소리에 비할 수는 없어. 또 너의 깃털이 아름답게 빛나지만, 금조의 화려함에는 못 미치지. 그러니 너는 그냥 떠나는 편이 좋겠다." 실망한 은조는 마지막으로 농부에게 노래를 들려주고 날아올라 곁을 세 번 정도 빙빙 돌더니 황금색으로 빛나는 석양을 향해 날아갔다.

저 멀리 은조가 떠나가는 모습을 멍하니 바라보던 농부는 어느 순간 흠칫 놀라며 숨을 멈췄다. 황금빛 석양 아래에서 은조가 금빛으로 눈부시게 반짝이고 있었기 때문이다.

꿈에서도 그리던 금조는 그렇게 농부의 눈앞에 나타났다. 하지만 이미 늦은 후였다. 금조는 점점 더 멀리 날아갔고, 다시는 돌아오지 않을 것이다.

행복해지고 싶으면 지족을 알고, 삶에서 지족의 상태를 유지해야 한다. 농부처럼 은조가 선사하는 즐거움과 행복에 만족하지 못하고,

본적도 없는 금조를 오매불망 기다려봤자 아무것도 얻지 못할 것이다.

지족은 욕망에 대한 이성적인 시각이다. 러시아 작가 안톤 체호프 Anton Chekhov 는 이렇게 말했다. "내면이 끊임없이 행복을 느끼게 하라. 슬픔과 걱정이 있을 때도 그렇게 해야 한다. 자신의 현 상황에 만족하면서 기쁜 마음으로 '원래는 더 엉망이었을 거야!'라고 생각할 줄 알아야 한다." 현 상황에 만족하는 마음가짐은 해탈, 즉 모든 속박에서 벗어나 자유로워지는 방법이기도 하다. 지족은 평범한 삶에서 행복을 쟁취하는 열쇠다.

행복해지는 데 가장 큰 걸림돌은
너무 많은 행복을 기대하는 것이다.
- 베르나르 퐁트넬 -

삶이 즐겁고 행복해지려면 지족을 알아야 한다. 성취하면 낙관적인 마음가짐을 유지하고, 고난과 좌절을 만나면 담담하자. 오직 지족을 아는 사람만이 무거운 마음과 압박에서 벗어나 선하고 즐거운 행복을 만끽할 수 있다.

'행복해지는 행동'을 당장 실천하라!

하버드에서 행복학을 강의한 탈 벤 샤하르 교수는 행복이 인생을 평가하는 유일한 기준이자 모든 목표의 최종 목표라고 단언한다. 또 그는 학생들에게 자신이 긍정 심리학을 연구하고 하버드에 남아 강의하는 이유를 다음과 같이 설명했다. "처음 긍정 심리학에 관심이 생긴 건 여러 경험을 통해 내재조건이 외재조건보다 개인의 행복에 훨씬 더 중요하게 작용한다는 사실을 의식하면서부터죠. 실제로 긍정 심리학을 연구하면서 나는 많은 것을 깨닫고 얻었습니다. 내가 배운 내용을 다른 사람과 나누고 싶어서 가르치는 사람이 되기로 했습니다." 샤하르는 내재조건이 가져오는 행복이 더 크다고 생각했기에 심리학에 더 집중했다. 더불어 많은 사람에게 행복의 비결을 전파하고 그들을 더 행복하게 만듦으로써 더 커다란 행복을 느꼈다.

하버드는 행복에 관한 연구를 통해 한 사람의 행복은 주로 세 가지 요소로 결정된다는 사실을 밝혀냈다. 바로 행복해지는 행동, 행복과 관련 있는 환경요소, 그리고 유전적 요소다. 이 중에서 가장 쉽게 개선할 수 있는 부분은 '행복해지는 행동'이다. 우리는 좀 더 적극적이고 과감하게 움직여 행복해지기 위해 행동해야 한다.

1973년, 영국 리버풀에서 온 청년 콜레트가 하버드에 입학했다. 그에게는 늘 함께 수업을 듣는 열여덟 살 된 미국인 친구가 있었다. 이 친구는 2학년이 되자 콜레트에게 학교를 중퇴하고 함께 회계 소프트웨어 개발을 하자고 제안했다. 하지만 콜레트는 오랜 꿈이었던 하버드를 포기하고 싶지 않았고, 그런 소프트웨어를 개발하려면 아직 더 많이 배워야 한다고 생각해서 거절했다. 무엇보다 창업이라는 위험한 도박에 인생을 걸고 싶지 않았다. 결국, 그 미국인 친구는 혼자 자퇴해서 창업했다.

10년 후, 콜레트가 하버드에서 박사 과정을 밟고 있을 때, 그 친구는 미국 억만장자 순위에 이름을 올렸다.

다시 몇 년 후, 콜레트가 박사학위를 받았을 때, 그 친구는 미국에서 두 번째 부자가 되어 있었다.

콜레트가 이제 충분히 배웠으니 재무 소프트웨어를 개발해도 되겠다고 생각했을 때, 그 친구는 이전보다 훨씬 빠른 재무 소프트웨어를 개발하고 세계 최고의 부자가 되었다. 콜레트의 친구는 바로 MS를 창업한 빌 게이츠였다.

콜레트는 기회 앞에서 망설이면서 과감하게 행동하지 않았다. 반면에 빌 게이츠는 목표를 세우고 즉각 행동해서 꿈을 실현하고 원하는 행복을 얻었다.

주변을 둘러보면 늘 이런 식으로 말하는 사람이 있다. 그때 꿈을 향해 도전했더라면 지금 이렇게 힘들지 않을 텐데, 그때 그녀에게 사랑을 고백했다면 지금 이렇게 외롭지는 않을 거야, 그때 용감하게 아이디어를 제안했다면 유명해졌을지도 몰라……

사실 인생에는 '만약'이 없다. 그런 말은 일이 일어난 후에 생겨나는 후회이자 이미 지나간 행복을 가리킬 뿐이다. 당신이 아쉬워한다고 시간이 거꾸로 흐를 리 없고, 행복이 기다려줄 리도 없다. 그러므로 행복을 손에 넣으려면 그 기회가 보이는 순간 과감하게 행동해야 한다. 행동이야말로 행복에 더 가까워질 수 있는 필요조건이기 때문이다.

행복은 불교에서 3,000년에 한 번 꽃이 핀다는 '우담바라'와 같다. 꽃이 피어나는 그 찰나의 아름다움은 즉각 포착되어야지 조금이라도 소홀했다가는 놓치고 만다. 행복 앞에서 희망, 바람, 가능성을 논하는 건 시간 낭비고 일종의 망상에 가깝다. 그런 불확실한 말들에 매달려 행복을 좇아봤자 시간만 질질 끌며 모습을 보이지도 않을 것이다.

행복은 당신이 상상하는 만큼 그렇게 완전무결한 일이 아니며 오히려 아주 단순한 일에 더 가깝다. 만사가 완벽하게 준비된 때를 기다려 행동하면 늦다. 그 자체로 벌써 행복에서 수만 리나 떨어져 있다고 생각하면 된다. 가만히 앉은 채로 가장 좋은 때가 오기를 기다린다면, 평생 기다리기만 하다가 인생을 낭비하게 될 것이다. 물론 행복은 구경조차 못 한다. 그렇게 허무한 삶을 살고 싶지 않다면 다음을 기억하자.

지금 행동을 바꾸지 않으면 습관이 된다.
지금 유혹을 뿌리치지 않으면 상처를 남긴다.
지금 기회를 잡지 않으면 다시 오지 않는다.

38

오늘 할 일을 내일로 미루지 마라. 미루면 절대 빛날 수 없다.

오늘의 행복을 내일로 미루지 마라. 행복은 되돌아오지 않는다.

말하기만 하고 행동하지 않으면
진짜 지혜라 할 수 없다.

- 하버드 금언 -

행복은 기다려서 받는 것이 아니라 쟁취해오는 것이다. 기회가 왔을 때 바로 행동해서 스스로 행복을 손에 넣는 사람만이 진짜 행복할 수 있다. 행복으로 통하는 문을 발견하면 즉각 손을 뻗어 열어야 한다.

성질대로 군다고 행복해질까?

행복의 비결은 사실 간단하다. 하버드 행복학은 충동이나 분노라는 부정적 감정을 멀리하기만 해도 행복의 피안에 닿을 수 있다고 말한다.

2006년 독일 월드컵 결승전, 프랑스와 이탈리아가 연장전까지 가는 접전을 벌이고 있었다. 최후의 10분이 남은 순간, 프랑스 선수 지네딘 지단Zinedine Zidane은 이탈리아 선수의 도발에 감정을 조절하지 못하고 상대방의 가슴에 박치기했다. 결국, 그는 레드카드를 받고 퇴장당했으며 프랑스는 승부차기 끝에 준우승에 머물렀다. 지단은 화려한 축구 인생에 오점을 남기며 은퇴했다.

사람이 지닌 마음의 본바탕을 '성질'이라고 한다. 이 성질이 나쁘면 행복과 멀어지므로 행복해지고 싶다면 반드시 좋은 성질이 필요하다. 분노의 감정은 내면을 악화해 점점 벗어날 수 없는 지경까지 몰고 가 폭발하게 만든다. 심리학자들은 가장 파괴적인 감정인 분노가 사람을 포악하게 만들어서 삶 전체에 영향을 미치며 행복에 등을 돌리게 한다고 본다. 그러니 내 안의 나쁜 성질을 없애고 좋은 성질만 남겨서 삶을 더 행복하고 아름답게 만들어야 한다.

미국인 특유의 긍정적인 생활 태도는 하버드에서도 예외가 아니다. 하버드 캠퍼스에서는 화가 나 있거나 불만이 가득한 얼굴을 거의 보지 못할 것이다. 하버드 학생들은 분노야말로 행복을 쫓아내는 원흉이므로 절대 함께할 수 없다고 여긴다. 그들은 자신의 상황이 엉망인 것 같은 이유는 생각이 너무 많아 성질을 못 이기고 화를 내기 때문이라고 생각한다. 또 실제로는 생각만큼 그렇게 엉망이지도 않으니 얼굴을 찌푸릴 필요가 없다고 여긴다. 사실 당신의 분노는 타인과 무관하며, 대개 자신과 잘 지내지 못해서 생겨나는 감정이다. 그렇다면 어떻게 해야 나쁜 성질을 없애고 화를 줄이며 살 수 있을까? 하버드가 제안하는 방법은 유머다. 유머를 통해 내면의 나쁜 성질을 제어한다면 행복과 더 가까워질 수 있다.

미국 남북전쟁이 한창이던 때, 한 군관이 작전사령부 건물 복도에서 급하게 뛰어오다가 그만 누군가와 세게 부딪혔다. 고개를 들어보니 그와 부딪힌 사람은 다름 아닌 링컨 대통령이었다. 군관은 깜짝 놀라 즉각 예의를 갖춰 사과했다. "죄송합니다. 백 번 제 잘못입니다!" 그러자 링컨은 장난기 섞인 목소리로 "아니, 한 번 잘못이지!"라고 말했다. 그러더니 이어서 "그나저나 우리 병사들이 전부 자네처럼 빨리 좀 움직였으면 좋겠군!"이라고 덧붙였다. 링컨은 자신에게 부딪힌 군관에게 화내지 않았을 뿐더러 유머러스한 반응을 보여 그가 난처하지 않도록 배려했다.

한번은 회의에서 누군가 남군의 병력 규모를 묻자 링컨은 "120만입니다"라고 대답했다. 그 순간, 회의 참석자들은 링컨이 실제 병력보다 훨씬 많은 수를 말한 데 깜짝 놀랐다. 실수라고 해도 도무지 이해하기 어려웠으며 우려는 물론이고 약간 화가 나기까지 했다. 링컨은 차분한 목소리로 설명했다. "틀린 말이 아닙니다. 분명히 120만이죠. 전투에서 패한 장군들은 돌아오면 항상 내게 적군은 많은데 아군은 적고, 적군은 강한데 아군은 약해서 졌다고 하더군요. 나도 그 말을 믿고 싶지는 않아요. 그렇게 따지면 남군이 북군의 세 배는 되어야 하거든요. 지금 우리 북군 병력이 40만이니, 남군은 당연히 120만이겠죠!"

어떤 분야에서든 성공하고 싶다면 좋은 성질이 꼭 필요하다. 행운의 신은 어떤 상황에서도 유머 감각을 잃지 않고 긍정적으로 생활하는 사람을 좋아한다. 이런 사람은 힘들이지 않아도 일이 술술 풀리고, 어려운 일이 생기면 어디선가 도움의 손길이 나타나 성공으로 이끌어준다. 그러면 행복도 자연스레 성공을 따라올 것이다.

화, 분노, 울분……, 이런 감정들은 유머 감각을 만났을 때 흔적도 없이 사라질 수 있다. 우리는 매일 각종 감정을 마주한다. 기쁠 수도 있고, 슬플 수도 있다. 환희의 눈물을 흘리기도 하고, 통곡의 눈물을 흘리기도 한다. 감정은 지금 당신의 생활을 결정하는 중요한 요소다. 관건은 당신이 감정의 주인이 되느냐, 아니면 노예가 되느냐. 감정을 제어할 줄 아는 사람만이 나쁜 성질을 멀리 쫓아내고 행복해질 수 있다.

행복한 사람이 되고 싶다면 우선 화내지 않는 법부터 배우자. 화내지 않으면서 나쁜 성질을 없애고, 좋은 성질만 남겨서 행복의 기운이 주변에 가득하게 해야 한다.

화내는 횟수를 줄이는 것이 수양의 결과다.

- 중국 현대문학 비평가, 량스추 -

심리학자들은 화가 나려고 할 때, '멈추고 stop, 생각하고 think, 행동하는 act' 세 단계가 꼭 필요하다고 말한다. 걸핏하면 화를 내고 분노에 사로잡혀 아무 일도 못 하는 나쁜 성질은 당신이 성공하게 내버려두지 않는다. 오히려 성공으로부터 점점 더 멀어지게 만들 뿐이다. 나쁜 성질이 폭발하려고 하면 자기 내면의 분노가 아니라 '일을 해결하는 방법'에 더 초점을 맞추어 사고해야 한다. 이성의 힘을 발휘해서 감정의 주인이 되자. 화를 다스려 부드럽고 평화로운 마음가짐으로 행복을 맞이해야 한다.

마음의 쓰레기를 비워야 건강해진다.

건강한 현대인이 되려면 신체뿐 아니라 마음도 반드시 건강해야 한다. 심리학이 존재하는 이유 중 하나도 사람들에게 어떻게 하면 건강한 마음을 유지할 수 있는지 알리기 위해서다. 당신은 '마음 쓰레기'를 잘 처리하는 사람인가? 마음 쓰레기가 과도하게 쌓이면 어떠한 일이 일어나는지 알고 있는가?

현대 사회에서 '아건강 亞健康'은 이미 낯설지 않은 현상이다. 아건강의 중요한 원인 중 하나는 사람들이 자신의 마음 쓰레기를 처리할 줄 몰라서다. 행복한 사람이 되려면 마음이 즐겁고 심리상태가 안정적이어야 한다. 스트레스가 심하고 부담이 크다고 호소하면서도, 버리기 아깝다는 이유로 '계륵'을 껴안고 있는 사람이 너무 많다, 이런 사람들은 끊임없이 환경을 탓하고 각종 불만이 끝도 없이 쌓이는데도 마치 아무 일 없다는 듯이 행동한다, 한 번 갈등이 생기면 원망과 미움이 좀처럼 사라지지 않아 괴롭다……, 이런 일들이 모두 우리의 마음 건강을 해치고 있다.

66

따지고 보면, 앨리스가 남편과 이혼한 이유는 그녀가 마음 쓰레기를 치우지 않아서였다. 남편은 일에 파묻혀 가정을 돌보지 않았고 남성우월주의에 사로잡힌 사람이었다. 원망과 불만이 계속 쌓여갔지만, 앨리스는 이 마음 쓰레기를 대체 어떻게 처리해야 할지 몰랐다.

아니, 정확히 말하면 자신에게 마음 쓰레기가 있는지도 몰랐다. 치우지 않은 마음 쓰레기는 점점 더 높이 쌓였고, 갈등이 심해지면서 부부는 이혼이라는 결말을 맞았다. 얼마 후, 앨리스는 친구 제인을 만나 속상한 마음을 털어놓았다.

참을성 있게 듣던 제인은 이렇게 물었다. "혹시 마음쓰레기라는 말 알아? 정리해본 적 있니?"

앨리스는 눈썹을 치켜올리며 궁금하다는 듯이 말했다. "괴로운 마음을 다른 사람에게 호소한 적은 있어. 하지만 큰 효과는 없더라고. 지금 네가 말한 그 마음쓰레기라는 걸 정리하는 방법은 시도해본 적 없어. 어떻게 하는지도 모르고……."

제인은 확신에 찬 말투로 말했다. "지금 너에게 가장 필요한 일은 마음쓰레기를 정리하는 거야."

"어떻게 하는 거야? 예전에 일기를 써보기는 했는데 크게 도움이 되지는 않았거든."

"아냐, 일기를 쓸 필요는 없어!" 제인의 눈빛은 부드러웠지만, 말투는 단호했다. "네 솔직한 감정, 원한과 불만을 전부 종이 한 장에 죽 쓴 후에 찢어버리면 돼!"

"전부 쓰고 나서 찢어버리라고? 매일?" 앨리스는 믿지 못하겠다는 듯이 되물었다.

"딱히 정해진 방법이 있는 건 아니야. 하루에 몇 번씩 해도 되고, 며칠에 한 번 해도 돼. 중요한 건 네 마음에 쓰레기가 쌓였을 때, 미루지 말고 즉각 정리하는 거야. 반드시 찢어야 해. 쓰기만 하고 찢어버리지 않으면 괴로운 옛일들이 끈질기게 너를 붙잡고 늘어져서 계속 네 마음속에 남아있을 거야. 일기를 써서 문제가 해결되지 않았던 이유도 바로 그래서야."

앨리스는 고개를 끄덕였다.

집으로 돌아온 앨리스는 제인이 알려준 방법대로 마음쓰레기를 정리하기 시작했다. 얼마 후, 그녀는 어느 때보다 즐겁고 행복해졌다.

99

아마 앨리스는 앞으로도 계속 행복할 것이다. 자신의 감정을 어떻게 조정하는지, 마음쓰레기를 어떻게 배출하는지 알기 때문이다.

마음쓰레기는 우리 주변의 생활쓰레기와 마찬가지로 생기는 속도가 무척 빠르다. 즉각 치우지 않으면 순식간에 산처럼 쌓여서 줄어들지 않고 계속 새로운 문제를 만들어낼 것이다.

표면적으로 우리는 모두 같은 세상에서 살지만, 사실은 각자의 영혼 속에서 살고 있다. 누구나 고유의 심리 활동과 서로 다른 정도의 희로애락이 있다. 이타적이고 대범한 줄 알았는데 어떤 때는 이기적이고 소심하게 구는 사람도 있고, 사랑으로 충만한 사람인 줄 알았는데 한편으로는 또 그렇게 무정할 수가 없다. 이런 일은 사람의 내면과 영혼은 하나로 규정할 수 없기에 충분히 있을 수 있다. 하지만 마음 쓰레기가 너무 많이 쌓인 사람은 그러한 변화가 상당히 극단적이고 매우 빈번하다.

"

그는 스웨터를 만드는 공장을 운영했다. 원래 사업이 잘되는 편이었는데 불경기가 시작되면서 공장 운영도 위기를 맞았다. 팔리지 않은 재고가 창고에 산처럼 쌓였고, 아무리 찾아봐도 사겠다는 사람이 없었다. 그는 큰 스트레스를 받으며 극도로 우울해졌다. 매일 울상을 짓고 한숨을 쉬었으며, 밤에는 좀처럼 잠을 자지 못했다. 시간이 흐르면서 몸 상태까지 크게 나빠졌다.

얼마 후, 그는 병원을 찾았다. 의사는 핏줄이 선 그의 눈을 보고 물었다.

"불면증이 심한가요?"

"네, 도통 잠을 잘 수가 없습니다."

"왜요?"

"요즘 재고가 창고에 넘치는데 판로를 찾을 수 없으니까요. 정말 미칠 것 같아요."

의사는 몇 가지를 더 물은 후에 이렇게 말했다.

"아주 심한 건 아닙니다. 다음부터는 잠이 안 오면 눈을 감고 양을 세보세요!"

일주일 후, 그는 다시 의사를 찾았다. 의사는 눈이 벌겋게 부어오르고 정신이 반쯤 나간 것 같은 그를 보고 깜짝 놀라 다급하게 물었다.

"제가 말씀드린 대로 했습니까?"

"했죠."

의사는 믿지 못하겠다는 듯한 표정으로 다시 물었다.

"했는데도 증상이 더 심해졌다고요?"

"선생님이 시키신 대로 양을 셌어요. 매일 밤 3만 마리까지 셌죠! 그러고는 자고 싶었는데 양이 3만 마리면 털이 얼마나 많겠나 싶더라고요. 그냥 자기에는 너무 아까워서 전부 깎아줬어요. 힘들더라고요. 그런데도 잠들 수가 없었어요. 이 털로 스웨터를 만들어도 어디에 가져다 팔아야 할지 몰라 막막했거든요. 지금도 창고에 재고가 가득한데 말이에요. 걱정이 계속 이어지니 어떻게 잠을 자겠어요?

"

웃음이 나지만, 분명히 생각해볼 부분이 있는 이야기다. 마음은 밭과 같아서 무얼 심는가에 따라 그 모습이 달라진다. 가시나무를 심으면 온통 가시덤불이 자라나 고통을 주고, 화초를 심으면 아름다운 꽃향기가 가득해 기쁨을 준다. 이야기의 주인공이 자신을 괴롭게 하는 마음을 전부 갈아엎지 않는다면, 그는 점점 더 상태가 나빠져서 즐거움과 행복을 영원히 맛보지 못할 것이다.

심리, 즉 마음의 상태는 많은 사람이 주목하는 문제가 되었다. 마음 쓰레기가 만드는 각종 문제는 당신을 곤경으로 내몰아 제대로 생활할 수 없게 만들고, 심지어 질병까지 유발한다. 건강한 마음이 없으면 사는 것 자체가 고통이며 우울감이 쌓여 병이 된다. 실제로 심리 건강 관련 통계에 따르면 우울증은 이미 현세기 인류의 생명을 위협하는 '제2의 킬러'가 되었다.

기나긴 인생에서 좌절, 곤혹, 낙심, 고난의 골짜기에 빠지는 일을 피할 수는 없다. 그럴 때마다 당신은 어떻게 해야 할지 모르고, 자아를 잃은 채 헤맬 수도 있다. 이때 가장 먼저 해야 할 일은 '마음 청소'다. 마음에 쌓인 먼지를 털어내고 쓰레기를 말끔히 치워 당신의 영혼을 더 깨끗하고 맑게 만들자. 마음쓰레기를 치운 공간을 편평하게 다져서 희망의 씨앗을 뿌리고 자신의 인생을 똑바로 바라보며 살아야 한다.

행복하려면 어떠한 역경에도 휩쓸리지 않을 명확한 인식과 건강한 마음이 필요하다. 쓰레기를 정리해서 마음을 잘 관리하는 사람만이 아름다운 인생을 살 수 있다.

마음이 강해야 진짜 강한 것이며,
마음이 건강해야 진짜 건강한 것이다.
- 하버드 사회심리학자 윌리엄 맥두걸 -

마음쓰레기를 정리하면 건강한 마음으로 행복해질 수 있다.

감사한 마음이 있어야 행복이 오래 간다.

감사한 마음이 있는 사람은 분노, 불만, 원한 따위가 없다. 매사에 감사하는 사람이야말로 진정한 행복이 무엇인지 알고 있다.

스티븐 호킹 Stephen Hawking 은 블랙홀 이론을 증명하고 《시간의 역사》를 쓴 유명한 물리학자다. 그는 스물한 살 나이에 루게릭병을 진단받았으나 병마에 시달리면서도 끝까지 연구를 포기하지 않았다. 2018년 사망한 그는 생전에 이렇게 말했다. "나의 손가락은 여전히 움직이고, 나의 뇌는 여전히 사고합니다. 나에게는 평생 추구하는 이상이 있고, 나를 사랑하고 내가 사랑하는 가족과 친구가 있습니다. 그래요. 나는 감사하는 마음이 있습니다."

호킹은 휠체어에 의지한 채 손가락을 쉼 없이 움직여 연구에 매진했고, 과학 역사에 지대한 공헌을 했다. 이는 삶을 향한 뜨거운 사랑, 자신에게 주어진 삶에 대한 감사에서 비롯된 힘이었다. 감사하는 마음이 있는 사람은 모든 삶을 존중하고 아끼며 무엇보다 큰 가치로 보기에 자신이나 타인의 삶을 함부로 대하지 않는다.

우리는 주어진 모든 것에 감사할 줄 알아야 한다. 키워주신 부모에 감사하고, 가르쳐주신 선생님께 감사하며, 내게 도움을 주는 모든 이에게 감사해야 한다. 하버드 행복학에서 가장 강조하는 내용도 바로 감사하는 마음이다. 감사는 우리를 더 행복하고 즐겁게 만들며,

더 따뜻하게 살 수 있도록 한다. 감사한 마음이 있는 사람은 더 성숙하고 완벽하며 매력이 넘친다. 이런 사람이야말로 사랑받고 존경받을만한 자격이 있다.

감사하는 마음은 일종의 생활 태도로 모든 사람이 반드시 배워 익혀야 한다. 감사하는 마음이 있는 사람은 가슴에 사랑이 충만해서 타인에게 사랑을 베풀고 더 커다란 존경을 받는다.

부부 사이에도 서로 감사할 줄 알아야 한다. 부부처럼 가까운 사이에는 인사치레나 예의가 필요 없다고 생각해서 고맙다는 말을 잘하지 않는 사람이 많다. 감사를 표현하는 건 고사하고, 심지어 밖에서 일할 때 기분 나빴던 감정까지 가지고 들어와서 괜히 배우자에게 성질을 부리는 일이 허다하다. 감사하다는 말은 가족이 아닌 사람에게 하는 거지, 가족처럼 가까운 사람에게는 하지 않아도 된다고 생각하기 때문이다.

포용과 감사는 행복한 결혼의 기초다. 부부 양측이 모두 상대방에게 포용과 감사의 마음을 충분히 보여야 서로에게 완벽한 짝이 되고 행복한 결혼 생활을 누릴 수 있다. 만나기만 하면 불만을 쏟아내고 원망하는 부부는 결혼 생활 내내 크고 작은 싸움이 끊이지 않아 서로에게 고통과 상처만 줄 뿐이다.

모든 사람은 감사하는 마음을 가질 뿐 아니라 그것을 표현할 줄 알아야 한다. 또 구체적인 도움이나 지원을 제공한 사람에게만이 아니라 모든 사람에게 감사해야 한다. 모든 일에 감사할 줄 아는 태도는 그 자체가 매우 훌륭한 처세술이자 수준 높은 수양의 결과다.

생명과 무조건적인 사랑을 준 부모에게 감사하라.

지식과 세상을 보는 눈을 가르쳐준 스승에게 감사하라.

우정과 응원을 보낸 친구에게 감사하라.

나를 드러낼 수 있는 무대를 준 하늘에 감사하라.

끝없이 힘을 북돋아주는 대지에 감사하라.

빛과 열을 주는 태양에 감사하라.

나를 속여 분별력을 높여준 자에게 감사하라.

나를 무너뜨려 실력을 기르게 한 자에게 감사하라.

나를 버려 혼자 일어설 수 있게 한 자에게 감사하라.

나를 모함해 지혜를 발휘하게 한 자에게 감사하라.

나를 무시해 자존심을 일깨워준 자에게 감사하라.

삶이 나에게 준 모든 것에 감사하라.

……

가슴 속에 감사의 마음이 충만하면 세상이 달라진다. 상처가 아물고 고통이 사라지며, 원한과 불만이 자취를 감추고 증오와 질투는 더 이상 당신을 괴롭히지 않을 것이다. 남는 것은 오직 즐거움과 행복뿐이다.

당신의 인생은 무엇을 원하는가?
당신은 그것을 위해 무엇을 하겠는가?

- 하버드 금언 -

감사하는 마음을 타인이 아니라 자신의 행복을 위한 것이다. 감사는 행복해지기 위한 필수요소다. 사람이 행복해지려면 능동적으로 행동하는 동시에 감사하는 마음으로 평범한 삶 속에서 행복을 느껴야 한다.

Harvard Psychology Lecture

2장

좌절 금지

"고난과 실패로 더 강해진 나"

좌절 없는 성장은 없다. 역경은 성장하면서 반드시 거쳐야 하는 과정이다. 자신에게 온 역경을 기꺼이 받아들이고 압박감을 이겨내는 사람, 내면의 공포를 극복하고 자신감을 잃지 않는 사람, 그런 사람만이 최후에 성공을 거머쥐고 발전을 멈추지 않을 수 있다.

좌절은 성공의 필수코스다.

넘어지고 부딪히고, 무수한 함정과 걸림돌을 건너고……, 이것이 인생의 필수코스다. 좌절을 마주했을 때, 용기를 발휘해 극복하는 사람이 있는가 하면, 원망하고 울부짖다가 그대로 무너지는 사람도 있다. 심리학적 각도에서 볼 때, 좌절은 일종의 보편적인 사회 심리현상이다. 또 철학적 각도에서 보자면 좌절은 개인의 의지 문제가 아니라 일종의 필연적인 현상이다.

심리학에서 좌절이라는 용어는 대단히 큰일이 아니라 일상에서 부딪히는 다양한 일을 전부 포함한다. 요리 중에 손을 베는 일, 길거리 상점에서 바가지를 쓴 경험, 운전 중 가벼운 접촉사고, 상사의 질책, 부부 사이의 감정적 불화, 친구의 갑작스러운 죽음……, 이런 일들이 전부 심리학에서 말하는 좌절에 속한다.

살면서 만나는 좌절과 고난은 꼬리에 꼬리를 물고 찾아온다. 늘 이전보다 더 심한 것이 오고, 앞으로 더 심한 것이 찾아올 가능성이 농후하다. 애초에 전혀 예측할 수 없는 일도 부지기수다. 어차피 피할 수 없으니 그 안에서 경험과 교훈을 얻어야지 괜히 운명을 원망하고 걱정만 하면서 시간만 낭비해서는 안 된다. 혹시 그동안 그래왔다면 이제 좌절을 대하는 태도를 바꾸고 담담하게 맞이하는 법을 배워야 한다.

큰비가 그치자 하늘이 맑게 개었다. 거미 한 마리가 저 위 처마에 걸쳐진 다 찢어진 거미줄을 향해 천천히 기어 올라가고 있었다. 담벼락이 아직 완전히 마르지 않은 탓에 거미줄은 약한 바람에도 마구 흔들렸다. 어느 정도 갔다 싶은 순간, 거미가 땅으로 힘없이 떨어졌다. 역시 담벼락에 물기 때문이었다. 이제 거미는 다시 처음부터 오르기 시작해야 한다. 하지만 이후에도 계속 오르다 떨어졌다, 오르다 떨어졌다를 반복했다……

한 사람이 지나가다가 고생스럽게 담벼락을 기어오르고 있는 거미를 보며 탄식했다. "꼭 내 인생 같네, 나도 이 거미처럼 아무 의미 없이 고생만 하지." 그는 고개를 푹 숙이고 시무룩한 표정으로 떠났다. 이날 이후, 그는 점점 더 우울해졌다. 또 다른 사람이 거미를 보았다. 그는 끝까지 포기하지 않고 거미줄을 향해 기어가는 거미를 보면서 한심하다는 듯이 말했다. "진짜 멍청하네. 바로 옆에 젖지 않은 데로 돌아가면 될 것을! 나는 이렇게 어리석은 짓은 하지 말아야지." 그는 다시 바쁜 걸음을 재촉하며 가던 길을 갔다. 이후 그는 자신에게 생긴 일을 매우 현명하게 대처하며 삶을 잘 꾸려나갔다. 세 번째 행인이 거미를 보았다. 그는 떨어지고도 다시 올라가는 거미를 보면서 그 의지에 감동해서 자신도 그렇게 살리라 마음먹었다. 이후 그는 내면이 더 강하고 단단한 사람이 되었다.

좌절을 대하는 태도가 그 사람의 인생을 결정한다. 세계적인 베스트셀러 《해리 포터 Harry Porter》를 쓴 작가 조앤 롤링 Joan K. Rowling 은 사람이 좌절 속에서 더 강하고 현명해진다고 말했다. 성공하려면 자신에 대해, 특히 자신의 생존 능력에 대해 잘 알아야 한다. 평생 아무런 고생도 좌절도 겪어 보지 않은 사람은 자신을 제대로 이해하지 못하며 일과 생활 속 어떠한 문제나 관계도 처리하기 힘들다.

돼지의 눈에는 돼지만 보이고, 부처의 눈에는 부처만 보인다고 했다. 결국 관건은 마음가짐과 태도다. 좌절을 겪었을 때, 그것을 어떻게 바라보고 어떠한 선택을 내리는가가 중요하다. 태양을 마주 보면 빛으로 가득해 온 세상이 밝게 보인다. 반대로 태양을 등지고 서면 눈에 보이는 건 전부 그림자일 뿐이다. 사실 개인의 지능은 생각보다 차이가 크지 않다. 매우 지혜롭고 능력이 월등하다고 평가되는 인물들도 실제로는 지능이 대단히 뛰어나다기보다 보통 사람들보다 좌절과 싸워 이기는 용기가 있었다고 말하는 편이 맞다. 위대한 발명가 에디슨은 수천 번 실험 끝에 전구를 만들어냈다. 그가 보통 사람들과 다른 점은 실패를 두려워하지 않고 무수한 실패를 겪고도 성공할 때까지 포기하지 않는다는 데 있었다.

지금보다 한 발 더 나아가 성공하고 싶다면 좌절을 마주하는 심리적 준비를 잘 해두어야 한다. 당신이 전진하는 길 위에 좌절이 없을 리 없다. 좌절을 요리조리 피해서 탄탄대로만 걸어서 성공하고 싶다고 말한다면 어불성설이다. 아예 성공과 좌절은 같은 걸음으로 오며, 발전과 실패는 병존한다고 해도 지나친 말이 아니다. 좌절이 없으면 한 자리에 머물러 나아가지 못하고 전진의 동력을 잃는다. 지금 너무 버거운 좌절을 겪고 있다면 실력을 더 키우라는 경종으로 받아들이자.

성공하고 싶다면 좌절을 두려워해서는 안 된다. 좌절을 겪은 인생이야말로 의미 있고 꾸준히 성장할 수 있다.

좌절은 두려움의 대상이 아니다. 성공의 확률을 높이는 유일한 방법은 실패의 확률을 두 배로 키우는 것이다.

– 탈 벤 샤하르 –

좌절을 성장의 기회로 만들려면 용감하게 마주하고 그 안에서 경험과 교훈을 얻어야 한다. 좌절은 인생의 필수코스로 좌절 없이 성공하는 사람은 없다. 좌절에 무너지지 말고 용감하게 일어나는 사람만이 성공한다.

마음의 빗장을 열어라.

살면서 어렵고 힘든 시기를 이겨내려면 우선 '마음의 빗장'을 풀어야 한다. 스스로 친 빗장을 풀고서 1분만 더 버티고, 한 번 더 노력해야 승리에 가까워질 수 있다.

누군가를 설득하고 따르게 하려면 그의 내면을 먼저 공략해야 한다. 사람의 내면이란 가장 약한 동시에 가장 강한 곳이다. 한 번 마음의 빗장을 열고 나오면 그 뒤의 일은 순조롭게 이어질 것이다.

1953년 하버드 대학의 심리학자 솔로몬R. L. Solomon, 카민L. J. Kamin, 와인L. C. Wynne은 커다란 상자의 가운데에 울타리를 세워 두 부분으로 나누었다. 이 울타리의 높이는 실험견의 키와 거의 비슷하게 했다. 그들은 한쪽에만 실험견 40마리를 넣고서 상자 바닥을 통해 수차례 전기충격을 가했다. 그러자 놀란 실험견들은 울타리를 훌쩍 뛰어넘어서 반대편으로 갔다.

이어진 실험에서 그들은 실험견들이 전기충격을 피해 넘어간 반대편에도 전기충격을 가했다. 실험견들이 다시 반대편으로 넘어가자 이번에는 이쪽에도 전기충격을 가했다. 결국, 실험견들은 전기충격을 피하려고 계속 울타리를 넘어 다니면서 짖기, 떨기, 울부짖기 등의 본능적인 반응을 보이기 시작했다. 이 실험이 10~12일 계속되자 실험견들은 전기충격을 받아도 더 이상 반응을 보이지 않았다. 심지어 울타리를 뛰어넘을 생각도 하지 않았다.

이상의 실험은 잔인하고 냉혹하다는 이유로 큰 비판을 받았다. '전기 왕복 상자' 실험에서 실험견들은 반복적인 전기충격으로 무력 감과 절망을 느꼈고, 여러 차례 좌절을 겪으며 이겨내기를 포기했다. 심리학에서는 이를 '학습된 무기력'이라고 부른다. 즉 사람은 계속되 는 실패로 절망감에 휩싸이고 천천히 자신감을 잃는다. 그리고 자신 을 둘러싼 문제를 해결하기보다는 '어쩔 수 없다'라고 생각한다.

우리 주변에도 이런 식의 '학습된 무기력'에 빠진 사람이 많다. 원 래 그들은 성공하기 위해 최선을 다했지만, 어찌 된 일인지 성공은 그들에게 전혀 관심이 없었다. 그래도 처음에는 포기하지 않고 계속 도전했다. 하지만 도전하고 실패하고, 다시 도전하고 다시 실패하는 일이 끊임없이 반복되면서 타격을 감당하지 못하고 그저 실패를 '받 아들이게' 된다. 자신의 능력을 의심하면서 감히 시도도 도전도 하지 못하게 되며 성공을 추구하지 않고 점차 기준을 낮춘다. 나중에는 상 황이 나아져도 하향한 기준에 적응해서 받아들일 뿐, 감히 포부를 가 지거나 시도할 생각도 않는다.

또 실패할 거라는 두려움은 자신을 한 자리에 묶어두어 반드시 성 공하겠다는 이상과 희망을 모두 사라지게 한다. 이런 종류의 심리는 일종의 자기 부정으로 그 대상은 실력, 재능, 외모, 창의력, 체력, 사 교력 등 거의 모든 소양과 자질을 아우른다. 자기 부정, 자기 의심 같 은 부정적 감정에 휩싸인 사람은 일과 생활에서 문제에 부딪혔을 때, 원망과 한탄을 늘어놓는 경향을 보인다. 왜 나만 이렇게 힘들게 일하 지, 나는 왜 이렇게 아는 게 없지, 나처럼 인맥 없는 사람이 무슨 일을 하겠어…….

자기 부정과 자기 의심에 사로잡혀서 원망과 한탄만 하면서 삶을 허비하고 싶지 않다면 내면을 가둔 '마음의 빗장'을 풀어야 한다. 워낙 단단해서 쉽지 않겠지만, 한 번 빗장을 풀면 무거운 문이 열리면서 완전히 새로운 삶을 시작할 수 있다.

물론 살면서 좋은 일만 있을 수는 없다. 하지만 그런 일이 생겼을 때 자신의 내면을 다스리고 빗장을 풀어 절망 속에서 희망을 찾아 성공을 실현해야 한다.

생각과 행동을 제한하는 '마음의 빗장'을 열면 내면이 자유로워진다. 실패와 좌절, 곤경, 고뇌에 빠졌을 때, 이 자유로움으로부터 희망의 빛을 찾을 것이다.

1분 더 버티고, 한 번 더 노력하라. 그래야 실패를
뒤로하고 승리할 수 있다.

- 하버드 금언 -

사람을 무너뜨리는 것은 고난이나 좌절 자체가 아니라 자신의 내면이다. 많은 사람이 마음에 스스로 빗장을 치고 좀처럼 벗어나지 못한다. 그러므로 곤경에서 벗어나려면 이 마음의 빗장부터 풀어야 한다. 넓은 하늘을 나는 새처럼 자유롭게 사고함으로써 더 혁신적인 해결방법으로 곤경에서 벗어날 수 있다.

공포에 무너지지 마라.

대재난은 우리를 무너뜨리지 못하지만, 공포는 우리를 파괴한다. 공포는 발생과 동시에 내면을 점거하고 그 기둥을 마구 흔들어 당신을 성공으로부터 멀어지게 한다.

이미 알고 있겠지만 평생 따뜻한 햇볕 아래 꽃길만 걸으면서 평탄하게 사는 사람은 없다. 살다 보면 거칠게 날뛰는 파도를 경험하기도 하고 위험천만한 급류에 휘말릴 수도 있다. 또 예측하거나 확정할 수 없는 요소로 가득한 상황에 놓일 때도 있다. 그럴 때마다 사람은 불길한 예감을 느끼고 안 좋은 결과나 위기가 생겨날지도 모른다는 불유쾌한 감정에 휩싸인다.

심리학자들은 어떤 상황에서 벗어나기를 시도하지만 불가능할 때 느끼는 감정이 바로 공포라고 말한다. 이런 상황에서 개인의 의지는 무력화되고 내면에는 강박성을 띤 부정적 감정만 남는다. 공포는 사람이 느끼는 여러 감정 중에 가장 극복하기 어려운 것 중 하나다. 아주 작은 걱정이나 짜증이었던 감정이 순식간에 불어나서 당신을 괴롭히는 공포가 되기도 한다. 대부분 상황에서 우리를 무너뜨리는 것은 극복하기 어려운 고난 그 자체가 아니라, 실체가 보이지 않는 공포다. 공포의 어두운 그림자에서 벗어나지 못하면 그 때문에 목숨까지 잃을 수도 있다.

66

　　리터는 항상 열심히 일하고 솔선수범하는 태도로 동료들로부터
좋은 평가를 받는 사람이다. 그런 그에게도 한 가지 단점이 있었는데
바로 매사에 비관적이고 의심하며, 늘 부정적인 시선으로 세상을 바
라본다는 사실이다.

　　창립 기념일 저녁, 사장을 비롯한 직원들은 모두 조금 일찍 퇴근
해 파티장으로 떠났다. 리터는 남은 업무를 처리한 후, 곧 뒤따라가
겠다고 말했다. 일을 모두 마친 리터는 마지막으로 샘플을 가지러 지
하 차고에 있는 냉동차로 갔다. 그런데 필요한 샘플을 찾고 나가려는
순간, 어찌 된 일인지 문이 열리지 않았다. 아무리 흔들어도 마찬가
지로 꿈쩍하지 않았다. 그제야 리터는 자신이 냉동차에 갇혔다는 사
실을 깨달았다.

　　당황과 공포에 휩싸인 리터의 숨결이 거칠어졌다. 모골이 송연해
지며 한기가 느껴졌다. 그래, 여기 냉동차 안이지……. 공포에 질린
리터는 죽을힘을 다해서 문을 두드리며 소리쳤다. 전부 파티장에 가
서 회사에 남아있는 사람이 자신뿐인 걸 잘 알지만 달리 방법이 없었
다. 손바닥이 붉게 부어오르고 목이 쉬었다. 잠시 후, 기진맥진한 그
는 절망적인 표정으로 바닥에 주저앉아 거친 숨을 내쉬었다.

　　냉동차는 항상 영하 20도를 유지해, 이제 곧 얼어 죽겠군……, 생
각할수록 너무 무서웠다. 그는 벌벌 떨리는 손으로 윗옷 안주머니에
서 수첩을 꺼내 유서를 쓰기 시작했다.

　　다음 날 아침, 출근한 동료들이 리터를 냉동차에서 찾아냈다. 그

들은 깜짝 놀라 리터를 병원으로 이송했지만, 이미 늦은 후였다. 회사로 돌아온 동료들은 냉동차에 스위치가 올려져 있지 않았으며 산소도 충분했음을 발견했다. 하지만 의사는 리터가 분명히 '얼어' 죽었다고 말했다.

"

리터는 냉동차 내부의 낮은 온도 때문이 아니라, 냉동차에 갇혔다는 사실을 깨닫고 엄습한 공포에 질려 죽었다.

엄청난 공포에 잠식된 사람은 창의력은 고사하고 가장 기본적인 이성과 논리, 지식까지 모두 마비된다. 공포를 느끼는 사람은 온통 부정적 감정에 휩싸여 불길한 생각만 하고 일을 해도 늘 효율이 떨어진다. 공포는 심신의 활력을 떨어뜨리고, 희망을 사라지게 하며 삶에 대한 의지도 갉아 먹는다.

안타깝게도 현대 사회의 경쟁과 그로 말미암은 압박감은 정도가 나날이 더 심해지고 있다. 그때마다 공포를 느낀다면 사회에 제대로 발붙이고 살기 어려울 것이다. 예기치 못한 일이 생기면 마음가짐을 다잡아 공포의 작용을 최소화하는 데 총력을 기울여야 한다. 당신의 눈을 흐리는 공포라는 안개가 흩어져야 활력을 되찾고 원하는 방향으로 나아갈 수 있다.

공포 때문에 의심하지 말라, 전진이 공포를 줄일 것이다.

- 하버드 금언 -

살면서 공포를 느끼지 않을 수는 없다. 하지만 공포가 습관이 되면 매사를 의심하고 주저하며 좀처럼 결정을 내리지 못하게 된다. 공포가 당신을 무너뜨리게 놔두지 마라. 공포에 짓눌려 비관하고 절망하지 마라. 공포에 당신의 자신감을 내어주지 마라. 성공하고 싶다면 용기를 내어 내면의 공포와 싸워 이겨야 한다.

아무리 힘들어도 '좌절 금지'

삶은 오색찬란하다. 눈부신 햇빛이 아름답게 비출 때도 있고 먹구름이 자욱하게 낄 때도 있다. 즐겁고 행복할 때도 있고, 고통으로 무너질 때도 있다.

지금 당신이 어떤 상황에 놓였든 반드시 긍정적인 마음가짐으로 삶을 바라보아야 한다. 비관과 실의가 삶에 대한 희망을 짓누르게 해서는 안 된다. 하버드 교수들이 학생들에게 가장 많이 강조하는 부분도 바로 '긍정적인 마음가짐'으로 살라는 것이다. 마음가짐이란 당신이 생각하는 것보다 훨씬 거대한 능력이다. 그것은 비관과 실의에 빠진 사람을 다시 일으켜 세우고, 여유롭고 안락하게 살던 사람을 한순간에 나락으로 떨어뜨릴 수도 있다. 당신의 손은 미래를 만들고, 당신의 마음가짐은 그 방향을 결정하는 방법이다. 단언컨대 사람은 마음가짐에 따라 각기 다른 길을 걷는다. 기억하라. 삶이 당신을 아무리 힘들고 괴로운 지경에 몰아넣어도 밝게 미소 지으며 마주해야 한다.

누구나 살면서 생각지도 못한 소용돌이를 만나고 그 안으로 빨려들어갈 수 있다. 심지어 아무리 발버둥 쳐도 빠져나오지 못할 수도 있다. 피할 수 없다면 즐기라는 말이 있다. 살면서 힘들고 어려운 일을 겪지 않을 수는 없으니 기왕 겪는다면 긍정적으로 바라보는 편이 낫다. 하지만 실제로는 사는 내내 부정적인 마음가짐으로 운명을 원망하고 남 탓만 하면서 시간을 허비하는 사람이 많다. 이런 사람들은 살면서 안 좋은 일이 생기면 영원히 거기에 사로잡혀서 빠져나오지 못한다. 진짜 지혜로운 사람은 좌절을 긍정적인 마음가짐으로 받아들일 줄 아는 사람이다. 삶이 아무리 그에게 불친절해도 비관하거나 실망하지 않고, 희망을 간직한 채 도전을 받아들인다.

한 여성이 총상을 입은 채 발견되었다. 그녀는 강도가 쏜 총에 다섯 발이나 맞았지만, 끝까지 버텨 살아남았다. 사람들은 모두 입을 모아 기적이라고 말했다. 하지만 의사는 이는 기적이 아니라 그녀를 지탱해 준 힘 덕분에 가능한 일이었다고 설명했다. 그가 말한 힘은 바로 '삶에 대한 강한 의지'였다. 얼마 후, 완전히 회복한 여성은 그동안 자신을 응원해준 사람들에게 희망과긍정적인 마음이 자신을 다시 살게 했다고 말했다. 이 여성뿐 아니라 매일 생사를 넘나드는 암 환자들 역시 반드시 살겠다는 의지로 하루하루 고비를 넘기고 있다. 3개월 시한부 선고를 받은 환자가 수년째 살 수 있는 것도 바로 그 덕분이다.

"힘들어도 절망이 아니라 희망을 선택하라"라는 말이 있다. 긍정적인 마음가짐 중 하나인 희망은 좌절을 받아들이는 심리적 수용력을 키운다. 미래에 대한 희망으로 가득한 사람은 좌절과 역경 속에서도 여전히 담담한 마음으로 삶을 대할 줄 안다. 부당한 대우를 받으면 커다란 좌절감을 느끼고 낙심하는 대부분 사람과 달리, 미래를 생각하며 포기하지 않고 버틴다. 설령 지금 부당한 대우를 받을지언정 미래는 훨씬 더 나아질 거라는 희망이 있기 때문이다. 반대로 좌절감에 젖어 희망을 잃고 온 마음을 절망으로 가득 채워 쉽게 포기하고 어떠한 노력도 하지 않는 사람도 있다. 희망은 당신을 밝은 미래로 안내하는 일종의 '유도등' 역할을 한다. 희망이 없는 인생은 돛을 잃은 배와 같아서 망망대해에서 방향을 잃고 표류할 가능성이 크다.

좀 더 다채롭고 화려하게 빛나는 삶을 살고 싶다면 긍정적으로 생활하는 법을 배워야 한다. 역사적으로 유명한 인물들 역시 대부분 긍정적인 마음가짐으로 살았으며 삶에 대한 희망으로 가득했다. 그들은 역경에 처해도 물러서거나 두려워하지 않았으며 반대로 탁 트인 마음과 큰 보폭으로 전진했다. 가는 길이 아무리 험한 가시밭이라도 말이다.

삶은 무엇보다 귀하다. 자신의 삶을 아끼고 소중하게 대하지 않는 사람이 그 즐거움과 행복을 알 리 없다. 좌절을 용감하게 마주하고 그 시련을 겪어낸 사람만이 비로소 삶의 행복과 즐거움에 담긴 진정한 함의를 알 수 있다.

66

어부가 먼 바다로 나가기 위해 배를 정비하고 있었다. 한 행인이 그에게 다가와 이런저런 이야기를 나누다가 물었다. "아버지는 어떻게 돌아가셨나요?"

"불행한 일이었죠. 바다로 나가셨다가 갑자기 몰아친 폭풍우에 배가 침몰했거든요."

"그럼 할아버지는요?"

"똑같아요. 할아버지 역시 바다에서 돌아가셨어요."

행인은 이해할 수 없다는 듯이 물었다.

"그런데도 당신은 바다에 나가는 일이 두렵지 않나요? 할아버지와 아버지처럼 화를 당할 수도 있잖아요."

기분이 상한 어부는 행인에게 반문했다.

"이번에는 제가 묻죠. 당신의 아버지는 어떻게 돌아가셨나요?"

"주무시다가 침대에서 누우신 채로 돌아가셨어요."

"그럼 할아버지는요?"

"마찬가지로 주무시다가 침대에서 돌아가셨죠."

어부는 일부러 이해할 수 없다는 표정을 과장해서 지으며 물었다.

"그런데도 매일 침대에 누워 자는 것이 무섭지 않나요?

99

어부는 아버지와 할아버지가 바다에서 만난 불행에도 자신이 하고 싶은 일과 목표를 포기하지 않았다. 가족을 잃은 고통에도 희망을 잃지 않고 계속 바다로 나갔다.

역경과 고난에도 좌절하지 않는 사람은 지금은 아무리 힘들어도 앞으로는 밝게 빛날 거라는 희망을 포기하지 않는다. 고통에 무너질 것 같아도 냉소적으로 변하지 않으며 절망하거나 실의에 빠지지 않는다. 희망을 포기하지 마라. 지금 상황이 어떻든 끝까지 포기하지 않으면 희망은 반드시 당신에게 보답할 것이다. 역경과 고난에서 당신을 구하는 힘은 희망뿐이다.

고난은 누구나 겪는 경험이다. 다만 포기하고
투항하는 사람도 있고, 끝까지 굴복하지 않는
사람도 있다. 성공하는 사람은 언제나 후자다.

- 헨리 키신저 -

역경과 고난은 삶의 일부다. 이는 절대 피할 수 없는 일이니 그때마다 좌절하고 절
망하기보다는 어떻게든 그 안에서 희망의 불씨를 찾아야 한다. 생각과 태도를 바꾸
어서 일상의 삶을 유지하고 긍정적이고 낙관적인 마음가짐으로 역경과 고난의 늪에
서 빠져나가자.

위기 속에 숨은 기회를 찾아내다.

인생의 위기를 기회로 본다면 당신은 아마 생각지도 못한 성공을 손에 넣을 것이다. 노자는 "화 속에 복이 깃들었고, 복 안에 화가 숨었다"라고 했다. 실제로 복과 화는 서로의 모습으로 바뀌곤 한다. 이뿐 아니라 음과 양, 위기와 평안도 얼마든지 뒤바뀔 수 있다. 긍정적인 마음가짐으로 냉철하고 현명하게 마주한 위기를 분석한다면 위기 속에 숨어 있는 기회를 쉽게 발견할 것이다.

아리스토텔레스 오나시스 Aristotle Onassis 가 한창 사업을 키우던 때에 전 세계에 경제 위기가 휘몰아쳤다. 그 바람에 국제 무역이 둔화했고, 당연히 해운업계가 큰 타격을 받았다. 바다를 종횡무진하던 상선들은 순식간에 쓸모없는 애물단지가 되고 말았다.

오나시스의 사업도 영향을 받았지만, 그는 당황하거나 조급해하지 않으며 냉철하게 앞으로 올 기회를 예측했다. 한편 캐나다의 한 기업이 경제 위기를 이겨내지 못하고 보유하고 있던 화물선 여섯 척을 매각하기로 했다. 하지만 다 같이 어려운 시기이다 보니 사겠다고 나서는 사람이 없었다. 10년 전에 한 척에 200만 달러씩이었는데 이제는 한 척에 2만 달러에 팔겠다고 해도 물어보는 사람조차 없었다. 오나시스는 이 소식을 듣고 이야말로 기회라고 생각했다. 그는 두 번 생각하지 않고 곧장 캐나다로 가서 단돈 12만 달러에 낡은 화물선 여섯 척을 사들였다.

얼마 후, 경제 위기가 계속되는 와중에 제2차 세계대전까지 발발했다. 전쟁이 일어나자 군수용품을 운송할 화물선 수요가 대폭 상승했고, 미리 사둔 낡은 화물선 여섯 척은 오나시스에게 거대한 부를 안겨주었다.

이후로도 오나시스는 한발 한발 사업의 정점을 향해 나아갔다. 1975년에 그는 이미 선박 45척을 보유한 명실상부한 세계 선박왕이 되었다.

하버드 전 총장 제임스 브라이언트 코넌트 James Bryant Conant 가 한 강연에서 위기를 의미하는 한자를 소개했다. 그는 위기라는 단어가 '위험'을 의미하는 위 危 와 '기회'를 의미하는 '기 機'로 구성되었으니, 이 말의 진정한 함의는 '위험과 기회'라고 강조했다. 인생의 변화무쌍함에 제대로 대응하고, 행복을 더 길게 유지하는 가장 좋은 방법은 바로 위기를 기회로 보는 것이다. 그래야만 당신의 길을 가로막은 걸림돌을 도약을 위한 발판으로 바꿀 수 있다.

66

제임스와 마이크는 아주 외진 지역에서 도자기를 만들며 살고 있었다. 어느 날, 그들은 요즘 도시 사람들이 도자기 제품을 좋아한다는 이야기를 듣고 '최고의 상품'을 만들어 도시로 가져가서 팔기로 했다. 이때부터 두 사람은 최고의 상품을 만들기 위해 장장 10여 년 동안이나 반복해서 시험한 끝에 마침내 원하는 수준에 이르렀다. 제임스와 마이크는 도시 사람들이 전부 이 훌륭한 상품을 사용할 테고, 그러면 커다란 시장을 확보해서 많은 돈을 벌 수 있다는 환상에 사로잡혔다. 달콤한 미래를 꿈꾸는 두 사람은 꿈을 실현하기 위해 배 한 척을 빌려 상품들을 모두 싣고 도시로 떠났다.

그런데 전혀 예상하지 못한 일이 발생했다. 항해 중에 위력이 어마어마한 폭풍을 만나 배가 뒤집히고 만 것이다. 다음 날 배는 가까스로 도시의 해안에 다다랐지만, 배를 가득 채웠던 도자기들은 모두 박살이 난 상태였다. 큰돈을 벌겠다는 두 도자기 상인의 꿈도 산산조각이 났다. 망연자실해서 한참을 멍하니 보는 중에 제임스가 우선 하룻밤 묵을 숙소를 찾아 하룻밤 쉬자고 제안했다. 도시 생활이 쉽지 않을 테니 잘 쉬고 정신을 차린 후에 다음 날은 시내를 돌아다니면서 어떻게 할지 궁리해보자고 했다. 그러나 마이크는 가슴을 쥐어뜯으면서 실성한 사람처럼 통곡하며 울부짖었다. "그렇게 정성을 들여서 만든 도자기가 전부 산산조각이 났어. 그런데 시내를 돌아다니자는 거야?" 제임스는 담담한 목소리로 말했다. "그래, 네 말대로 우리가 정성을 들여서 만든 도자기는 전부 산산조각이 났어. 매우 불행한 일이지만 이제는 돌이킬 수 없잖아. 그래도 이것만 보고 있으면 뭐하겠어? 손실을 따져봐야 괜히 속상하고 기분만 나빠지잖아. 생각할수록 더 불행해질 뿐이야."

마이크는 제임스의 말에 일리가 있다고 생각하고 일단 함께 도시에서 며칠 지내기로 했다. 며칠 후, 그들은 도시인들이 벽을 장식하는 재료가 자신들의 깨진 도자기와 매우 유사하다는 사실을 발견했다. 두 사람은 곧장 도자기 조각들을 모자이크로 만들어서 도시의 건축상에게 팔기 시작했다. 얼마 후, 제임스와 마이크는 깨진 도자기 때문에 손해를 보기는커녕 도리어 도자기 모자이크를 팔아서 큰돈을 벌어 부자가 되겠다는 꿈을 이루었다.

99

깨진 도자기 조각은 원래 아무 쓸모가 없다. 하지만 제임스와 마이크는 생각의 전환을 통해서 깨진 도자기 조각에 숨은 사업의 기회를 찾아냈다. 하버드는 큰일을 이루려면 위기가 왔을 때, 누군가를 원망하거나 운명을 한탄해서는 안 된다고 가르친다. 반대로 깊은 사고와 생각의 전환을 통해 위기를 기회로 만들어야 성공할 수 있다.

삶이 당신에게 레몬을 준다면, 레몬에이드를 만들어라.
- 엘버트 허버드 -

위기가 왔을 때, 오직 '위험'만 보고 '기회'를 무시하는 사람이 많다. 하지만 진짜 똑똑한 사람은 위기 속에 숨은 기회를 보고서 어떻게 하면 이 기회를 이용해서 목표를 이룰 수 있을지 사고한다. 위기를 잘 이용하는 사람만이 성공하고 삶의 행복을 발견할 수 있다.

부정적 감정을 전진의 동력으로 삼는다.

세상에는 두 종류의 사람이 있다. 곤경에 빠졌을 때 기꺼이 좌절의 사냥감이 되어서 자포자기하는 사람, 그리고 본능적으로 생겨난 부정적 감정에 휩쓸리지 않고 그것을 노력의 동력으로 삼아 곤경에서 탈출하고 밝은 미래로 나아가는 사람이다.

탈 벤 샤하르는 우아하고 아름답게 걸으려면 비틀거리고 넘어지면서 걸음을 배우는 힘든 시기를 거쳐야 한다고 말했다. 마찬가지로 성공하고 싶다면 반드시 무수한 좌절과 실패를 겪어야만 한다.

좌절이 성공으로 가는 문을 가로막고 있을 때, 비관과 실망 같은 부정적 감정이 생겨 내면을 침식하는 일을 막을 수는 없다. 다만 이런 상황이 오래되면 문제가 생긴다. 장기간 부정적 감정 속에 빠져 허우적대면 심신 건강이 모두 붕괴해 사람 자체가 침식되고 만다. 반대로 부정적 감정에 빠져서 눈물을 흘렸다가도 금세 쓱쓱 닦고서 고개를 드는 사람도 있다. 이들은 가슴을 펴고 큰 보폭으로 전진하면서 "나는 할 일이 많아! 나에게 생기는 일은 성장하기 위한 훈련일 뿐이야. 이번 일을 더 나아지는 기회로 삼으면 돼!"라고 말한다. 낙담은 삶의 태도가 될 수 없다. 부정적 감정을 억눌러야만 삶을 더 똑바로 보고 나아갈 수 있다. 강조하건대 좌절을 겪은 사람만이 더 성숙할 수 있다.

성공의 본질은 진정으로 좌절을 인식하고 받아들인 사람만이 정확하게 알 수 있다. 그렇기에 성공하려면 반드시 좌절을 견뎌야 한다. 좌절에서 얻은 경험과 교훈은 성공에서 배우는 것보다 훨씬 더 심오하다. 일본의 유명한 경영인 하라 야스사부로原安三郎 는 이렇게 말했다. "젊을 때, 100만 엔을 번 경험은 후에 10억 엔을 버는 경험이 되지 않는다. 반대로 젊을 때, 100만 엔을 잃은 경험은 후에 10억 엔을 버는 경험으로 바뀔 수 있다. 역경이야말로 성장할 수 있는 가장 좋은 기회다."

다른 사람이 걸은 성공의 길을 그대로 복제해 따를 수는 없지만, 그들이 지나간 길 위에서 심오한 가치를 배울 수는 있다. 힘들고 어려운 환경, 굴곡진 경험은 그들을 무너뜨리지 못했으며 오히려 성공이라는 결실을 이루는 데 보탬이 되었다.

실패는 두려움의 대상이 아니다. 우리가 두려워해야 하는 것은 실패가 두려워 감히 전진하지 못하는 마음이다. 지금 당신이 한 걸음 내딛는 길이 평탄한 대로일 수도 험한 산길일 수도 있다. 후자라 하더라도 우울해할 필요는 없다. 조급함을 버리고 자신을 믿는다면 그 험한 산길을 무사히 빠져나올 수 있다.

1960년대 초 미국, 한 여성이 심사숙고 끝에 창업을 결심했다. 그녀의 이름은 메리 케이 애쉬 Mary kay Ash 다. 그녀는 가지고 있는 전 재산인 5,000달러로 자신의 이름을 딴 화장품 회사 메리케이 Marykay 를 설립했다. 창업 후 처음으로 연 전시판매장에서 메리케이는 심혈을 기울여 개발한 스킨케어 라인을 선보이기로 했다. 그들은 이 라인을 미국 화장품 시장에 선보이면 엄청난 반응을 일으켜서 소비자들에게 회사의 이름을 각인시킬 수 있다고 확신했다. 하지만 알다시피 이상과 현실은 종종 반대 방향으로 달려가곤 한다. 전시판매 기간 내내 소비자들의 반응은 시큰둥했으며 1.5달러짜리 로션만 소량 판매되었을 뿐이다.

이 처참한 결과를 들은 메리케이 애쉬는 속상해서 통곡하다시피 울었다. 그동안의 모든 노력이 물거품이 되었으니 온몸에 힘이 다 빠져나가는 것 같았다. 한참 울고 난 그녀는 다시 정신을 차리고 고개를 번쩍 들었다. 그리고는 눈물을 쓱쓱 닦고서 책상에 똑바로 앉아 판매가 이렇게나 저조했던 원인을 분석하기 시작했다. 며칠 후, 메리케이는 이 첫 번째 실패에서 벗어나 생산관리 시스템을 새롭게 정비하고 영업 판매 전략도 보강했다. 이후 메리케이는 20여 년 동안 미국 화장품 시장에서 승승장구했다. 창업 당시 9명이던 직원은 5,000여 명으로 늘어났고, 소규모 생산업체에서 벗어나 다국적 기업으로 성장했으며, 년 판매액은 3억 달러를 넘었다. 메리케이 애쉬는 마침내 자신의 꿈을 실현했다.

성공은 '한 방'에 되는 일이 아니다. 아무 노력도 하지 않으면서 종일 꿈만 꾼다고 이루어질 리 만무하다. 성공은 크고 작은 다양한 좌절을 겪은 후에야 비로소 만날 수 있는 결과다. 성공하려면 좌절을 마주해야 하고 이는 성공하기 위해 갖춰야 하는 필수 소질이자 능력이다. 당신 인생에서 좌절의 시간은 학습과 경험의 시간이다. 소심하고 유약한 사람은 좌절을 자신의 묘비로 삼지만, 대담하고 강인한 사람은 그것을 성공의 디딤돌로 삼는다. 넘어져도 다시 일어나는 사람, 수차례 실패해도 다시 도전하는 사람, 절대 포기하지 않는 사람이 진짜 영웅이다. 이런 사람만이 성공의 희열을 맛볼 수 있다.

좌절이 일으키는 감정의 파동은 당신을 공포와 불안 속으로 몰아넣는다. 이러한 부정적 감정을 없애는 가장 효과적인 방법은 그것을 동력으로 삼는 것이다. 좌절을 훈련의 기회로, 좌절로 말미암은 부정적 감정을 동력으로 이용할 때만이 성공에 한 발 더 가까이 갈 수 있다.

실패를 배우지 않으면 배움에 실패한다.

- 탈 벤 샤하르 -

성공은 가만히 앉아서 얻을 수 없으며 반드시 크고 작은 각종 좌절을 경험해야 얻을 수 있는 결과물이다. 좌절이 당신을 시험할 때, 긍정적이고 낙관적인 마음가짐으로 사고방식을 바꾸어 그로 말미암은 부정적 감정을 노력의 동력으로 전환하라. 좌절이라는 시험을 통과하고 그 압박감을 이겨낸 사람만이 성공할 수 있다.

새로운 희망으로 과거와 작별하다.

과거의 기억 속에 사는 사람은 현재 마주하는 현실을 받아들이기 어려워한다. 하지만 사회에서 도태하지 않고 제대로 적응하려면 반드시 과거와 작별하고 새로운 희망으로 그 자리를 채우는 법을 배워야한다.

하버드 교수들은 성공도 실패도 모두 과거의 일일 뿐이며 지난 일을 붙잡고 사는 것처럼 우매한 행동은 없으니 어서 기억에서 빠져나오기를 권한다. 희망으로 충만한 사람만이 오색찬란하고 밝은 미래를 만들 수 있다. 희망이 있어야 미래도 있다. 희망이 있는 사람은 성공이라는 열매를 손에 넣지만, 앞날에 대한 희망을 잃은 사람은 멀쩡히 살아 있는 꽃마저 말려 버린다. 오직 희망을 잃지 않은 사람만이 아무리 길이 멀고 험해도 행복을 찾는 발걸음을 멈추지 않을 수 있다.

한 심리학자가 실험쥐 두 마리를 물이 가득 찬 그릇 안에 넣었다. 쥐들은 죽을 힘을 다해 살려고 버둥거리면서 약 8분을 버티다가 죽었다. 잠시 후, 심리학자는 똑같은 그릇에 다른 실험쥐 두 마리를 넣었다. 이번에도 쥐들은 살려고 버둥거렸다. 약 5분이 지났을 때, 심리학자는 그릇 안에 경사로가 되는 판을 하나 넣어서 쥐들이 기어 나올 수 있도록 했다. 며칠 후, 심리학자는 이 실험쥐 두 마리를 다시 이전과 같은 그릇에 넣었다. 그러자 쥐들은 놀랍게도 24분을 물속에서 버텼다. 일반적인 상황보다 세 배나 긴 시간이었다.

심리학자는 처음의 실험쥐 두 마리는 살아난 경험이 없으므로 정확히 자기 체력만큼 8분을 버텼지만, 두 번째 실험쥐 두 마리는 살아난 경험이 있어서 정신력을 더해 24분을 버텼다고 설명했다. 그가 말한 이 정신력이 바로 희망이다. 쥐들은 버티면 살아날 방도가 생긴다고 믿으면서 실제 체력보다 훨씬 오래 버텼다.

심리학자는 쥐들이 죽기 직전인 24분이 흘렀을 때, 건져 올려서 그들의 희망을 실현해주었다.

우리가 희망을 잃지 않는 까닭은 그것이 행복을 가져다준다고 믿기 때문이다. 아름다운 희망은 미래를 동경하게 만들고 그 자체로 기쁨을 안겨준다. 사실 인류 사회의 모든 발전은 희망과 불가분의 관계에 있다. 희망은 사람들이 더욱 노력하고 최선을 다하게 만들며 사회가 나날이 더 나아지게 하기 때문이다.

주변을 둘러보면 활력이 넘치고 투지를 불태우는 사람이 있을 것이다. 온 마음이 삶에 대한 희망으로 가득한 그들은 슬퍼하거나 탄식할 시간조차 없다. 과거에서 벗어나야 지금의 삶에서 더 커다란 행복을 얻을 수 있다. 매일 희망을 떠올리기만 해도 자신을 옥죄는 과거의 밧줄을 풀 수 있다.

세상에는 두 종류의 사람이 있다. 하나는 좋아하는 음식을 먼저 먹는 사람이고, 다른 하나는 좋아하는 음식을 가장 마지막까지 남겨뒀다가 먹는 사람이다. 보통 좋아하는 음식으로 식사를 시작하는 전자가 비교적 낙관적인 사람, 좋아하지 않는 음식으로 식사를 시작하는 후자가 비교적 비관적인 사람으로 여겨진다. 하지만 실제로는 그렇지 않다. 전자는 제일 맛있었던 그 맛을 돌이키지만, 후자는 더 맛있는 걸 먹을 수 있다는 기대가 있다. 다시 말해, 전자는 과거의 기억 속에 사는 사람이고, 후자는 미래에 대한 희망으로 사는 사람이다. 우리는 모두 이 후자처럼 되어야 한다. 희망을 간직하고 긍정적으로 산다면 과거의 기억이 당신의 발걸음을 막지 않을 것이다.

과거의 기억을 놓지 못하는 심리는 일종의 현실 도피다. 이런 사람들은 과거에 즐거웠던 감정 혹은 고통스러운 경험을 끊임없이 되새기면서 산다. 그 바람에 감정의 악순환에 빠져 자신과 주변 사람을 모두 괴롭힌다. 이런 악순환에서 벗어나려면 매일 희망의 씨앗을 키워 희망이 당신을 악순환에서 데리고 나가게 해야 한다.

66

세상을 떠돌면서 삼현금 三絃琴 을 연주해 먹고 사는 맹인이 있었다. 그는 오랫동안 각지의 명의를 찾아다니면서 눈을 고치려고 했지만 아무런 성과가 없었다. 그러던 어느 날, 한 승려가 그에게 말했다. "내게 당신의 눈을 고치는 처방이 있소. 다만 앞으로 연주하면서 삼현금 줄을 천 개를 끊어야 처방이 효력을 발휘할 것이오." 이 말을 들은 맹인은 역시 눈이 보이지 않는 제자 한 명을 데리고 전국을 떠돌며 삼현금을 연주했다.

여러 해가 흘렀다. 맹인은 낮이고 밤이고 연주를 거듭해서 마침내 천 번째 줄을 끊었다. 그는 감개무량한 표정으로 그동안 품속에 소중히 가지고 다니던 처방을 꺼내서 주변 사람들에게 뭐라고 적혀 있냐고 물었다. 사람들은 숨을 멈추고 간절한 표정으로 대답을 기다리는 그에게 뜻밖의 말을 했다. "그냥 백지에요. 한 글자도 없는데요." 충격을 받은 맹인은 잠시 멍하니 있다가 갑자기 눈물을 철철 흘렸다. 그는 마침내 승려의 말을 이해했다.

승려가 건넨 처방은 사실 맹인이 계속 살아가게 만든 '희망'이었다. 승려는 낙심한 맹인에게 희망의 씨앗을 심어 그가 계속 연주하고 노래하게 만들었다.

이후 맹인은 승려의 처방을 제자에게 건네주었다. 제자가 얼마나 간절히 눈이 보이기를 바라는지 알고 있기에 승려의 말도 똑같이 전했다. 제자는 맹인처럼 열심히 연주하면 눈을 뜰 수 있다는 희망을 안고 떠났다.

99

새로운 희망으로 지난 과거를 완전히 씻어내자. 지금 당신에게 주어진 나날을 착실하게 한 걸음씩 걸어가고 희망이 그 발걸음을 더 가볍게 만들어야 한다.

하버드 교수들은 과거의 영광과 그림자에서 벗어나기만 해도 희망의 씨앗을 키울 수 있다고 이야기한다. 과거의 옳고 그름은 모두 과거일 뿐이다. 과거의 잘못과 실수는 잊고 오늘을 더 열심히 바르게 사는 데만 집중하면 되지 과도한 걱정으로 오늘까지 망칠 필요는 없다.

인생은 끊임없이 시작인 동시에 끝이다. 희망으로 어제의 기억을 씻어내고 새롭게 시작하는 용기를 발휘하라.

희망과 공포는 동행하지 않는다.

하버드 금언

희망, 그것은 자신에게 부여하는 기대이자 더 노력하고 분투하게 하는 동력이다. 성공은 결코 닿을 수 없는 요원한 꿈이 아니며 새로운 희망으로부터 시작된다.

엎질러진 우유 때문에 울지 마라.

당신은 실수나 잘못을 자책하고 그 고통에서 벗어나지 못하는 사람인가? 혹시 물주기를 깜박 잊어서 말라죽은 장미 때문에 한없이 속상하고 우울감에 젖는 사람인가? 하버드 학생들이 학교에서 가장 흔하게 듣는 경고는 바로 "엎질러진 우유 때문에 울지 마라"다. 어떤 대상이든 당신이 돌이킬 수 없다면 상처받을 필요 없다.

　같은 문제라도 그것을 어떠한 마음가짐으로 보는가에 따라 각기 다른 답을 얻는다. 이미 일어난 일을 바꿀 수는 없지만, 이 일로 말미암은 결과를 바꿀 수는 있다. 예를 들어 실수로 유리컵을 깨뜨렸다고 하자. 이런 상황에서 당신은 어떤 반응을 보이는 사람인가? 바닥에 흩어진 유리 조각을 보고 눈물 흘린들 유리컵이 원상 복귀될 리 없다. 당신이 취할 수 있는 가장 바람직한 태도는 "아깝지만 깨졌으니 별수 없지!"다. 그런 후에 유리 조각을 깨끗이 정리하고 하던 일을 하면 그만이다. 이후로도 계속 깨진 유리 조각들을 머릿속에서 지우지 못하면 마음속에 그림자가 지면서 후회, 자책, 우울감에 휩싸인다. 한번 생겨난 부정적 감정은 점점 더 커져서 고통을 안기고 일과 생활에서 더 크고 많은 문제를 일으킬 것이다.

　데일 카네기는 젊은 시절, 미주리 주에서 성인 교육 아카데미를 열었다. 반응이 좋아 한껏 고무된 그는 아카데미 사업을 전국 각지의 대도시로 확대했다. 하지만 경험과 재무관리 지식 부족으로 임대료,

홍보비 및 기타 잡비에 너무 많은 자금을 쓰고 말았다. 카네기의 성인 교육 아카데미는 분명히 반응이 좋고 학생이 많았지만, 워낙 비용이 많이 들어가서 이익이 많지 않았다. 눈코 뜰 새 없이 바쁘기만 하고 투자에 대한 보상은 거의 없다고 봐도 무방했다.

카네기는 어떻게 해야 할지 몰라서 괴롭기만 했다. 그는 교육에만 집중하고 경영에는 소홀했던 자신을 원망하면서 한없이 우울한 몇 달을 보냈다. 나중에는 정신이 멍하고 집중력까지 현저히 떨어져서 사업도 거의 방치하다시피 했다.

도저히 견디기 힘들었던 그는 중학교 은사인 존슨 선생님을 찾아가서 고민을 털어놓았다. 선생님은 제자의 말을 묵묵히 듣더니 진심 어린 목소리로 말했다. "테이블 위에 우유가 담긴 컵이 하나 놓여있었어. 그런데 실수로 건드리는 바람에 우유를 전부 쏟고 말았지. 어때? 빈 컵과 땅에 쏟아진 우유를 보고 울래, 아니면 어질러진 곳을 말끔히 치우고 다른 일을 시작할래? 잘 들어봐. 엎어진 우유는 그걸로 끝이야. 다시 주워 담을 수도 없잖니? 네가 할 수 있는 일이라곤 이 일을 통해 교훈을 얻는 거지. 예를 들어 '앞으로는 우유 컵을 테이블 끝에 두지 말아야지' 같은 교훈 말이야. 그리고서 안 좋은 기분을 털어버리면 그만이야."

선생님의 말씀은 지난 실수에 연연하며 괴로움을 떨치지 못하는 카네기가 다시금 희망을 얻게 했다. 카네기는 다시 마음을 다잡고 새로운 열정과 희망으로 교육사업에 매진했다.

후에 카네기는 여러 강연에서 존슨 선생님이 들려준 '엎질러진 우유'를 자주 언급하곤 했다.

데일 카네기는 선생님의 말씀에 마음가짐을 바꾸고 새롭게 사업을 꾸려나갔다. 그처럼 좌절에 부딪혀도 각도를 바꾸어 문제를 사고하고 불행한 경험 속에서 교훈을 얻어 계속 전진한다면 분명히 더 향상할 수 있다.

"

미국의 한 건재상이 바닷길로 캐나다에서 뉴욕으로 목재를 운송 중이었다. 그런데 갑자기 날씨가 나빠지더니 세찬 비바람이 몰아치기 시작했다. 그 바람에 목재를 묶어 놓은 밧줄이 물에 젖으면서 끊어졌고, 대부분 목재가 순식간에 바닷속으로 굴러떨어지고 말았다. 두 눈 뜬 채 파도를 타고 둥둥 떠내려가는 목재를 본 건재상은 큰 충격을 받았다. 머릿속으로 대충 계산해 본 손해액만도 어마어마했지만, 정신을 다잡고 현지 해상관리청에 사고를 신고했다. 이에 해상관리청은 항해 중인 각국의 선박들에 목재가 어디에 있는지 신경 써서 봐달라고 알렸다.

이후 수년 동안 수많은 선박이 바다 여기저기에서 이 목재들이 발견된 위치와 시간을 해상관리청에 알려왔다. 해상관리청은 목재의 위치, 표류 방향, 날짜와 시간 등을 전문적으로 통계, 분석해서 조류의 흐름을 파악하는 데이터로 쓰기 시작했다.

장기간에 걸친 관찰, 꼼꼼한 기록과 분석, 오류 수정을 거쳐 해상관리청은 매우 유의미한 결과를 만들고 각국에 알려 선박들이 더욱 순조롭고 안전하게 항해할 수 있도록 했다. 만약 건재상의 목재가 안전하게 뉴욕에 도착했다면 해상관리청이 이렇게 유용한 자료를 얻기가 불가능했을 것이다. 이에 정부는 건재상의 공헌을 인정해 큰 포상금을 지급했다. 목재를 잃어서 발생했던 경제적 손실보다 훨씬 큰 액수였다.

99

살다 보면 많은 일을 잘못한다. 그중에는 돌이키지 못하는 경우도 허다하다. 좌절이나 실패를 겪었을 때는 자신에게 "걱정하지 마, 아직 희망이 있어. 반성하고 다시 용기를 내어 노력하면 돼!"라고 말해야 한다. 인도 시인 라빈드라나드 타고르 Rabindranath Tagore 는 "당신이 태양을 놓쳐 눈물을 흘린다면, 별무리까지 놓칠 것이다!"라고 말했다. 실수를 담담하게 받아들이고 정신을 바짝 차리자. 실수에서 교훈을 얻되 머릿속에서 실수를 말끔히 지워내야 한다.

돌이켜보지 마라, 돌아가지 않을 거라면.
- 헨리 데이비드 소로 -

엎질러진 우유는 우리 인생의 아주 작은 실수에 지나지 않으니 곱씹으며 괴로워하느라 시간을 낭비할 필요는 없다. 마음을 다잡고 새로운 희망을 향해 나아가야 더 아름다운 내일을 수확할 수 있다.

당신을 짓누르는 압박감을 즐겨라.

좌절과 고난을 겪을 때, 우리는 심한 압박감을 느끼고 영향을 받는다. 이 영향은 긍정적인 것과 부정적인 것으로 나뉜다. 긍정적 압박감은 투지를 북돋아서 더 힘차게 전진하는 동력으로 작용하지만, 부정적 압박감은 쉽게 포기하고 타협하게 만든다. 당연히 전자를 더 많이 이용하고 후자를 억눌러야 한다.

"

화물선 한 척이 항구에서 화물을 모두 내린 후에 되돌아갔다. 그런데 갑자기 하늘이 어두워지더니 세찬 비가 내리고 바람이 휘몰아쳐 큰 파도가 일기 시작했다. 선원들은 깜짝 놀라 겁에 질려 선장의 지시만 기다렸다. 잠시 후, 경험이 많은 선장은 단호한 목소리로 즉각 화물칸을 열어서 바닷물이 들어오게 하라고 지시했다. 뭐라고? 내가 지금 제대로 들은 게 맞나? 선장님이 혹시 잘못 말한 거 아닐까? 선원들은 도무지 이해할 수가 없었다. 그도 그럴 것이 배에 물이 들어와서 무거워지면 배가 더 빨리 가라앉는다는 건 어린 학생들도 아는 사실이었다. 설마 다 같이 죽자는 거야? 젊은 선원들은 이해할 수 없는 지시를 내린 선장을 의심하기 시작했다.

그래도 선원들은 감히 선장의 명령을 거역할 수는 없어서 일단 시키는 대로 했다. 잠시 후, 화물칸이 열리고 바닷물이 들어오기 시작했다. 수위가 점점 상승하자 배도 물속으로 천천히 내려갔다. 정말

이래도 괜찮은 걸까? 잠시 후, 신기하게도 바람과 파도의 영향이 줄어들었고 배 위는 점점 평온해졌다.

배가 안정을 찾자 선원들은 그제야 안도의 한숨을 내쉬었다. 선장은 선원들에게 이렇게 말했다. "100만 톤 정도 되는 거대한 배가 뒤집히는 일은 매우 드물지만, 작은 배들은 험한 파도에 쉽게 뒤집히지. 배는 무거울 때 가장 안전하다는 걸 기억해야 해. 큰 바다를 텅 빈 배로 항해하는 일은 너무나 위험해."

선장의 말을 들은 선원들은 불만을 품었던 자신들이 너무나 부끄러웠다.

,,

선장이 말한 '무거운 배'의 효과가 바로 앞에서 언급한 '긍정적 압박감'의 작용이다. 살면서 전혀 압박감을 느끼지 않으며 그냥 되는 대로 사는 사람, 변화나 발전에는 관심이 없으며 조금도 나아질 생각이 없는 사람, 이런 사람의 인생은 바람이 거세고 파도가 높은 바다 위를 항해하는 '텅 빈 배'와 같아서 금세 뒤집혀 바다에 집어 삼켜질 가능성이 크다. 압박감이 없으면 목표를 위해 달려가는 긴장을 느끼지 못한다. 이런 사람에게 좌절에도 흔들리지 않는 강인한 정신과 의지가 있을 리 없다. 어느 정도의 압박감에 위협을 느끼는 동시에 압박에 굴복하지 않고 싸워 이기는 사람이 더 빠르고 멀리 나아갈 수 있다.

미국 심리학자들이 완전히 똑같은 인조 자연환경을 두 개 만들고 흰 쥐와 회색 쥐를 각각 한 마리씩 넣었다. 차이점은 단 하나, 흰 쥐에게서 스트레스를 느끼는 신경을 전부 제거한 것뿐이었다.

처음에 흰 쥐는 신이 나서 새로운 환경을 돌아다녔다. 그는 왕성한 호기심을 자랑하면서 단 하루 만에 500㎡에 달하는 공간을 전부 샅샅이 관찰했다. 반면에 회색 쥐는 새로운 환경을 경계하며 조심스러워 했다. 먹이를 찾을 때도 신중했으며 거의 4일이나 지나서야 전체 공간에 익숙해졌다. 회색 쥐가 가장 높이 기어 올라간 높이는 2m로 먹이가 가득 찬 주머니까지 간 때였다. 그런가 하면 흰 쥐는 어떠한 스트레스도 받지 않으면서 3일 만에 13m나 되는 가짜 산을 기어 올라갔다. 거기에서도 천방지축으로 돌아다니던 흰 쥐는 작은 돌들 사이를 통과하다가 굴러떨어져 죽고 말았다. 정신적으로 일정한 정도의 스트레스를 받으면서 행동 하나하나를 신중하게 했던 회색 쥐에게는 어떠한 의외의 상황도 발생하지 않았다. 심지어 그는 사방에서 먹이를 구해 곧 다가올 겨울을 위해 양식을 비축하는 모습까지 보였다. 실험을 시작한 지 10여 일이 흐른 후, 회색 쥐는 아주 건강하게 인조 자연환경에서 나왔다.

현대 사회에서는 거의 모든 분야에서 치열한 경쟁이 벌어지고 있다. 어떤 사람들은 이런 경쟁 속에서 느끼는 스트레스가 너무 커 압박감 때문에 실력을 제대로 발휘할 수 없다고 투덜댄다. 하지만 압박감이 없으면 위기감도 없다. 위기감이 없는 사람은 마음이 들뜨고 어지러우며 투지를 잃기 쉽다. 또 한없이 나태해져서 자연스럽게 실패의 길을 걷는다.

사람이 충분한 투지와 강한 의지를 발휘하려면 적당한 압박감이 꼭 필요하다. 인간의 지능 활동 역시 적당한 압박감을 느낄 때, 가장 활발하고 높은 수준을 유지한다. 긍정적 압박감의 효과를 잘 이용하면 개인의 성장과 발전에 분명히 도움이 된다. 적당한 압박감 아래에서 잠재능력을 최대한 발휘해보자.

깨달음의 깊이는 그 사람이 고통을 받아들이는 깊이와 같다.
- 린위탕 -

압박감이 있어야 전진의 동력을 얻을 수 있다. 압박감이 너무 크다고 원망하거나 불평하면서 허송세월하지 말고, 압박감을 성장의 동력으로 삼아야 한다. 이야말로 긍정적 압박감의 효과다.

Harvard Psychology Lecture

3장

수양

"자신을 알아야 더 자유로워질 수 있다."

인간 심리에 관심이 많은 하버드 학생들은 유명한 심리학 실험이나 효과
에 대해 잘 알고 실생활에 적용하곤 한다. 기본적이고 유명한 심리학 이
론만 잘 알고 있어도 현대 사회에서 심신의 건강을 지키고 자신의 가치
를 높일 수 있다.

번아웃 증후군:
스트레스에서 벗어나라

하버드에서 심리학은 매우 인기 있는 과목으로 요즘에는 특히 '번아웃 증후군 Burnout syndrome'에 대한 관심이 크다. 번아웃 증후군이란 과도한 업무 스트레스가 일으키는 긴장 탓에 의욕적으로 일에 몰두하던 사람이 극도의 신체적, 정신적 피로감을 호소하며 무기력해지는 현상을 가리킨다. 지금처럼 생활 리듬이 빠르고 치열한 경쟁이 벌어지는 시대에 당신은 각종 스트레스에 대응할 준비가 잘 되어 있는 사람인가? 감정을 적절하게 조절하고 스트레스를 효과적으로 해소할 수 있는가?

1888년 미국 제23대 대통령 선거가 있던 날. 후보 중 한 명이었던 벤저민 해리슨 Benjamin Harrison은 차분하게 최종 결과를 기다렸다. 승부처는 인디애나주였다. 여기에서 승리하면 당선되었다고 해도 과언이 아니었다. 밤 11시경, 인디애나주의 선거 결과가 발표되었을 때, 친구들은 모두 자기 일처럼 기뻐하며 앞다투어 축하 전화를 걸었다. 하지만 그들은 해리슨이 일찍 잠자리에 들었다는 말만 듣고 전화를 끊어야 했다.

친구들은 도무지 이해할 수가 없었다. "아니, 자네는 그 상황에 잠이 오나? 선거 결과가 궁금하지도 않아?" 그러자 해리슨은 웃으면서 친구에게 말했다. "밤새 결과를 기다린다고 해도 결과가 바뀌지는 않을 걸세. 또 당선되면 앞으로 할 일이 얼마나 많고 힘들겠나. 그러니까 전전긍긍하면서 밤새 기다리느니 그냥 푹 쉬는 편이 낫지. 아주 현명한 선택이야!"

고도의 긴장 상태에 놓인 사람은 엄청난 스트레스를 받는다. 이때 감정을 적절히 조절하거나 스트레스를 제때 해소하지 못하는 사람은 번아웃 증후군에 시달리면서 건강에 치명적인 타격을 입을 수 있다. 이러한 상황을 피하려면 벤저민 해리슨처럼 해야 한다. 간단히 말해서 '푹 쉬어서' 스트레스를 풀어야 한다.

사실 심리학이 하버드 학생들에게 그렇게 인기 있는 이유도 스트레스와 관계가 있다. 세계 최고의 대학 중 하나인 하버드에서 공부하는 학생들은 지능과 재능이 뛰어나야 할 뿐 아니라 수준 높은 경쟁 속에서 자신의 심리를 조절할 줄 알아야 끝까지 살아남을 수 있다. 물론 졸업 후에는 상황이 더 심각해진다. 최고 엘리트로 최상위 두뇌 노동을 하는 사람들로서 업무 스트레스는 나날이 가중될 것이다. 아마 거의 매일 몇 가지 일을 동시에 진행하고 그것도 아주 훌륭하게 완성해야 할 것이다. 끊임없이 뇌를 가동해야 하며 한가하게 쉴 틈은 없다. 신문기자는 발행 전 몇 시간 안에 계속 팩트를 체크하고 기사 원고를 다듬어야 한다. 과학기술 프로젝트에 참여한 사람은 끊임없이 사고하며 더 나은 방법을 계속 찾아야 한다. 물론 적당한 스트레스는 우리가 능력을 최대한 발휘하게 돕기도 한다. 하지만 그런 상황이 장시간 계속되고 점점 더 강도가 심해져 극한에 도달한다면 심신 모두에 커다란 상해를 입힐 것이다.

"

광고회사 직원인 잭은 처음 일을 시작했을 때, '휴식은 사치'라고 생각해서 1분, 1초까지 따져가며 일했다. 그에게 시간은 곧 돈을 의미했기 때문에 한가롭게 쉴 생각은 해본 적도 없었다. 그렇게 6개월을 분주히 산 후, 잭은 자신의 몸과 마음이 모두 피폐해졌다는 느낌을 받았다. 엄청난 좌절감이 몰려왔고 인내심을 잃었다. 뭔가를 잘 잃어버리고 집중력이 현저히 떨어졌으며 남의 말을 귀담아듣지 못했다. 창의력과 통찰력은 완전히 고갈되었다.

잭은 더 이상 이렇게 지낼 수는 없다고 생각하고 심리 상담사를 찾아갔다. 상담사는 그의 이야기를 전부 듣더니 다른 처방 없이 딱 한 가지만 당부했다. "이제 좀 쉬셔야 합니다. 밖으로 좀 다녀보세요. 돌아온 후에도 일과 함께 여가를 즐기셔야 하고요." 잭은 상담사의 말대로 작은 마을에서 며칠 동안 휴식을 취하며 긴장을 풀었다. 얼마 후, 회사로 복귀한 그는 자신이 다시 활력을 찾았음을 느낄 수 있었다.

"

'번아웃 증후군'에서 벗어나는 방법은 단 하나다. 당신을 괴롭히는 업무에서 떠나 휴식을 취하고 여가를 즐기는 것이다. 처음에는 그랬다가 경쟁에서 혼자 낙오될까 봐 덜컥 겁이 나겠지만, 눈을 딱 감고 쉬면 오히려 일의 효율과 품질이 높아졌음을 깨닫게 될 것이다. 이후에도 1시간 일하고 5분 정도 쉬는 등 자신만의 규칙을 정해놓고 업무

사이에 휴식을 끼워 넣어야 한다. 이 짧은 휴식이 집중력을 높이고 당신을 더 효율적인 사람으로 만들 것이다.

심신의 상태를 조절하고 스트레스를 줄이면 면역 체계의
기능을 떨어뜨리는 신체의 긴장을 완화할 수 있다.
이는 질병과 맞서 싸우는 가장 강력한 도구가 된다.

− 하버드 의과대학원 교수 허버트 벤슨 −

업무 중에 반드시 짧은 휴식 시간을 가지자. 이 몇 분이 당신의 뇌를 더욱 맑게 해줄 것이다. 허리를 쭉 펴고 몇 차례 심호흡하는 것만으로도 당신은 더 활력 있고 집중력이 높은 사람이 될 수 있다.

오직 나만이 내 마음을 움직인다.

하버드에 입학했다는 사실 하나만으로도 그 사람의 지능이 얼마나 뛰어난지를 알 수 있다. 하지만 단순히 하버드 입학에서 그치지 않고 세상에 이름을 날리고 싶다면 지능만으로는 부족하며, 자신의 이상을 실현하기 위해 노력하고 분투하는 신념이 꼭 필요하다. 이런 확고한 신념은 무엇에도 흔들리지 않는 강한 내면에서 나온다.

하버드 심리학 공개강의에서는 UCLA의 경제학 교수 이보 웰치 Ivo Welch 가 이야기한 '웰치의 법칙 Welch's Law'이 자주 언급된다. 웰치는 한 사람이 확고한 주견이 있다고 해도 친구 10명이 반대 의견을 내놓는다면 동요하지 않기가 어렵다고 주장했다.

실제로 그렇지 않은가? 어떤 일에 자기 의견이 분명히 있었지만, 주변 사람의 개입이나 간섭에 흔들리면서 슬그머니 자기 의견을 '배신한' 경험이 분명히 있을 것이다. 하버드 심리학 교수들은 이런 일이 없으려면 자신의 마음가짐부터 다잡아야 한다고 조언한다. 사람의 마음가짐은 한 가지 일을 지속적으로 할 수 있는가 없는가를 결정한다. 건강한 마음가짐에 자신감이 충분한 사람은 문제를 해결하는 방법이 끊임없이 샘솟는다. 중국에 "자신감이 하나 더 많으면 성공이 열 개 더 많아진다"라는 말이 있다. 탁월한 성공을 얻는 사람은 일부에 불과하며 대부분 사람은 평범하다. 탁월함과 평범함의 차이는 좌절과 위기를 마주했을 때, 낙천적이고 긍정적인 동시에 강한 마음가짐, 그리고 충만한 자신감이 있는가가 결정한다. 러시아의 생리학자

파블로프 Ivan Pavlov 는 "만약 내가 무언가를 꾸준히 한다면 포탄도 나를 무너뜨리지 못한다"라고 말했다. 성공의 정도는 신념에 대한 집착의 정도로 결정되는 법이다. 그렇기에 성공하고 싶다면 자신을 믿고 외부의 어떠한 영향에도 흔들리지 않아야 한다.

어느 해 봄, 마리 퀴리 Marie Curie 는 몸이 안 좋아 한동안 집에서 요양했다. 그 기간에 그녀는 딸들이 기르는 누에가 열심히 고치를 만드는 모습을 유심히 관찰했다. 잠시도 쉬지 않고 고집스럽게 일하는 모습이 보고 있자니, 꼭 자신을 보는 것 같았다. 그녀는 언제나 인내심을 발휘하며 한 가지 목표에 집중했다. 마치 누에가 고치를 만드는 것처럼 연구에 매진할 때면 보이지 않는 어떤 힘이 자신을 잡아당기는 듯한 느낌이 들었다.

알다시피 마리 퀴리는 50년에 걸쳐 연구에 일생을 바치며 진리를 탐구한 과학자다.

그녀는 젊은 시절, 파리 대학 Université de Paris 에서 어렵게 학업을 이어 갔다. 이후에도 남편과 함께 낡은 서재 안에 틀어박혀서 연구를 계속했다. 연구에 확신이 있었던 그들은 고된 연구를 거쳐 마침내 최초의 방사성 원소 폴로늄과 라듐을 발견했다.

일상에서 마리 퀴리는 조용하고 검소한 삶을 추구하는 사람이었다. 그녀는 자신의 이상을 실현하기 위해서 최선을 다해 안정되고 차분한 환경을 유지하고 최대한 외부의 간섭을 받지 않으려고 애썼다.

마리 퀴리와 남편 피에르 퀴리 Pierre Curie 는 자신들의 성과로 경제적 이익을 얻는다면 순수한 연구 이념을 위배한다는 데 의견을 일치했다. 부부는 모든 발견에 대한 특허를 포기했고, 이는 곧 엄청난 부를 스스로 버린다는 의미였다. 인류 사회에 기여하겠다는 숭고한 이상이 있었고 과학 자체에 위대한 아름다움이 존재한다고 믿었기에 당연한 일이라고 생각했다. 그들은 어떠한 외부 환경과 조건에도 흔들리지 않고 오직 연구에 매진하는 과학자로서 과학이라는 대자연의 아름다움 속에 파묻혀 있었다. 바로 그러한 이상과 목표, 확고한 신념이 있었기에 갖은 역경과 어려움 속에서도 실험실에 박혀 일할 수 있었던 것이다.

마리 퀴리는 자신의 내면을 지켜 성공을 거둔 사람이다.

성공하려면 주견을 잃지 않는 사람이 되어야 한다. 어떤 일이든 자신만의 분석과 판단에 근거해서 행동해야지 다른 사람들의 말을 따르거나 허구에 흔들려서도 안 된다. 오직 자신의 내면에서 인정하는 길로만 꾸준히 걸어 나가야 한다. 물론 타인의 의견을 무조건 부정하고 배척해서도 안 된다. 그러면 정확하고 효과적인 정보를 얻기 어려워 제대로 된 방향을 찾을 수 없기 때문이다. 그래서 우리는 주견을 잃지 않는 동시에 타인의 말에 일리가 있는지 없는지, 옳은지 그른지를 판단할 줄 알아야 한다.

사실 주견을 지키고 스스로 선택한 길을 가고자 하지만, 타인의 악의 어린 비난 혹은 호의에서 나온 권유를 맞닥뜨리면 자기 선택을 꾸준히 밀고 나가기가 쉽지 않다. 자칫 방심했다가 삶의 방향이 타인에 의해 좌지우지되는 일이 생길지도 모른다. 그러므로 누군가 타당하지도 않은 의견을 내세우며 당신의 발걸음을 저지할 때, 단지 "감사합니다." 한마디만 건네고 묵묵히 자기 길을 가는 대담함을 길러야 한다. 스스로 조사하고 분석한 결과에 근거해 자신만의 신념을 밀고 나가야 한다.

어떠한 외적 역량도 나를 제압할 수 없다.

- 랄프 왈도 에머슨 -

주견을 잃지 않고 신념을 지키는 태도는 성공의 기초다. 누구도 당신이 성공을 향해 나가는 발걸음을 방해할 수는 없다. 오직 자신에게 집중하고 내면의 선택을 따라야 한다. 타인의 개입과 간섭에 흔들려 희망과 신념을 버리지 말라.

절망은 절망적인 환경보다 더 무섭다.

절망은 여명 전의 짙은 암흑처럼 당신의 용기를 빼앗고 기를 꺾어놓는다. 하지만 여명 전의 암흑 자체는 결코 공포가 아니며, 진짜 공포는 바로 사람의 마음, 바로 절망이다. 절망은 어떠한 노력도 물거품으로 만드는 마력이 있다. 이에 관해 미국 심리학자 마틴 셀리그만은 '학습된 무기력'이라는 표현을 사용했다. 실패나 좌절을 겪은 사람들은 대부분 낙심, 우울, 의기소침 등의 감정에 휩싸여 모든 것에서부터 도망치고 오직 절망 속에 파묻혀 산다. 그렇게 계속 성공의 기회를 잃는 것이다. 만약 그들이 절망을 향해 'NO'를 외친다면, 그리고 마음속에 작지만 확고한 희망을 품는다면 영원히 패배하지 않을 것이다.

셀리그만은 "스스로 무릎을 꿇지만 않는다면 당신보다 더 높은 곳에 있는 사람은 없다"라고 말했다. 같은 맥락으로 하버드 교수들은 학생들에게 "태도가 인생의 고도를 결정한다"라는 말을 자주 한다. 일반적인 상황에서 우리는 환경을 바꿀 수 없다. 그렇다면 태도와 사고방식을 바꾸는 편이 낫지 않겠는가. 마음가짐을 바꾸고 감정을 바꾸어 자신의 진정한 주인이 되는 것이다. 당신의 성공과 실패를 결정하는 것은 환경이 아니며, 오직 당신의 마음가짐일 뿐이다. 지금 당신이 걷는 길이 가시밭이라 해도 긍정적인 마음가짐으로 대한다면 상황이 그렇게 비관적이지만은 않을 것이다.

다음은 셀리그만의 '학습된 무기력'을 이야기할 때, 자주 언급되는 이야기다.

1954년, 브라질 사람들은 브라질 축구 국가대표팀이 월드컵에서 당연히 우승하리라고 여겼다. 하지만 공은 둥글고, 축구의 매력은 예측이 불가능한 데 있다더니 그 말이 사실이었다. 브라질 팀은 준결승전에서 모두의 예상을 깨고 프랑스에 패배하면서 우승과 멀어지고 말았다.

축구는 브라질의 영혼과 같았다. 누구보다 이를 잘 알고 있는 국가대표 선수들은 패배 후에 조국과 가족을 마주할 용기가 나지 않았다. 그들은 고국으로 돌아갔을 때, 수많은 팬의 모욕과 조롱은 물론이고, 페트병까지 날아와도 당연한 일이라고 생각했다.

비행기가 브라질 영공에 들어선 후, 선수들은 불안하고 초조해 땀까지 흐를 정도였다. 하지만 공항에 도착했을 때, 그들이 처음 본 광경은 전혀 예상하지 못한 것이었다. 공항에는 대통령과 2만여 축구 팬들이 국가대표팀을 응원하기 위해 모여 있었고, 커다란 플랜카드가 걸려 있었다.

"실패해도 가슴을 펴라!"

플랜카드 위의 글을 읽는 순간, 선수들의 눈에 눈물이 고였다. 대통령과 팬들은 어떠한 조롱도 비난도 없이 묵묵히 공항을 떠나는 선수들을 환송했다.

4년 후, 절치부심한 브라질 국가대표팀은 월드컵 우승컵을 높이 들어 올렸다.

실패의 타격에 괴롭고 힘들 때, 대통령 선거에서 실패한 링컨의 말을 떠올리자. "나는 단지 한 번 미끄러져 넘어진 것뿐입니다. 지금은 숨을 돌리고 잠시 후에 다시 일어나겠습니다." 한 차례 실패와 좌절을 겪은 후에 '학습된 무기력'에 빠진 사람은 자괴감에 빠져 문제의 원인을 모두 자신이 바꿀 수 없는 요소에 두려는 경향을 보인다. 그래서 다시 시도하려는 용기와 자신감을 잃은 채, 자포자기하고 마는 것이다.

거저 성공하는 사람도 없고, 줄곧 실패만 하는 사람도 없다. 당신뿐 아니라 모두 힘들고 어려운 길을 걷고 있으며, 그 길을 끝까지 가느냐 마느냐는 결국 마음가짐이 결정한다. 희망은 언제나 저 앞에 있으니 용감하게 발걸음을 움직여서 희망을 찾아가야 한다.

지금 삶이 고단하고 힘겨워도 자신감을 잃지 않고 절망하지 않는다면 자신을 구해낼 수 있다. 절망이라는 감정이 찾아왔을 때, 결연히 'NO'를 외쳐야 한다. 누구나 살면서 걸림돌과 구렁텅이를 만난다. 어떤 때는 그 걸림돌이 보이지 않을 정도로 높은 벽 같고, 구렁텅이는 헤어 나올 수 없을 정도로 깊어 보일 것이다. 단언컨대 그 높이와 깊이는 당신의 마음가짐이 정한다. 스스로 마음의 벽을 높이 쌓고, 감정의 구렁텅이를 깊이 파는 사람은 절대 바로 설 수 없다. 절망에서 벗어나지 않으면 아무리 평탄한 길이라고 해도 험한 산길일 수밖에 없다. 긍정적인 마음가짐으로 자신을 믿고 열등감과 자기비하, 깊은 절망에서 빠져나와 낙천적으로 세상을 바라볼 때, 운명이 오색으로 반짝거릴 것이다.

설령 아무도 당신을 믿지 않더라도 당신까지 자신에게
절망해서는 안 된다.

- NBA 선수 제레미 린 -

절망은 당신을 구속한다. 그것은 자신의 지능, 재능, 외모, 창의성, 건강 등에 관한
부정적인 감정으로 성공을 방해하는 가장 강력한 적이다.

두려움에 무너지지 마라.

당신의 성공을 가로막는 또 하나의 요소가 바로 두려움이다. 두려움은 자신이 알지 못하는 무언가에 대한 공포의 감정을 의미한다. 하버드에서는 학생들에게 살면서 만나는 각종 공포, 두려움과 싸워 이기라고 강조한다.

한 심리학자가 학생으로부터 마음가짐의 영향력에 대한 질문을 받았다. 얼마 후, 그는 이 질문에 대한 답을 알려주겠다면서 학생들에게 따라오라고 했다.

교수의 지시대로 눈을 가린 학생들은 아주 어둡고 서늘한 어떤 장소로 따라갔다. 도착 후에 안대를 풀었지만, 너무 어두워서 아무것도 보이지 않았다. 학생들이 공포를 느낄 때 즈음, 교수는 작은 등불 하나를 켰다. 흐릿한 불빛에 의지해서 천천히 주변을 둘러보던 학생들은 발밑을 보고서 너무 놀라 숨을 멈췄다. 어떤 학생은 다리가 풀려 주저앉기까지 했다.

그들이 서 있는 곳에서 한두 발짝만 더 나아가면 연못이 있고, 그 안에는 비단뱀과 코브라 같은 커다란 뱀들이 웅크리고 있었다. 어두웠지만 무시무시한 독사들이 머리를 치켜들고서 학생들을 노려보고 있는 것이 분명히 보였다. 그러니까 그들은 독사들이 우글거리는 연못 위의 다리를 건너온 것이었다.

교수는 믿을 수 없을 정도로 태연하게 차분한 음성으로 말했다.

"이제 다시 다리를 건널 사람 있나요?" 학생들은 서로 얼굴만 쳐다보면서 아무런 말도 하지 않았다.

잠시 후, 세 학생이 떠밀려 나온 듯 손을 들었다. 그들은 천천히 다리를 건너려고 시도했지만, 아래의 독사들을 보고서 너무 긴장해 눈에 보일 정도로 벌벌 떨었다. 그 순간, 교수는 다시 주변의 등불 몇 개를 켰다. 아까보다 훨씬 밝아져서 찬찬히 보니 다리와 연못 사이에 안전망이 설치되어 있었다! 다리 위의 세 학생은 안도의 한숨을 쉬며 끝까지 건너갔다.

교수는 다시 큰 소리로 물었다. "다리를 건널 사람 더 없나요?" 이번에도 아무도 대답하지 않았다. 교수는 실망한 듯이 "보다시피 안전망이 설치되어 있는데, 그래도 무섭습니까?"

그러자 한 학생이 대담하게 질문했다. "저 안전망이 튼튼한가요?"

교수는 웃으면서 말했다. "여러분, 알다시피 이 다리를 건너는 일은 어려운 일이 아니죠! 하지만 다리 아래의 상황이 여러분의 마음에 공포를 조성했고, 여러분은 마음가짐의 균형을 잃었어요. 그 바람에 방향을 잃고 어찌할 바를 모르고 있습니다. 그만큼 마음가짐이 중요합니다. 마음가짐이 흔들리면 삶 전체가 흔들린다고 해도 과언이 아닙니다. 사실 저 연못에 있는 독사들은 아무런 위협도 되지 않아요. 독을 전부 제거한 뱀들이거든요."

대부분 사람이 두려움 탓에 전진하는 발걸음을 멈춘다. 사람들이 실패하는 진짜 이유는 실력이 부족해서, 머리가 나빠서, 혹은 상황을 제대로 파악하지 못해서가 아니다. 문제를 너무 열심히 분석하면서 그것만 바라보다 보니 내면에 두려움과 공포가 발생해 스스로 무너지는 것이다. 인생의 외나무다리를 건널 때, 주변의 각종 문제와 부정적인 환경을 무시함으로써 두려움을 버리고 오직 전심전력으로 앞으로 나아간다면 더 빠르게 목적지에 도착할 수 있다.

공포 때문에 주저하지 마라. 전진하면 공포를 없앨 수 있다.

– 하버드 금언 –

무엇이 성공을 향해 나아가는 당신을 막고 있는가? 그것은 외부 요소가 아니라 당신 내면의 두려움이다. 두려워할수록 나아가지 못하고 잘못을 저지르며 성공에서 점점 더 멀어진다.

불만을 표출하라.

하버드 심리학자 G. 엘튼 메이요 G. Elton Mayo 가 이끄는 연구팀은 1924년부터 1933년까지 미국 일리노이주의 호손 웍스 Hawthorne Works 에서 근로자들을 대상으로 작업 조건과 생산성의 관계를 조사하는 실험을 진행했다. 실험 결과, 생산성을 좌우하는 요소는 작업시간, 조명, 임금, 휴식 간격 등이 아니라 사람과 사람과의 관계임이 밝혀졌다. 즉 관리자가 노동 생산성을 향상하려면 근로자들에게 관심을 보이면서 소통과 교류를 통해 그들이 불만이나 고민을 표현하게 하는 것이 중요했다. 이것이 바로 유명한 '호손 효과 Hawthorne effect'다.

내면의 불만을 쌓아두지 말고 적당한 방법으로 표현해야만 심신 건강에 유리하다. 모든 부정적 감정을 발설했을 때, 당신은 비로소 마음이 가벼워지며 쾌감을 느낄 것이다.

한 심리학자가 원양어선 선원들을 대상으로 심리상담을 한 후, 오랫동안 배에서 생활한 사람들이 우울과 불안 심리에 시달린다는 사실을 발견했다. 심리학자는 이들을 한 명씩 선미로 보내어 세차게 파도치는 바다를 보면서 마음의 안정을 찾을 때까지 모든 고민과 괴로움을 쏟아내라고 했다.

실험이 끝나고 선원들은 바다를 향해 말하는 순간, 실제로 어떤 물체를 바닷속으로 던진 듯한 느낌이 들었고, 동시에 오랫동안 자신을 괴롭히던 혼란스러운 마음이 순식간에 자취를 감췄다고 했다. 그들은 이렇게 쉽게 마음이 가볍고 기분이 좋아질 줄 몰랐다며 그간의 불만과 괴로움이 어쩌면 대단하지 않았을지도 모른다고 이야기했다. 선원들은 이번 상담에 매우 만족하며 앞으로도 고민이 생기거나 속상한 일이 있으면 이 방법으로 해결하겠다고 다짐했다.

사실 내면의 불만이나 괴로움은 무슨 실체가 있는 물건이 아니니 바닷물에 던져버릴 수 없다. 하지만 사례의 현명한 심리학자는 이 방식을 통해 부정적 감정에 휩싸인 선원들이 내면의 감정을 드러냄으로써 기분을 좋게 만들었다.

누구나 행복한 인생을 바라지만, 현실이 그렇게 순조롭지만은 않다. 실패와 난관에 부딪힐 때마다 부정적 감정이 생기는 일을 피할 수 없다. 우리는 그러한 감정의 시작점이 어디에 있든 반드시 '끝점'을 찾아주어야 한다. 무슨 일을 겪었든 부정적 감정이 시작되었다면 스스로 끝을 내줘야 내면이 버틸 수 있다. 부정적 감정에 시작점만 있고 끝점이 없다면 당신의 내면은 어마어마한 압박을 견디지 못하고 붕괴할 것이다.

부정적 감정은 당신을 괴롭게 만들고, 영혼을 상처 입힌다. 한 연구 결과에 따르면 부정적 감정은 심리뿐 아니라 신체에도 영향을 미친다. 게다가 일의 효율과 효과까지 저하하니 반드시 자신의 내면을 깨끗이 정화해야 한다.

자신의 내면을 표현하는 방법은 많다. 허물없이 친한 사람에게 당신이 무엇 때문에 고통스러운지 이야기해도 되고, 아무도 없는 곳으로 가서 크게 소리 질러도 좋다. 어떤 방식이든 자신에게 맞는 것으로 선택해 반드시 내면을 깨끗하게 유지하는 것이 중요하다. 불만, 괴로움, 우울, 불안은 당신을 더 고뇌하게 할 뿐이며, 당신 자신뿐 아니라 가족과 친구들에게까지 상처를 입힐 수 있음을 명심해야 한다.

자비롭고 온화한 태도로 불만과 괴로움을 말하라.
타인이 받아들이기 쉽게.
– 하버드 금언 –

살다 보면 즐겁지 않은 일들을 만날 수밖에 없다. 실현할 수 없었던 일, 만족하지 못한 감정들을 꾹꾹 눌러 내면에 쌓아두어서는 안 된다. 그 괴로움은 당신의 내면을 갉아먹는 독약이니 반드시 밖으로 배출해내야 한다.

당신은 진짜 당신을 알고 있는가?

당신은 자신을 아는가? 진실한 자신을 이해하고 있는가? 만약 이 문제에 관해 조금이라도 의심이 든다면 '바넘 효과 Barnum effect'를 참고하기 바란다. 또 당신이 스스로 자신을 잘 알고 있다고 여긴다고 하더라도 바넘 효과에 대해 알기를 바란다. 이를 통해 본연의 자신을 더 잘 인식할 수 있다.

바넘 효과란 보편적으로 적용되는 성격 묘사들이 자신과 자신을 매우 정확하게 표현한다고 믿는 심리적 경향을 가리킨다.

P. T. 바넘 P. T. Barnum 은 서커스단에서 관객들의 성격을 맞추는 역할을 하며 큰 인기를 끌었다. 바넘 효과는 그의 이름에서 따온 말이다.

1940년대 말 심리학자인 버트람 포러 Bertram Forer 는 실험 참가자들에게 성격 테스트를 한 후, 두 개의 결과지를 배부하고 어떤 것이 자신의 결과인지 판단하라고 했다. 이 두 개 중에 하나는 피실험자의 것이지만, 다른 하나의 대다수 사람의 답안을 종합해서 얻은 보편적 결과였다. 놀랍게도 후자가 더 자신의 성격 특징에 맞다고 대답한 실험 참가자들이 훨씬 더 많았다.

포러의 실험에서 실험 참가자들이 보편적 결과가 자신의 성격 특징에 더 부합한다고 생각한 까닭은 그동안 살면서 알게 모르게 타인의 영향과 암시를 받았기 때문이다. 예컨대 사람들은 별자리로 나눈 성격 유형을 보면서 상당히 많은 부분이 자신과 일치한다고 여긴다. 실제로는 그렇지 않지만, 별자리에 따른 성격 유형을 보면서 자신이 그런 사람이라고 여기며, 스스로 어떤 종류의 사람이라고 일종의 '꼬리표'를 붙이는 것이다. 심리학에서 '자아 인식 self-perception'은 개인이 자신을 이해하는 과정이다. 하지만 이 과정에서 외부로부터 너무 쉽게 각종 정보와 암시를 받게 되므로 올바른 자아 인식이 어렵고 편차가 발생한다.

이는 곧 우리가 서로 영향을 주고받으며 살기 때문이다. 자아 인식의 편차가 커질수록 진짜 자신을 이해하지 못하고, 쉽게 주견을 잃으며 타인의 영향에 좌우되는 경향을 보인다.

사회 속에 살면서 타인의 영향을 아예 안 받고 살 수는 없다. 하지만 자신을 인식하는 문제에서는 최대한 타인의 인식이나 감정, 평가 등에 휩쓸리지 말고, 스스로 자신을 성찰하면서 알아가야 한다.

중국 고대 설화집 《태평광기 太平廣記 》의 감찰어사는 자신을 제대로 알지 못하는 사람이었다. 그는 학식과 재능이 미천하면서도 글을 써서 자랑하기를 좋아했다. 남들이 예의상 몇 마디 칭찬이라도 건네면 신이 나서 큰돈을 들여 대접하는 사람이었다. 그는 스스로 재능이 넘친다고 믿어 의심치 않았다. 하루는 아내가 그의 거만함을 참지 못하고 말했다. 그의 글은 생각하는 만큼 뛰어나지 않으며 사람들의 칭찬은 그저 기분 좋으라고 하는 말일 뿐이라고. 그제야 감찰어사는 자신을 돌아보고 남들이 칭찬해도 더 이상 믿지 않았다.

어떻게 해야 바넘 효과를 극복할 수 있을까? 우선 자신을 제대로 인식하려고 시도해야 한다. 사실 일상에서 바넘 효과는 너무나 흔한 일이다. 별자리나 혈액형에 따른 성격 유형 역시 지극히 보편적인 성격을 묘사했지만, 그걸 본 사람들은 자신에게 꼭 맞는다고 생각하는 것이다. 사실 바넘 효과뿐 아니라 우리를 속이는 심리 트릭은 곳곳에 숨어 있다. 심리학을 공부하고 이해함으로써 자신을 명확하게 바라본다면 눈에 보이는 현상이나 사람들의 말에 휩쓸리지 않고 자신의 생활의 진면목을 제대로 볼 수 있다.

심리학을 공부하면 세상에 거짓말이 이렇게나 많고, 이렇게나 쉽게 사람들을 속여왔음을 깨닫게 될 것이다. 표면적으로는 아무 문제 없어 보이지만, 그 본질의 일면을 금세 알아차릴 수 있다.

> 그냥 제1의 나 자신이 되고 싶다. 제2의 누군가가 아니라.
>
> - 제레미 린 -

심리적 안정을 찾으려면 자신을 정확히 인식하는 일이 우선이다. 바넘 효과가 만드는 환상에서 빠져 나와 객관적으로 냉철하게 자신을 이해함으로써 더 나은 심리적 바탕을 다질 수 있다.

왜 가질 수 없으면 더 가지고 싶은가?

심리학의 '판도라 효과'를 이해하려면 그리스 신화에 등장하는 최초의 여성 판도라 Pandora 의 이야기부터 시작해야 한다.

신과 인간의 아버지 제우스 Zeus 는 프로메테우스 Prometheus 가 인간에게 불을 준 사실을 알고 크게 노했다. 그는 인간을 벌하는 방법을 생각하다가 불과 대장간의 신 헤파이스토스 Hephaistos 에게 진흙을 빚어 판도라를 창조하게 했다. 신들은 판도라에게 저마다 선물을 한 가지씩 주었다. 미와 사랑의 여신 아프로디테 Aphrodite 는 넘치는 아름다움을, 지혜와 전쟁의 여신 아테나 Athena 는 옷과 손재주를, 전령의 신 헤르메스 Hermes 는 거짓과 속임수를 선물했다. '모든 선물'이라는 의미의 판도라라는 이름도 여기에서 나왔다.

제우스는 판도라를 프로메테우스의 동생 에피메테우스 Epimetheus 에게 선물했고, 에피메테우스는 아름다운 판도라에게 반해 아내로 삼았다. 제우스는 판도라에게 상자를 하나 주고서 절대 열어보지 말라고 신신당부한 후, 인간 세상으로 보냈다.

처음에 판도라는 제우스의 경고대로 상자를 열지 않았다. 하지만 시간이 흘러 인간 세상에서 사는 것이 지루해지자 슬슬 상자에 호기심이 생기기 시작했다. 대체 상자 안에 뭐가 있는데 열어보지 말라는 거지? 더 이상 참지 못한 판도라는 호기심을 이기지 못하고 그만 상자를 열고 말았다. 상자의 뚜껑이 열리는 순간, 그 안에 가득 담겨 있던 온갖 재앙, 질병과 악덕이 순식간에 빠져나와 멀리 날아갔다. 그 바람에 인간 세상에 갖가지 불행이 퍼지게 되었다.

이렇게 제우스는 판도라의 억누를 수 없는 호기심을 이용해 인간들을 벌했다.

인간 세상은 판도라의 호기심 탓에 혼탁해지고 말았다. 여기에서 우리는 '판도라 효과'가 금지되었기에 오히려 더 커지는 욕망을 의미함을 유추할 수 있다. 쉽게 말해 '하지 말라고 하면 더 하고 싶다는' 이야기다. 사람은 가지고 싶은 물건일수록 온갖 방법을 동원해서 가지려고 하는 경향이 있다. 손에 넣기 어려운 물건일수록 더 욕심이 나고, 모르는 대상일수록 더 알고 싶어진다.

실제로 심리학에서 '판도라 효과'란 알거나 접근할 수 없는 것이 그렇지 않은 것보다 더 매혹적이며, 그런 것일수록 더 가까이 가서 이해하려는 심리를 가리킨다. 이는 호기심과 역반응 심리가 작용한 결과다.

판도라 효과는 우리 주변에서 아주 쉽게 찾아볼 수 있다.

이탈리아에는 '일곱 살 가게'라는 잡화점이 있다. 이곳에서 판매하는 상품은 전부 일곱 살짜리 어린이가 먹고, 입고, 가지고 노는 물건들이다. 일곱 살이 아닌 어린이는 입장할 수 없고, 성인이 들어오려면 반드시 일곱 살짜리 어린이와 함께여야 한다. 어른, 아이 할 것 없이 입장 '자격'이 없는 사람들은 모두 이 가게에서 대체 무엇을 파는

지 궁금해한다. 어떤 부모들은 아이가 일곱 살이 되자마자 손을 잡고 들어오고, 또 어떤 부모들은 자기 아이가 일곱 살이라는 거짓말까지 하면서 기어코 들어오려고 한다. 놀랍게도 이 잡화점은 늘 손님으로 북적였고, 사업도 아주 잘 되었다.

이 잡화점 사장은 나중에 '청년 가게', '노인 가게', '임산부 가게' 등 특정 소비자만을 대상으로 하는 분점을 연이어 열었다. 모두 같은 방식으로 운영했는데, 하나같이 사업이 잘 되었다.

우리는 각종 심리학 이론과 법칙, 효과들을 이용해 생활을 더 쉽고 편안하게 만들 수 있다. 심리학 지식의 도움을 받는다면 일상은 더 풍요롭고 원하는 대로 흘러갈 것이다. 판도라 효과도 마찬가지다. 판도라 효과를 이용해서 목적을 이룰 수도 있고, 판도라 효과를 피해 나쁜 결과를 방지할 수도 있다.

예컨대 '가짜 금지사항'을 이용할 수 있다. 본의는 그게 아니어도 상대방을 '일부러 못하게' 함으로써 그의 호기심과 탐구욕을 키워 기대한 효과를 얻는 것이다.

반대로 '진짜 금지사항'은 너무 강조하면 판도라 효과 때문에 오히려 상대방을 자극해서 상황이 예상과 다른 방향으로 흘러갈 수 있다. 상대방에게 안 되는 일은 왜 안 되는지 충분히 설명하고 합리적으로 해석해서 그가 '금지의 이유'를 정확하게 이해하게 해야 한다.

가질 수 없는 것, 이상하게도 그것이 더 아름다워 보인다.
하지만 그것이 아름다운 까닭은 당신이 그것을 제대로
알지 못하기 때문이다. 어느 날 그것을 깊이 이해하게
되었을 때, 당신은 그것이 생각만큼 그렇게 아름답지
않다는 사실을 알게 될 것이다.

- 하버드 금언 -

사람은 금지된 것에 더 끌리고, 금지할수록 더 하려고 하는 경향이 있다. 판도라 효과를 피해 타인이 어떤 일을 못 하게 하려면 반드시 그 이유를 충분히 설명하고 이해시켜야 한다. 그렇지 않으면 괜한 의심과 추측만 생겨서 원하는 결과와 반대되는 결과를 얻게 될 것이다.

Harvard Psychology Lecture

4장

감정

"최고의 심리 상담사는 바로 당신이다."

다른 사람을 제어할 수는 없지만, 자신의 감정은 제어할 수 있다. 감정은
삶 전체에 영향을 주므로 운명을 바꾸고 싶다면 우선 자신의 감정을 제
어할 줄 알아야 한다. 이 장에서는 하버드 심리학과가 제안하는 감정 조
절법을 소개한다.

신념으로 힘을 얻다.

성공하는 사람들은 신념을 목숨처럼 지킨다. 그들이 성공하기 위해 내딛는 한 걸음, 한 걸음이 모두 신념에 기반한다고 해도 과언이 아니다. 자기 신념을 고수하는 데 거의 '집착'하는 사람들은 모두가 경탄할만한 성공을 거둘 확률이 높다. 신념은 너무나 고귀한 마음으로 그 가치를 헤아릴 수 없으며 우리가 상상할 수 없는 힘을 발휘한다. 확고한 신념이 있는 사람은 호랑이 굴에 들어가도, 하늘이 두 쪽 나도 반드시 살아남는다.

하버드 교수들 역시 학생들에게 자기만의 신념을 세우고 지켜야 한다고 거듭 강조한다.

66

소년은 겨우 다섯 살 나이에 교통사고로 팔을 잃었다. 그때는 너무 어려서 자신이 남들과 다르다고 인지하지 못했지만, 학교에 들어가자 상황이 달라졌다. 소년은 자신이 다른 친구들처럼 손으로 재빠르게 책을 펼치거나 글자를 쓸 수 없는 걸 알고 자신의 '다름'을 의식하게 되었다. 설상가상으로 학교는 그에게 자퇴를 권했다.

매일 다른 아이들이 신나게 등교하는 모습을 보며 소년은 크게 상심했다. 그는 수차례 엄마에게 물었다. "엄마, 나는 팔이 없어서 학교에 다니지 못하나요? 어떻게 하면 다닐 수 있어요?" 엄마는 가슴이 찢어지는 것 같았지만 눈물을 꾹 참고 따뜻한 목소리로 말했다. "걱정할 것 없어. 열심히 훈련하면 팔이 다시 자라날 거야!" 소년은 매우 기뻐하며 환하게 웃었다.

이날부터 소년은 엄마의 도움을 받아 훈련을 시작했다. 종일 쉬지도 않고 두 발로 세수하고, 밥 먹고, 글씨 쓰기를 연습했다. 혼자 할 수 있는 일은 절대 엄마가 돕지 못하게 했다. 소년은 엄마의 말을 전혀 의심하지 않았다. 열심히 훈련하면 분명히 팔이 다시 자랄 거야!

몇 년이 흘렀다. 소년은 매일 맹훈련해도 팔이 전혀 자라지 않자 속상해서 엄마에게 물었다.

"엄마, 왜 아직도 팔이 자라나지 않아요? 내가 열심히 훈련하지 않아서인가요?"

"너는 지금 다른 아이들이 팔로 하는 일을 다 할 수 있지?"

"네! 발을 이용하면 전부 할 수 있어요. 어떤 건 다른 아이들이 손으로 하는 것보다 훨씬 잘해요!"

"그렇다면 팔이 자란 것과 마찬가지이지 않을까? 사실 팔은 몸뿐 아니라 마음에도 있어. 네가 원하기만 한다면 마음에 있는 팔로도 어려움을 헤치고 불행과 싸워 이길 수 있단다."

소년은 마침내 엄마의 말을 이해했다. 엄마는 거짓말을 하지 않았다. 수천, 수만의 노력을 거치면 마음속에 절대 사라지지 않는 두 팔이 생겨난다.

"

이것이 신념이다. 신념이란 어떤 대상에 대한 강렬한 욕망이다. 강한 신념만 있다면 어떠한 고난과도 싸워 이겨 영원히 패배하지 않을 수 있다.

오 헨리 O. Henry 의 《마지막 잎새》에서 주인공 존시는 심한 폐렴에 걸려 사경을 헤맸다. 남은 날이 길지 않다는 의사의 말을 들은 그녀는 크게 절망했다. 가을이 끝나갈 무렵, 존시는 창문 너머로 보이는 담쟁이덩굴의 잎이 다 떨어지면 자신의 생명도 끝난다고 생각했다. 덩굴 잎은 매일 조금씩 떨어져 마지막 한 장만 남았다. 하지만 그 마지막 잎새는 아무리 바람이 불고 비가 세차게 내려도 절대 떨어지지 않았다. 매일 그 마지막 잎새를 바라보던 존시는 자신도 끝까지 버텨서 반드시 살아남겠다고 마음먹었다. 얼마 후, 그녀는 건강을 회복해 새로운 인생을 시작했다.

하버드에서 신념은 곧 희망을 의미한다. 살다 보면 늘 크고 작은 문제가 발생하고 이런저런 어려움에 부딪힌다. 신념이 없는 사람은 무슨 일이 터질 때마다 당황해서 줏대 없이 휘둘리지만, 확고한 신념이 있는 사람은 절대 흔들리지 않는다. 중국에 "구름이 걷히고 달빛이 보일 때까지 지킨다"라는 말이 있다. 먹구름이 드리운 밤일지라도 곧 밝은 달이 뜬다는 신념을 가지고 조용히 기다리자. 신념을 저버리지 않고 기다리는 자에게만이 밝은 달이 대지를 비추는 아름다운 순간이 찾아온다.

인생의 결말이 희극일지 비극일지, 빛나게 성공할지 암담하게 스러질지는 모두 가슴에 어떠한 신념을 품고 있는가에 달려 있다. 신념이 부족하면 살면서 겪는 타격을 견뎌낼 수 없다. 늦가을 홀로 남은 잎새처럼 위태로워 보여도 신념을 잃지 않는다면 삶은 당신을 배신하지 않는다. 신념을 지켜야 희망이 사라지지 않고 잠재능력을 발휘하는 힘을 얻기 때문이다. 오직 신념이 있기에 우리는 실패의 길을 걷지 않을 수 있다.

> 자신감은 보잘것없는 것을 위대하게,
> 평범한 것을 신비롭게 만든다.
>
> – 하버드 경제학 교수, 로렌스 서머스 –

신념이 없는 사람은 엔진이 고장 난 배와 같아서 얼마 못 가 망망대해에서 침몰하고 만다. 반대로 강한 신념을 가진 사람은 무궁한 역량을 발휘할 수 있다. 꿈꾸는 삶을 살고 싶다면 강한 신념이 있어야 한다. 신념은 신앙이다. 그것은 당신에게 인생의 의미를 알려주고 방향을 제시해 최후의 승리를 거두게 한다.

더 긍정적으로 생각하라!

하버드는 학생들에게 마음가짐이 그 사람의 운명을 결정한다고 강조한다. 긍정적인 사람은 매사를 좋은 쪽으로 생각할 줄 알기에 행운이 저절로 따른다. 긍정적 사고는 낙관적이고 적극적인 태도를 만들며 어떠한 상황에서도 희망을 잃지 않게 한다.

물론 살면서 항상 긍정적으로 생각하기는 결코 쉬운 일이 아니다. 하지만 그렇게 하려고 노력하기만 해도 신비한 효력이 발생한다. 낙관, 적극, 열정, 자신, 용기, 결심, 인내……, 긍정적 사고가 발산하는 이 모든 빛이 내면을 비추면 거대한 역량으로 작용한다.

66

물통 두 개가 우물 속으로 휙 던져졌다. 첫 번째 물통은 "물을 다 채워도 금방 텅 비어서 다시 떨어지겠지……."라며 우울해했다. 그러자 두 번째 물통은 "빈 채로 내려왔는데 꽉 채워서 돌아갈 수 있으니 좋잖아!"라고 즐겁게 말했다.

99

두 물통의 태도가 곧 우리가 인생을 대하는 태도다. 긍정적인 사람은 절망적인 상황에서 희망을 보지만, 부정적인 사람은 희망적인 상황에서 절망을 본다. 생각은 문제를 보는 각도에 따라 달라진다. 괜히 우울해하면서 걱정하느니 각도를 바꾸어 좋은 쪽으로 생각한다면 기분, 아니 삶이 완전히 달라질 수 있다.

> 66

셀마는 군인인 남편을 따라 사막의 육군 부대 안에서 살게 되었다. 그곳은 정말 견디기 힘들 정도로 더웠고, 부대 안에는 남편을 제외하면 대화를 나눌 사람이 없었다. 부대 밖에는 영어를 할 줄 모르는 멕시코인과 인디언뿐이었다. 너무 외롭고 힘들었던 셀마는 부모님에게 편지를 써서 모든 것을 버리고 돌아가고 싶다고 했다. 얼마 후, 셀마가 받은 답장에는 단 두 줄만 적혀 있었다. 이 두 줄은 셀마의 삶을 완전히 바꾸었으며 영원히 그녀의 가슴 속에 남았다.

"감옥의 두 사람은 철창을 통해 서로 다른 세상을 본다. 한 사람은 냄새나는 진창을, 다른 한 사람은 하늘에 가득한 별을 바라본다."

이 짧은 글을 읽는 순간, 셀마는 자신이 너무나 부끄러웠다. 이날 이후, 그녀는 사막에서 자기만의 별을 찾기 시작했다.

가장 먼저 셀마는 현지인들과 친구가 되기를 시도했다. 그녀가 먼저 다가가자 그들 역시 친절하게 대해주었다. 셀마가 방직물과 도자기 등에 관심을 보이자 무척 기뻐하며 선물로 주기까지 했다. 관광객들에게도 팔지 않는 귀한 것이었다. 또 셀마는 사막 곳곳에 있는 멋진 선인장을 관찰하고, 사막 두더지에 관한 지식을 공부했다. 알고 보니 사막은 정말 놀라운 생명으로 가득했다. 열심히 사막을 돌아다니다가 바라보는 일몰은 형용할 수 없을 정도로 아름다웠다. …… 한때 견디기 힘들었던 그곳은 이제 셀마의 가슴을 뛰게 했다.

> 99

사막 생활과 환경에 대한 태도가 바뀌자 셀마의 삶은 가장 의미

있는 모험으로 탈바꿈했다. 그녀는 마침내 자신이 세운 '감옥'에서 온 하늘에 가득한 별을 바라보게 되었다.

하버드는 학생들에게 긍정적 사고가 자신감을 키우고 곤경과 싸워 이길 가능성을 높인다고 가르친다. 긍정적 사고는 지혜와 성숙의 또 다른 모습이다. 부정적이고 비관적으로 사는 사람은 천천히 세계관이 왜곡되어 불행과 고난에 대항하는 힘이 약해진다. 실패와 좌절을 마주했을 때, 의연하게 긍정적으로 사고하기만 해도 성공할 수 있다.

긍정적 사고는 긍정적 효과를, 부정적 사고는 부정적 효과를 일으킨다. 좀 더 여유 있고 자신감 있는 삶을 살고 싶다면 긍정적으로 생각하고 문제를 해결할 줄 알아야 한다.

자신이 불행하다고 여기지 마라.
세상에 우리보다 힘든 사람은 허다하다.
– 하버드 금언 –

매사에 좋은 쪽으로 생각하라. 어쩌면 상황은 당신이 생각하는 만큼 그렇게 엉망이지 않다. 문제를 보는 각도를 바꿔 긍정적으로 생각하기만 해도 매일 즐겁게 살 수 있다. 당신의 행복을 결정하는 것은 환경이나 상황이 아니라 마음이다.

감정을 '연기'하라!

기분이 좋고 나쁘고는 마음먹기에 달렸다는 말이 있다. 맞다. 기분이 좋아지기로 마음먹으면 실제로도 그렇게 되니 좋은 기분을 유지하는 일도 어렵지 않다. 하버드가 학생들에게 '기분 좋은 척'을 권하는 까닭이다.

"

최근 들어 프레드는 부쩍 우울하고 무기력해졌다. 그는 기분이 나아질 때까지 최대한 사람들을 피하려고 했지만, 직장인이다 보니 쉬운 일이 아니었다. 어느 날, 상사와 중요한 회의에 참석하게 된 프레드는 실제 기분과 관계없이 즐거운 듯 '연기하기로' 결정했다. 그는 회의 내내 미소를 지으며 밝고 온화한 표정으로 대화를 나누고, 매우 유쾌한 시간을 보내는 것처럼 열심히 연기했다. 그런데 정말 이상한 일이 일어났다. 그렇게 열심히 '연기'했더니 실제로도 더 이상 우울하지 않은 것이다! 사실 프레드에게 일어난 일은 우연이 아니다. 심리학 연구에 따르면 사람은 밝고 긍정적인 척 연기할 때, 실제로도 기분이 좋아지고 자신감이 커진다. 또 평소 같으면 매우 불쾌할만한 일을 겪어도 그렇게 화가 나지 않는다.

"

사례 속 프레드는 '밝고 긍정적인 사람'을 연기해서 실제로 그렇게 되었다. 데일 카네기 역시 이와 비슷한 이야기를 한 적 있다. "만약 당신이 어떤 일이 '흥미로운 척'한다면 정말 흥미가 생길 것이다. 이렇게 해서 긴장, 우울, 걱정, 피로 등을 완화할 수 있다."

❝

비서 린다는 매일 각종 우편물을 처리하고, 상사의 말을 받아쓰거나 타이핑한다. 단순하고 무미건조한 업무를 반복하다 보니 일이 전혀 재미있지 않았다. 그녀는 늘 지치고 피곤한 상태였다. 어느 날, 정신이 번쩍 든 린다는 이래서는 안 되겠다고 생각했다. 이게 바로 내 일이야, 대우가 나쁘지 않은 직업인데 더 훌륭하게 해내야지! 열심히 하다 보면 상사가 주목을 받을 거야……. 그래서 린다는 자신이 일을 매우 좋아하는 사람인 것처럼 연기하기 시작했다. 어느 정도 시간이 흐른 후, 린다는 자신에게 일어난 변화를 깨닫고 깜짝 놀랐다. 오랫동안 일을 좋아하는 척하면서 긍정적 자기암시를 계속했더니 놀랍게도 실제로 일을 좋아하게 된 것이다! 효율이 오르고 어떤 업무든 척척 순조롭게 해냈다. 당연히 업무평가에서 좋은 점수를 받아 승진까지 했다. 지금 린다는 늘 즐거운 마음으로 일한다.

❞

심리학자들은 린다처럼 어떤 역할을 맡음으로써 원하는 감정을 느낄 수 있다고 말한다. 그녀는 '유능한 비서' 역할을 맡아서 '일을 좋아하는' 연기를 했다. 놀랍게도 연기는 연기로 끝나지 않고 그녀가 정말 일을 좋아하게 되는 변화를 만들어냈다.

감정을 바꾸지 않고서는 행위를 바꿀 수 없다. 예를 들어보자. 눈물이 그렁그렁해서 울먹거리는 아이를 보면 우리는 우스꽝스러운 행동이나 재미있는 말로 아이를 웃게 만든다. 이 웃음은 억지로 만들어진 것이지만, 나중에는 아이의 기분이 정말 좋아진다. 바로 감정 변화가 행위 변화로 이어진 것이다. 심리학자 폴 에크만 Paul Ekman 에 따르면 자신이 어떤 상황에 놓였다고 상상하고 모종의 감정을 체험하면 그 감정이 정말 생겨난다. 그의 실험에서 '분노한 사람' 역할을 연기한 피실험자는 실제로 심박수와 체온이 점점 상승하는 모습을 보였다. 에크만의 이론은 부정적 감정에서 벗어나는 효과적인 방법이 된다.

슬프고 고통스러운 상황에서 유쾌한 일들을 떠올리거나 미소를 지음으로써 괴로움을 잊을 수 있다. 물론 완전히 잊으려면 즐거운 일들을 꽤 많이 생각해야 한다. 이외에 큰 목소리로 글을 낭독하는 방법도 효과적이다. 감정이 불안정한 환자가 큰 소리로 글을 낭독했더니 부정적 감정에서 벗어나고 기분이 훨씬 나아졌다는 연구 결과가 있다. 우울하거나 슬픈 이야기만 아니라면 어떤 글이든 관계없으니 일상에서 충분히 시도해볼만한 방법이다.

하버드는 생활 속에서 어려움을 겪을 때, 유의미한 동작으로 감정을 바꾸고 그 바뀐 감정으로 행위까지 바꾸기를 제안한다. 영국 작가 T. S. 엘리엇 T.S. Eliot 은 "행위는 인생을 바꾼다. 인생이 행위를 결정하듯이"라고 말했다. 그의 말을 기억하고 실천한다면 더 충실하고 즐거운 인생을 살 수 있다.

행복은 향수와 같아서 자신에게 몇 방울 떨어뜨리지
않으면 다른 이들에게 그 향기를 퍼트릴 수 없다.

- 랄프 왈도 에머슨 -

누구나 기분이 가라앉고 우울할 때가 있다. 이는 매우 정상적인 생리 현상 중 하나
다. 한 가지 다행인 점은 우리가 좋은 기분을 '연기'해서 상황을 바꿀 수 있다는 사실
이다. 연기한 즐거움이 진짜가 될 때, 부정적 감정에서 벗어날 수 있다.

공포와 싸워 이겨야 발전할 수 있다.

용감한 사상과 확고한 믿음은 공포를 치료하는 특효약이다. 불안, 초조, 걱정과 두려움으로 생기를 잃은 사람이 제대로 생활할 리 만무하다. 그는 효율적으로 일하지 못하며 점점 더 깊은 우울의 나락으로 빠진다.

항상 공포로 가득한 세상을 헤매며 사는 사람들이 있다. 머릿속은 걱정으로 꽉 차 있고, 얼굴에는 불안과 초조가 역력하다. 그들의 매일은 낙담과 실의뿐이다. 반면에 어떤 사람들은 항상 용감하게 도전한다. 세상의 어떠한 고난이나 역경도 그들이 전진하는 발걸음을 막을 수 없다. 그 힘의 원천은 용기다. 용기는 약자가 강자와 싸워 이기고, 불가능해 보이는 일을 가능하게 하는 힘이다.

장대높이뛰기의 차르, 세르게이 부브카 Sergey Bubka 는 올림픽 우승자이자 세계 신기록을 35차례나 세운 선수다. 그는 2001년에 우크라이나 정부로부터 국가 훈장과 '우크라이나의 영웅'이라는 칭호를 받았다. 성대하게 열린 훈장 수여식이 끝난 후에 열린 언론 간담회에서 한 기자가 질문했다. "당신이 거둔 성공의 비결이 무엇이라고 생각하십니까?" 부브카는 미소 지으며 "간단합니다. 매번 높이뛰기를 하기 전에 먼저 마음으로 바를 뛰어넘는 것입니다."라고 대답했다. 마음으로 바를 뛰어넘는다니, 이 아리송한 답변에 기자들은 다시 '어떻게 마음으로 먼저 뛰어넘느냐고' 물었다. 부브카가 들려준 이야기는 다음

4장. 감정

과 같았다.

'인간 새'라고 불리는 부브카지만 그 역시 새로운 높이에 도전할 때면 언제나 수많은 좌절을 경험해야 했다. 그때마다 그는 고뇌하고 슬퍼했으며 실패하는 자신의 모습을 머릿속에서 지우지 못했다. 하루는 훈련장에 들어서자마자 엄청난 공포가 엄습해왔다. 보이지 않을 정도로 높은 곳에 걸려 있는 바를 보니 숨이 막히는 것 같았다. 그는 고개를 저으며 코치에게 힘없이 말했다. "안 될 것 같습니다. 저기 걸려 있는 바를 쳐다보지도 못하는데 어떻게 뛰겠어요. 나는 더 이상……" 코치는 부브카의 말을 자르고 단호한 목소리로 말했다. "이봐, 부브카. 먼저 눈을 감고 마음으로 먼저 바를 넘어봐. 마음으로 넘어선 다음에 뛰는 거야!"

코치의 말을 들은 부브카는 마치 꿈에서 깨어나는 듯한 느낌을 받았다. 그는 눈을 감고 몸이 아니라 마음으로 먼저 바를 넘었다. 몇 번이고 반복했더니 그렇게 높았던 바가 더는 두렵지 않았다. 부브카는 천천히 눈을 떴다. 조금 전만 해도 도저히 뛰어넘을 수 없을 것 같았지만, 지금은 왠지 할 수 있을 것만 같았다. 두려움을 걷어낸 부브카는 다시 장대를 단단히 쥐고 힘차게 달리기 시작했다. 그리고 모두가 숨죽여 보는 가운데, 훌쩍 바를 뛰어넘었다. 두려움을 없애는 방법을 안 부브카는 연이어 기적을 만들어냈고, 매번 세계 신기록을 세울 때마다 자신을 뛰어넘었다.

공포는 개인의 나약함, 그리고 역량이 마음을 따라주지 않는 데서 생겨난다. 마음이 역량과 분리된 상태이니 뭘 해도 제대로 되지 않는다. 반대로 마음과 역량이 결합해 평정을 찾으면 자신감과 용기가 생겨난다. 바로 그 힘으로 불안하고 의기소침한 영혼을 달래서 공포를 제거해야 한다.

"

1850년대 미국, 한 농장주가 작업실에 있다가 문 앞에 서 있는 흑인 소녀를 보았다. 소녀는 꼼짝 않고 서서 농장주를 뚫어져라 쳐다보고 있었다. "뭐야? 할 이야기가 있으면 어서 하고 가!"

흑인 소녀는 고개를 숙이더니 겁먹은 듯이 대답했다. "우리 엄마가 50센트가 필요하대요."

농장주는 무서운 표정으로 소리쳤다. "뭐? 지금 나한테 돈을 달라는 거냐? 헛수고하지 마라. 너는 내게서 단 한 푼도 가져갈 수 없어! 너한테 줄 돈은 없지. 얼른 집으로 돌아가지 않으면 쇠고랑을 채우겠다." 그는 말을 마친 후, 다시 하던 일을 시작했다.

잠시 후 고개를 든 농장주는 여전히 문가에 서 있는 흑인 소녀를 보고 화들짝 놀랐다. 그는 화가 나서 옆에 있던 널빤지 하나를 들고 소녀를 위협하며 말했다. "한마디만 더 말하면 이 널빤지로 예의가 뭔지 가르쳐주지. 잘 들어, 이걸 휘두르면……" 농장주가 말을 채 끝내기도 전에 소녀가 번개 같은 속도로 그의 코앞까지 성큼성큼 왔다. 소녀는 일말의 공포도 보이지 않는 작은 얼굴을 당당히 들고서 온몸의 힘을 끌어내어 크게 소리쳤다. "우리 엄마가 50센트가 필요하대요!"

소녀의 크고 날카로운 목소리는 농장주가 널빤지를 내려놓고 주머니에서 50센트를 꺼내게 했다. 돈을 손에 쥔 소녀는 놀란 사슴처럼 후다닥 문을 열고 뛰어나갔다. 그 모습을 멍하니 보던 농장주는 가까스로 정신을 차리고 방금 있었던 일을 생각해보았다. 저 흑인 아이는 전혀 무서워하지 않고 당당하게 소리쳐서 나를 압도했어. 지금까지 누구도 그런 적이 없었는데……. 실제로 농장에서 일하는 흑인 중에서 그에게 감히 이런 식으로 행동하는 사람은 한 명도 없었다.

"

공포 때문에 자꾸만 뒷걸음질 치며 좀처럼 나아가지 못할 때, 이 흑인 소녀를 기억하라. 흑인 소녀가 백인 농장주에게 50센트를 요구하면서 공포와 싸워 이긴 유일한 무기는 바로 용기였다.

공포는 더 나은 삶을 살려는 우리의 발목을 붙잡는 원흉이지만, 다행히 절대 극복할 수 없는 대상은 아니다. 좀 더 적극적으로 행동함으로써 의식적으로 내면의 공포를 조절한다면 전혀 위협적이지 않을 것이다.

처음 수영을 배우는 사람이 몸을 굽혀 물에 뛰어들려면 당연히 커다란 공포가 생긴다. 하지만 그 순간, 용감하게 물로 뛰어드는 일을 반복적으로 연습한다면 공포도 점점 사라질 것이다.

공포가 완전히 사라지기를 기다린다면 시간과 에너지 낭비일 뿐이다. 아무리 기다려도 그런 순간은 오지 않는다. 우리가 가장 흔하게 저지르는 실수 중 하나는 문제를 정면으로 바라보지 않는 것이다. 알고 보면 대부분 문제의 심각성이나 난이도가 상상하는 것만큼 대단하지 않다. 그런데도 괜히 혼자 문제를 키워 공포를 극대화해 스스로 자신을 무너뜨리는 사람이 너무나 많다. 회피하고 부정하면 공포만 더 커진다. 어쩌면 지금 당신을 괴롭히는 문제들은 과감하게 대면하기만 해도 홀연히 사라질지 모른다.

우리가 두려워할 것은 단 하나, 두려움 그 자체뿐이다.
형용할 수 없고 이지를 상실했으며 조금도 논리적이지
않은 두려움은 사람의 의지를 무너뜨린다. 그것은 후퇴를
전진으로 바꾸는 데 필요한 노력을 물거품으로 만든다.

− 프랭클린 루스벨트 −

공포와 싸워 이기려면 불안과 걱정을 떨쳐내고 용감하게 마주해야 한다. 두 눈을 질끈 감고 문제를 똑바로 바라보면 이전에 없던 생기와 활력이 공포를 약화시킬 것이다. 두려워하지 않아야 첫 번째 행동을 할 수 있고, 첫 번째 행동이 있어야 두 번째, 세 번째가 있다. 그렇게 반복적으로 훈련함으로써 공포를 완전히 제거해서 문제의 참모습을 보아야 해결할 수 있다.

'마음의 감기'에 걸리지 않기

성공이란 아무 생각 없이 우연과 행운의 힘을 빌려서 되는 일이 아니라, 일정한 노력과 지혜가 필요한 일이다. 성공하는 사람들은 성공을 추구하는 과정 중에 맹목적으로 걱정하거나 비관하지 않는 지혜가 있다. 마크 트웨인 Mark Twain 은 "세상에서 가장 기이한 일은 원래는 아주 작았던 괴로움이 시작되는 순간부터는 수십 배로 커진다는 사실이다"라고 말했다. 우울과 비관 속에서 사는 사람들은 일어나지도 않은 미지의 일을 걱정한다. 이런 걱정은 마음속에 마치 악성종양처럼 자라나서 곪고 곪아 그 사람을 통째로 삼켜버린다.

현대 사회에서 걱정, 우울, 비관 같은 감정은 '마음의 감기'라 할 수 있다. 안타깝게도 이 병은 이미 만연해서 오히려 주목받지 못하고 있다. 사람들은 약간 우울해도 뭐 그리 대단한 일이 아니며, 자신의 상황이 '진짜 우울증'은 아니라고 생각한다. 하지만 장기간 우울감에 사로잡힌 사람은 무기력하고 아예 감성 자체를 상실한다. 당연히 일상생활에도 심각한 영향이 발생한다. 그러니 약간의 '감기 기운'만 느껴져도 적극적으로 감정을 조절해야 한다. 우울, 비관, 걱정, 초조, 불안 등 부정적 감정의 그늘에서 벗어나 다시 찬란한 햇빛 속으로 가야 한다.

미국 전 대통령 로널드 레이건 Ronald Reagan 은 어린 시절 매우 낙천적인 성격이었다. 반면에 남동생은 아무리 사소한 일이라도 하늘이 무너진 양 걱정하고 무엇이든 비관적으로만 생각했다. 부모는 남동생의 성격을 바꾸어보려고 갖은 애를 썼다. 한번은 그들이 레이건에게 말똥이 가득한 헛간을, 남동생에게 멋진 장난감이 가득한 방을 선물했다. 잠시 후, 남동생의 방에 들어간 부모는 깜짝 놀랐다. 기대와 달리 아이가 방 한쪽 구석에 쭈그리고 앉아 울고 있었기 때문이다. 장난감에는 손도 대지 않은 것 같았다. 우는 이유를 묻자 아이는 "아까 저 장난감을 만졌는데 망가뜨린 것 같아요. 혼날까 봐 너무 무서웠어요."라고 말했다.

부모는 남동생을 데리고 나와 헛간으로 갔다. 문을 열자 레이건은 신나서 삽으로 말똥을 퍼담고 있었다. 그는 부모와 남동생을 보고 달려오더니 큰 소리로 말했다. "여기 이 말똥 좀 보세요! 정말 많죠? 예쁜 조랑말이 여러 마리 있다는 뜻이에요. 어서 말똥을 깨끗이 치우고 조랑말들을 맞이해야 해요!"

성인이 된 레이건은 신문사 사환, 할리우드 배우, 주지사를 거쳐 미국 대통령 자리에까지 올랐다. 그는 미국 역사상 최초의 배우 출신 대통령이었다. 레이건은 낙천적이고 긍정적인 성격 덕분에 성공을 거듭했으며 미국인들의 큰 사랑을 받았다.

레이건의 성격은 그의 성공을 만드는 추진기 역할을 했다. 반대로 비관적이고 걱정이 많은 남동생은 성격 탓에 전진하는 데 어려움을 겪었다. 이는 비단 레이건의 남동생뿐 아니라 대부분 '비관주의자'에게 일어나는 일이다. 그들은 꽃이 만발한 정원에서도 마른 가지와 떨어지는 잎을 본다. 반면에 긍정적인 사람들은 낙엽이 지는 스산한 늦가을에도 아름다움을 찾는다.

"

    두 딸을 둔 어머니는 날씨 걱정으로 종일 안절부절못했다. 큰딸은 우산을 팔고 작은딸은 세탁소를 하는데 비가 내리면 세탁물이 잘 마르지 않을까 봐 작은딸이 걱정이고, 맑으면 우산이 안 팔리니 큰딸이 걱정이었다. 일을 본 이웃이 위로하며 말했다. "생각을 바꿔요. 날이 좋으면 작은딸의 세탁소가 잘되겠구나 하시고, 비가 내리면 큰딸의 장사가 잘되겠구나 해야죠." 이웃의 말을 들은 어머니는 더 이상 날씨 때문에 걱정하지 않았다.

"

    우리는 늘 알지 못하는 일을 걱정한다. 알고 보면 걱정했던 것과 전혀 다른 일이거나, 어쩌면 아예 발생하지 않은 일일 수도 있다. 아무리 걱정해봤자 문제를 해결하는 데 전혀 도움이 되지 않는다. 오히려 당신의 이성을 마비시키고 시간과 에너지를 허비할 뿐이다.

    지금 당신의 생활은 태도, 다시 말해 문제를 보는 방식이 만들어 낸 결과다. 모든 사람의 인생은 깨끗한 백지 한 장으로 시작한다. 각자 내딛는 걸음마다 이 백지 위에 그림을 그리는데 여기에는 그 사람의 경험, 성취 좌절 등이 모두 포함된다. 다만 사람마다 그 빛깔이 다르다. 긍정적인 사람은 삶 속에서 숨은 희망을 찾아 밝고 빛나는 그림을 그리고, 비관적인 사람은 삶의 낡고 거친 면만 보고서 온통 어두운 그림을 그려낸다.

단순한 일을 굳이 심각하게 본다면
괴로울 수밖에 없다.

- 하버드 금언 -

___

우울과 비관은 햇빛을 가리는 먹구름과 같다. 비관적인 사람은 삶의 빛을 보지 못하고 어둠 속에서 고뇌하며 스스로 자신을 파괴한다. 먹구름을 걷어내고 찬란한 삶의 빛을 보려면 걱정과 우울, 비관적인 모든 감정에서 멀어져 긍정적인 태도로 세상을 바라보아야 한다.

담담한 마음의 힘

건강한 마음가짐이란 무엇일까? 어떠한 마음가짐이 성공에 유리할까? 이와 관련해 하버드는 긍정적인 성격과 담담한 태도야말로 성공의 길 위에서 더 멀리 나아가게 하는 힘이라고 가르친다.

긍정적인 성격이란 실패, 실망에 비관하지 않는 성격이다. 긍정적인 사람은 모든 일과 상황에서 희망을 찾으며 개방적인 태도로 삶의 부침 浮沈 을 마주한다. 채근담 菜根譚 은 "마치 앞마당에 꽃이 피고 지는 것을 바라보듯, 다만 하늘에 구름이 모였다 흩어지는 모습을 바라볼 뿐"이라고 했다. 오직 긍정적인 사람만이 이처럼 담담한 태도로 삶을 바라볼 수 있다. 담담한 태도란 작은 성취로 거만하거나 잘난 척하지 않는 동시에 일시적인 실패로 무너지지 않은 태도다. 토머스 에디슨 Thomas Edison 은 긍정적인 성격과 담담한 태도로 성공을 거둔 사람 중 하나다.

1914년, 큰 화재로 에디슨의 실험실이 완전히 전소되었다. 손실은 200만 달러가 넘었고, 그간의 실험 성과가 모두 잿더미로 변했다.

불이 가장 크게 타오를 때, 에디슨의 아들 찰스는 짙은 연기에 뒤덮인 아수라장 속에서 미친 듯이 떨면서 아버지를 찾았다. 간신히 찾아낸 에디슨은 아들의 걱정이 무색할 정도로 아주 평화로운 표정으로 불길을 바라보고 있었다. 얼굴은 어른거리는 불빛 속에서 환하게 빛났고, 차가운 바람 속에서 백발이 휘날렸다. 에디슨은 놀란 표정의 아들을 보더니 차분하게 말했다. "찰스, 얼른 가서 어머니를 모셔와라. 앞으로 언제 또 이런 광경을 보겠니!"

다음 날 아침, 에디슨은 폐허가 된 실험실을 보면서 말했다. "재난도 그 나름의 가치가 있어. 봐, 그동안 우리가 저지른 실수, 과실이 모두 불에 깨끗하게 타버렸잖아. 신에게 감사할 일이지. 처음부터 다시 시작할 기회를 주셨으니까!" 에디슨은 불행에도 흔들리지 않는 긍정적인 마음으로 다시 연구를 시작했다. 그리고 얼마 후, 최초의 축음기를 발명해냈다.

재난 같은 불가항력적 사건 앞에서 대부분 사람은 부정적 감정에 빠진다. 어쩌면 심한 비통함과 우울감에 빠져 심신이 모두 무너질지도 모른다. 이때 가장 필요한 것이 바로 담담하게 현실을 마주하는 용기다. 자신에게 온 불행에 무력하게 휘말려 들어가려 할 때, 정신을 바짝 차리고 말해야 한다. "별일 아니야, 이 정도 일은 나를 무너뜨릴 수 없어.", "지나간 일은 잊어버려, 금방 다 지나갈 거야!" 불행이 왔을 때, 담담하게 대하는 태도야말로 가장 필요한 지혜이자 사물의 본질을 꿰뚫는 깨달음이며 초연한 각성이다.

불행에 담담해지라는 말은 얼음장처럼 차갑고 무정한 사람이 되거나 세상과 단절하고 스스로 고립되어 고고하게 살라는 말이 아니다. 담담한 마음은 일종의 처세법으로 긍정적인 태도로 삶을 바라보는 자세다. 불행에도 담담한 사람은 작은 일 하나하나에 집착하지 않으며 득실을 따지지도 않는다. 그들은 남달리 넓은 시야와 드넓은 마음으로 타인과 자신을 포용한다.

불행에도 흔들리지 않고 자기 길을 가려면 어떠한 상황에서도 동요하지 않는 '평상심'이 있어야 한다. 세상 만물이 발전하는 규율을 알고 작은 일에 마음에 응어리를 만들지 말며 넓은 마음으로 세상을 껴안을 때, 세찬 파도에 떠밀려가지 않는 평안한 마음을 지켜낼 수 있다.

66

어느 날, 노인이 양 한 마리를 잃어버렸다. 마을과 산을 몇 번이나 샅샅이 뒤졌지만 끝내 찾지 못했다. 이웃들이 찾아와 위로하자 노인은 웃으며 말했다. "양 한 마리 잃어버려서 큰 손해를 본 건 아닙니다. 어쩌면 또 다른 복이 생길지도 모릅니다. 아직 양이 이렇게 많이 남아 있으니 그 한 마리 때문에 내 생활을 망칠 수는 없죠. 걱정할 필요 없습니다. 나는 속상하지 않으니까." 잃어버린 양은 돌아오지 않았다.

며칠 후, 노인은 산에 갔다가 주인 없는 양 한 마리를 발견했다. 이웃들이 경사라며 축하하자 이번에도 노인은 담담하게 말했다.

"그런가요? 나는 아무 느낌이 없습니다."

"왜요? 이렇게 튼튼한 양을 거저 얻었으니 좋지 않습니까?"

"사람은 항상 득과 실의 사이에 삽니다. 얻는 것이 있으면 잃는 것도 있고, 잃는 것이 있으면 얻는 것도 있죠. 세상에 절대적인 득과 실은 없습니다. 양 한 마리를 잃고, 또 양 한 마리를 얻는 것과 마찬가지죠. 그래서 얻든 잃든 담담해야 합니다. 초연한 마음으로 세상을 바라보아야 비로소 아름다운 행복과 따뜻한 사랑을 실감할 수 있죠."

99

담담한 마음은 나쁜 일뿐 아니라 좋은 일에도 필요하다. 담담한 마음을 유지하며 사는 사람은 세상 만물을 거울처럼 비추고 조용히 느끼며 깨우친다. 거친 파도는 아름다운 풍경을 비추어도 마구 출렁이는 탓에 그 아름다움을 담을 수 없다. 마음속 어지럼이 그치지 않는 까닭은 우리 안에 잡념이 너무 많고, 생각의 실마리가 끊이지 않아 근심과 걱정이 무수히 자라나기 때문이다. 이래서는 삶의 진정한 행복을 즐길 수 없다. 담담한 마음으로 세상을 바라보고 평정심으로 삶을 누릴 때만이 행복할 수 있다.

내면이 무너지지 않아야 평범함 속에서 행복을 누릴 수 있다. 행복은 하늘에서 내려주는 것이 아니라 스스로 창조하는 것이다. 지금 어떠한 상황에 놓였어도 역경 속에서도 의연하게 평정심을 유지해 담담한 마음으로 자신에게 주어진 일들을 마주해야 한다.

자신에게 실의와 낙담을 허락하지 마라.
대신 무엇을 해야 더 기분이 좋아질지 자문해야 한다.
- 탈 벤 샤하르 -

긍정적인 마음과 담담한 태도로 세상을 바라보기만 해도 행복해질 수 있다. 행복은 닿을 수 없는 요원한 곳에 있는 신비로운 어떤 것이 아니다. 긍정적인 태도로 어떠한 일에도 흔들리지 않아야만 행복과 성공이라는 종점에 도착할 수 있다.

충동이라는 악마

성질 性質 이란 '사람이 지닌 마음의 본바탕'을 가리킨다. 살면서 자신의 성질을 제대로 다스리지 못하고 오히려 그것에 휘둘리는 사람이 부지기수다. 하버드 교수들은 학생들에게 '성질 다스리기'의 중요성을 강조할 때, 톨스토이 Leo Tolstoy 의 말을 인용하곤 한다. "분노는 다른 사람에게도 재앙이지만, 무엇보다 자신에게 가장 큰 화를 입힌다." 사람이 충동에 사로잡힌 상태로 내놓는 결정은 모두 이성적인 사고가 매우 부족하다. 이런 결정은 종종 거대한 손실을 초래한다.

충동이 만드는 악영향을 피하려면 반드시 자기 성질을 다스리고 감정을 억제해야 한다. 충동을 극복하는 가장 주요하고 효과적인 무기는 바로 '시간'이다. 시간은 생각보다 많은 문제를 해결할 수 있다. 깊고 무거운 난폭함을 사라지게 하고 원한을 연기처럼 녹인다. 안타깝게도 이 정도 수준까지 시간을 두고 충동을 억누르는 데 성공하는 사람은 거의 없다. 대부분 사람은 어떤 문제를 '알자마자 분노'하면서 해결하려고 드는 데 더 익숙하다. 사실은 그렇게 서둘러 결정을 내릴 필요 없다. 자신에게 좀 더 기회를 주고, 후회하지 않을 만큼 시간을 두고서 이성적으로 사고해야 한다. 1분이면 충분하다. 그 정도 시간이면 마음속에 일어나는 화를 순식간에 무력화할 수 있다.

하버드 교수들은 항상 학생들에게 자기 성질을 다스려 차분하고 이성적으로 사고해야 한다고 강조한다.

제2차 세계대전이 한창이던 시기, 영국은 일부러 베를린을 폭격해서 히틀러를 자극해 분노케 했다. 예상대로 히틀러는 충동을 이기지 못하고 공격 중점을 하늘에서 땅으로 전환해 영국의 여러 도시에 대규모 공습을 시작했다. 미리 준비하고 있던 영국인들은 새로 도입한 레이더 시스템으로 독일의 폭격을 성공적으로 방어해 손실이 거의 없게 했다. 히틀러의 충동 덕분에 영국은 공중전에서도 유리한 고지를 점령해서 최후의 승리를 거두었다.

히틀러는 급한 성질과 호전성을 억누르지 못하고 충동적으로 결정을 내린 탓에 전쟁에서 패했다. 충동은 내면에 숨은 악마다. 그 악마는 당신이 후회할 언행을 하게 한다. 그래서 화가 날수록 더 많이 사고해야 한다. 거친 숨을 고르고 화를 억누르며 생각하고 또 생각해야 충동이 가져오는 비참한 결과를 피할 수 있다.

한 석유회사의 임원이 잘못된 결정으로 회사에 큰 손실을 입혔다. 그는 이 일로 비난받고 해고당할까 봐 두려워 회장인 록펠러 J.D.Rockefeller의 눈에 띄지 않게 피해 다녔다.

며칠 후, 사업 파트너 에드워드 T. 베드포드 Edward T. Bedford가 록펠러의 사무실을 방문했다. 그는 록펠러가 종이 위에 뭔가를 열심히 쓰는 모습을 보고 궁금해 다가갔다. 발소리를 들은 록펠러가 고개를 들고 인사했다. "자네군! 이번 일로 발생한 손실을 들어서 알고 있겠지? 이 일을 오래 생각해보았네. 그를 부르기 전에 몇 가지를 좀 적는 중

이야." 베드포드는 고개를 끄덕이고 종이에 적힌 내용을 찬찬히 보았다. 뜻밖에도 거기에는 해당 임원이 그동안 내렸던 정확한 결정들, 덕분에 회사가 얻은 이윤이 죽 적혀 있었다. 그 모든 것이 이번 손실보다 더 가치가 크다는 내용도 있었다. 베드포드는 도무지 이해할 수 없어서 물었다. "지금 그러니까……, 회사에 200만 달러나 손해를 입힌 사람을 그냥 두자는 건가?" 록펠러는 웃으면서 말했다. "잘못되었다고 생각하나? 사실은 나도 처음에는 그 이야기를 듣고 화가 치밀어 올랐지. 가장 먼저 든 생각이 '해고'였으니까 말이야. 하지만 조금 진정한 후에 다시 보니 상황이 내 생각만큼 그렇게 엉망이지는 않더군. 사업을 하다 보면 돈을 벌 때도 있고 잃을 때도 있는 거 아닌가? 이번에 손해 본 만큼 다음에 벌어서 메우면 돼. 돈이야 메울 수 있지만 좋은 직원을 잃으면 되돌릴 수 없어."

그 임원은 어떠한 비난이나 징계도 받지 않고 록펠러의 회사에서 계속 일했다.

사람들은 보통 자신의 존엄이나 이익 및 손실의 문제에서 충동을 억제하는 데 어려움을 겪는다. 하지만 이 역시 시간을 두고 사고함으로써 억누를 수 있다. 감정이 요동쳐서 제어할 수 있는 수준을 넘어섰음을 알아차리면 전혀 관계없는 다른 일에 주의를 돌려서 숨을 골라야 한다. 그렇게 마음을 가라앉힌 후에 냉정하게 생각함으로써 충동을 억제할 수 있다.

당신 자신을 관리하라, 다른 사람을 관리하지 말고.

- 하버드 금언 -

충동은 이성을 잃은 상태고, 이성을 잃었을 때 내리는 판단과 결정은 모두 무의미하다. 충동을 다스리고 억제해야만 머릿속을 채운 비이성적인 생각을 내몰고 현명한 판단을 내릴 수 있다.

감정 조절이 건강한 영혼을 만든다.

우리는 날씨를 마음대로 할 수 없다. 타인의 생각도 마음대로 할 수 없다. 다만 자신의 감정만큼은 원하는 대로 조절할 수 있다. 단언컨대 감정을 잘 다스리기만 해도 긍정적이고 건강한 마음가짐으로 성공을 향해 나아갈 수 있다.

미시간 대학 심리학과의 연구에 따르면 사람은 전체 인생에서 평균 10분의 3에 해당하는 시간을 '우울한 감정'으로 산다고 한다. 무려 인생의 30%를 부정적 감정에 젖어 산다는 의미다. 왜 이런 일이 생긴 걸까? 바로 우리가 진정한 의미에서 자신의 감정을 조절하지 못하기 때문이다.

한번은 록펠러가 변호사의 요구서에 답변하지 않았다는 이유로 고발당했다. 법정에서 변호사는 우편물 하나를 꺼내면서 질문했다. "록펠러 씨, 제가 보낸 이 요구서를 받았습니까? 모두 회신하셨나요?" 록펠러는 매우 평온한 표정으로 덤덤하게 대답했다. "받았습니다. 회신은 하지 않았습니다." 이어서 변호사는 우편물 20여 개를 꺼내더니 하나씩 들고 전부 똑같이 질문했다. 놀랍게도 록펠러는 스무 번 모두 똑같은 표정과 어조로 토씨 하나 틀리지 않고 똑같이 대답했다. "받았습니다. 회신은 하지 않았습니다." 질문이 끝난 후, 변호사는 끓어오르는 화를 주체하지 못하고 이성을 잃은 채 록펠러에게 막말을 쏟아부었다. 법정은 록펠러의 손을 들어주었다. 그 변호사가 감정을 제어하지 못해 자신을 제대로 변호하지 못했기 때문이다.

변호사는 감정을 이기지 못한 탓에 신뢰를 잃고 법정에서 안 좋은 인상까지 남겨 끝내 패소했다. 이것이 바로 자신의 감정을 제어하지 못한 결과다. 감정을 제어하지 못하는 사람은 공개된 장소에서 망신을 당하기에 십상이다.

인생이 늘 순조로울 수 있겠는가? 하는 일마다 원하는 대로 될 리는 없다. 살면서 분노가 솟구쳐 이성을 잃고 부정적 감정에 사로잡히는 일을 완전히 피하기란 어렵다. 심할 경우, 정신이 엉망진창으로 무너져 일상생활을 제대로 꾸려나갈 수 없을 정도로 망가질 수도 있다. 또 심리적 질병을 앓을 수도 있다.

당신의 성공을 가로막는 가장 큰 걸림돌은 부족한 기회나 남보다 못한 실력이 아니라 '감정 제어 실패'다. 자신의 감정을 제어하지 못하면 잘못된 판단이나 결정을 내리기 쉽고 우울감이나 실의에 빠져 기회를 덧없이 날려버린다. 이런 이유로 감정 제어는 건강한 영혼으로 성공하는 데 꼭 필요한 조건이다.

66

미 육군 장군인 에드윈 M. 스탠턴 Edwin Stanton 이 링컨 대통령의 집무실에 들어오더니 씩씩거리며 말했다.

"그 소장이 글쎄, 대통령이 자기 사람만 편애한다고 떠들고 다닌다지 뭡니까?"

"그럼 자네가 장군으로서 호되게 꾸짖는 편지를 보내지 그래? 아주 정신이 확 들게 혼을 내보라고!"

"아, 정말 그래야겠군요. 좋은 생각입니다!"

스탠튼은 의자에 앉아 온갖 비난을 담은 편지를 써서 링컨에게 보여주었다.

"맞아! 이렇게 따끔하게 말해야 알아듣겠지. 편지를 아주 잘 썼군, 스탠턴!"

스탠턴은 매우 흡족해하며 편지를 접어 봉투에 넣었다. 그 모습을 본 링컨이 물었다.

"자네 지금 뭐 하는 건가?"

"나가면서 바로 부치려고요!"

링컨은 어리둥절한 표정인 스탠턴을 보며 엄한 목소리로 말했다.

"일을 크게 만들지 말게. 그 편지는 부치려고 쓴 것이 아니네. 저 벽난로에 던지는 거지. 나는 화가 났을 때, 항상 그렇게 한다네. 내가 자네에게 편지를 잘 썼다고 말한 이유는 편지를 쓰면서 자네의 화가 거의 풀어졌기 때문이야. 그렇지? 그러니 얼른 그 편지를 태워버리게!"

99

영국 시인 존 밀튼John Milton은 "자신의 격정, 욕망, 공포를 통제하는 사람은 국왕을 이길 수 있다"라고 말했다. 감정 제어는 자신의 영혼을 건강하게 만들 뿐 아니라 최종 승리를 거두는 데 중요하게 작용한다. 물론 감정은 다스리기 어려운 대상이며, 종종 정확하게 파악하기조차 어렵다. 하지만 힘들더라도 반드시 다스려 평온한 상태를 유지해 스스로 자신의 영혼을 더 건강하게 만들어야 한다.

탁월한 성취를 이루고 싶은 사람은 일정 수준의 지식과 능력뿐 아니라 감정을 제어하는 기술을 배워야 한다. 감정을 제어하면 내면이 흔들리지 않아 배척을 도움으로 위협을 친구로 바꾼다. 반면에 감정을 제어하지 못하면 티끌 같은 작은 일에 분노하고 비이성적인 언행을 남발해 최악의 상황에 봉착할 수 있다.

> 우리는 수시로 심신의 상태와 감정을 조절하고
> 두뇌의 반응을 제어할 수 있어야 한다.
>
> - 탈 벤 샤하르 -

성공하는 사람은 감정을 제어하고, 실패하는 사람은 감정에 휘둘린다. 자신의 감정을 잘 제어하는 사람은 살면서 마주하는 각종 심리적 걸림돌을 뚫고 나갈 수 있다. 건강한 영혼으로 최종 승리를 거두려면 반드시 감정을 제어할 줄 알아야 한다.

Harvard Psychology Lecture

인간관계와 마음 얻기

"순간의 감동으로 영원한 친구를 만든다"

효과적인 소통과 교류, 다원화한 사교 자원을 활용함으로써 인간관계의 범위를 확대하고 그 수준을 높일 수 있다. 처세와 사교가 바로 그 시작이다. 하버드 심리학은 원칙과 기술의 두 가지 방면에서 현대 사교의 정수를 알려준다. 더불어 사교 활동에서 겪는 고민을 해결하고 사교성을 키워 더 넓은 인맥으로 성공의 길을 걷도록 돕는다. 심리학을 이용해서 상대방의 심리를 꿰뚫어보고 그것을 이용해 목적을 달성해보자!

조화로운 인간관계는 평생의 보물이다.

조화로운 인간관계는 모든 사람이 바라는 바다. 조화로운 인간관계에서만이 더 순조롭고 깊은 소통과 교류가 가능하기 때문이다. 자기 내면의 상태와 외부의 인간관계를 예리하게 간파하는 사람은 주변을 더 조화롭게 만들고 타인에 긍정적인 영향을 미친다. 모든 사람의 주변 환경이 조화롭다면 세상 전체가 조화로울 것이다. 조화로운 사교 환경 속에 살기만 해도 당신의 삶은 더 원만하게 성공을 거둘 수 있다.

성공은 조화로운 인간관계와 불가분의 관계다. 더 조화로운 인간관계를 원한다면 과거 자신의 인간관계 패턴을 따져봐야 한다. 자신이 타인과 어떠한 능동적 혹은 피동적인 상호활동을 했는지, 사교할 때 태도가 열정적인지 냉담한지 등을 떠올려보는 것이다.

만약 사교에 있어 오랫동안 '자기 봉쇄'를 계속해왔다면 인간관계는 물론이거니와 자신의 심신 건강에도 지극히 불리하다. 타인과의 교류가 더 순조로워지려면 우선 적극적으로 타인에게 다가가야 한다. 개인의 사회성은 그가 평생 어떠한 인간관계를 만들고 누리는지 결정한다.

조화로운 인간관계는 심신 건강의 발전에도 큰 영향을 미친다. 친구들과의 평등하고 우호적인 교류는 희열을 부르지만, 스스로 자신의 영혼을 폐쇄하면 초조와 불안, 우울감을 피하기 어렵다. 현대 의학에서 우울감은 심리뿐 아니라 신체 건강을 해치는 최대의 적이다. 이런 부정적 감정을 제어하지 못하면 아무리 좋은 영양제를 먹고, 밤

낮으로 열심히 운동해도 쇠약해지는 신체 건강을 되돌릴 방법이 없다. 심신의 건강은 모두 '조화로움'을 추구해야 한다. 여기서 말하는 조화로움이란 육체 내부의 기능뿐 아니라 개인과 자연, 사회관계 사이의 조화, 무엇보다 사람과 사람 사이의 조화까지 모두 포함한다.

이중 사람과 사람 사이의 조화는 그와 친구들 사이의 관계에서 드러난다. 개인의 친구 범위 및 그 관계는 그의 인생이 나아가는 길을 상당히 직접적으로 결정한다. 개인의 생활 만족도 및 행복도가 그의 친구 수와 밀접한 관계가 있다는 연구 결과가 이를 뒷받침한다. 심리학자들에 따르면 사람들은 명예와 권력이 아니라 가족과 친구로부터 더 많은 행복을 얻는다.

조화로운 인간관계는 행복의 원천이자 정신적으로 아름다운 생활의 기초이며 더 다채롭고 풍부한 물질 생산을 위한 환경이다. 또 조화로운 인간관계는 사람과 사람 사이의 소통과 교류를 더욱 효과적으로 만들어 당신의 삶을 풍요롭게 한다.

하버드는 학생들에게 더 순조롭게 성공하고 싶다면 반드시 정신적인 만족을 얻어야 하고, 가장 효과적인 방법으로 조화로운 인간관계를 제안한다.

실제로 개인의 정신, 예컨대 사상, 도덕, 이상, 감정 등은 모두 사교와 매우 큰 관련이 있다. 우리는 일상에서 사상이나 감정을 타인과 끊임없이 교류한다. 그 과정에서 마음이 맞고 서로에게 도움이 되는 사교 집단, 즉 조화로운 인간관계가 만들어지고 서로 관심, 이해, 도움 등을 주고받는 환경이 형성된다. 이러한 환경 속에서 이루어지는

5장. 인간관계와 마음 얻기

사상과 감정 교류는 사람을 전진하게 하는 동력으로 작용한다. 물론 고난과 좌절에 부딪혔을 때, 즉각적인 도움을 얻을 수도 있다. 이런 환경 속에서 사람은 더 긍정적이고 진취적인 힘을 얻으며 자신감이 생겨 개방적이고 낙천적인 태도로 살 수 있다. 감정과 심리는 끊임없이 새로워지며 생각과 행동의 수준이 향상된다. 반대로 어떠한 도움도 되지 않는 사교 집단, 즉 조화롭지 않은 인간관계 속에 있는 사람은 끊임없이 의심하고 질투하며 부정적이고 무기력한 고통스러운 심리상태에 휩싸이기 쉽다.

한 사람의 성공은 그가 지닌 능력이 얼마나 대단한지가 아니라 그가 많은 사람의 능력을 얼마나 모으는가에 달렸다. 개인의 능력은 한계가 있으므로 도움을 줄 조화로운 인간관계가 꼭 필요하다. 조화로운 인간관계는 심리적 안정뿐 아니라 당신의 성공을 돕는 평생의 가치다.

조화로운 인간관계는 평생의 가치다.
가난할 수는 있어도 친구가 없을 수는 없다.
- 하버드 금언 -

능력이 금이라면, 조화로운 인간관계는 다이아몬드다. 성공하고 싶으면 최대한 많은 사람의 지혜를 빌리고 도움을 받아야 한다. 조화로운 인간관계를 갖고 싶으면 뛰어난 사교 능력, 즉 타인에게 관심을 보이며 적극적으로 교류하는 태도가 필요하다.

존중받으려면 먼저 존중하라!

타인으로부터 존중받으려면 우선 타인을 존중해야 한다. 이는 사실 누구나 아는 가장 기본적인 예의다. 타인을 존중할 줄 아는 사람은 그의 자신감과 진취성을 북돋아 성공으로 인도한다. 심지어 그의 인생까지 바꿀 수도 있다. 타인을 존중하는 사람은 많은 이에게 기억되며 사교를 통해 도움을 얻는다.

찰스 윌리엄 엘리엇 Charles William Eliot 은 사교 제1원칙인 '존중'을 통해 당시 저명한 역사학자인 헨리 아담스 Henry Adams 를 초빙하는 데 성공했다.

찰스 윌리엄 엘리엇은 미국의 유명한 교육자로 지금도 하버드에서 그의 이름을 모르는 사람은 없다. 1853년에 하버드를 졸업한 그는 1863년에 유럽에서 프랑스와 독일의 고등교육을 연구했다. 귀국 후 그는 1869년부터 1908년까지 하버드 총장으로 일하면서 과감한 개혁을 통해 하버드를 지역대학에서 세계 최고의 대학으로 발전시켰다. 엘리엇은 타인을 존중할 줄 아는 사람이었다. 특히 지식인, 학술 분야에서 성과를 거둔 사람에게는 더욱 그러해서 온갖 방법을 동원해 하버드 교수로 초빙하려고 애썼다.

1870년 어느 날, 엘리엇은 저명한 역사학자인 헨리 아담스를 방문해 중세사 강의를 맡아달라고 부탁했다. 하지만 아담스의 반응은 냉랭하기만 했다. 나중에는 "총장님, 저는 중세사에 대해 아는 바가 없습니다."라고까지 했다. 그래도 엘리엇은 조금도 기분 나빠하지 않으며 정중하게 말했다. "그럼 지금 당신보다 더 뛰어난 역사학자를 추천해주신다면 그분을 모시겠습니다. 저희는 최고의 학자만을 모시니까요." 아담스는 미소를 지으며 엘리엇의 요청을 받아들였다.

서로 존중하지 않으면 사실상 애초에 교류가 불가능하다. 존중할 줄 모르는 사람과 교류하기 바라는 사람이 있을 리 없다. 강조하건대 존중은 사교의 제1원칙이자 인간관계에서 최고의 미덕이다.

"

뉴욕의 한 부유한 상인이 길모퉁이에서 허름한 옷차림으로 펜을 파는 노점상을 보고서 연민을 느꼈다. 상인은 안타까운 마음에 그의 손에 1달러짜리 지폐를 막무가내로 쥐어주었다. 그러나 무슨 생각이 들었는지 얼마 가지 않아 다시 돌아와서는 1달러어치의 펜 몇 자루를 받아갔다. 방금 너무 급해서 가져가는 걸 잊었다고 해명하면서. 그런 후 상인은 노점상에게 의미심장하게 덧붙였다. "나도 당신과 같은 상인입니다. 우리는 서로 팔고 살 물건이 있죠." 1년 후, 우연히 다시 그 길모퉁이를 지나게 된 상인은 그 노점상이 번듯한 가게를 운영하는 모습을 보았다. 가게에 들어서자 예전의 그 노점상은 상인을 알아보고 감격스러운 목소리로 말했다. "감사합니다. 당신은 제 자존심을 세워주었어요. 그때 당신이 내게 '같은 상인'이라고 말했던 걸 잊지 못합니다.

"

타인에 대한 존중은 단순히 언행뿐 아니라 상대방의 자존심을 고려한 것이어야만 한다. 존중은 앞이 잘 보이지 않을 정도로 흐린 날에 두꺼운 구름을 뚫고 비추는 햇빛과 같다. 사람들은 이 햇빛을 통해 구름에 가린 맑고 깨끗한 하늘을 본다. 자기 비하와 열등감에 빠진 사람들은 존중받음으로써 자신감을 키우고 인생을 바꿀 수 있다.

존중은 사교에서 가장 기본적이고 중요한 원칙인 동시에 일종의 예의다. 모든 사람은 가정과 사회의 진정한 일원이 되려는 갈망과 마찬가지로 타인으로부터 사랑과 존중을 받으려는 욕구가 있다. 타인을 존중하지 않는 행위, 예컨대 자신만 중시하고 타인에 해를 입히는 언행 등은 조화로운 인간관계를 발전시키는 데 불리할 뿐이다. 존중받고 싶으면 먼저 존중해야 한다. 존중이 습관과 수양으로 자리 잡아야 타인에게 환영받고 조화로운 인간관계 속에서 더 많은 도움을 얻을 수 있다.

재난을 당했을 때 도움받고 싶다면
평소에 타인을 존중해야 한다.

- 헨리 데이비드 소로 -

타인에 대한 존중은 자신에 대한 존중과 같다. 타인과 교류하면서 존중을 최우선으로 두기만 해도 순조로운 사교의 문이 열릴 것이다.

5장. 인간관계와 마음 얻기

성공의 이미지가 진짜 성공을 부른다.

성공한 사람이 되려면 '성공의 이미지'를 보여야 한다. 런던 비즈니스 스쿨 London Business School 의 행위 심리학자 닉슨 교수는 "사람들은 세 가지 개념으로 성공한 리더를 묘사한다. 성격, 능력, 이미지다"라고 했다. 외모로 사람을 평가해서는 안 된다고 하지만, 누군가를 만났을 때 가장 먼저 인식하는 것은 그의 외모일 수밖에 없다. 한 사람의 이미지는 그의 성격과 능력에 관한 타인의 인식에 직접적인 영향을 미친다. 사회생활을 하는 사람의 머릿속에는 이미 '성공한 사람'의 모델이 만들어져 있다. 그러니 외적으로 성공의 이미지를 드러내는 것은 타인의 인정을 얻고 긍정적인 반응을 끌어내는 중요한 전제다.

성공을 추구하는 사람의 이미지는 '진짜 성공한 사람' 같아야 한다. 이는 그 자신에게도 매우 중요한데 이미지에서 성공한 사람에 근접하면 생각과 행동 역시 그렇게 따라오기 때문이다. 이미지를 먼저 만드는 일은 성공으로 나아가는 데 매우 중요한 첫걸음이다. 성공의 이미지는 정말 성공했을 때 자연스럽게 생겨난다고 여기는 사람이 많지만, 사실 아직 성공하지 않았더라도 이미지부터 그렇게 만들어 놓으면 자신감이 커지고 자기 격려를 통해 성공한 사람의 언행을 구사하게 된다. 상대방은 당신에게 충분한 잠재력이 있다고 인정할 것이다. 이러한 마음가짐과 대우라면 성공이 훨씬 더 쉽지 않겠는가!

물론 능력은 당신이 성공을 거머쥐는 데 무시할 수 없는 작용을 한다. 하지만 능력을 키우는 데만 골몰하고 이미지 만들기는 등한시

하면 긍정적 마음가짐을 형성하는 데 영향을 미칠 것이다.

심리학자들은 외적인 매력이 그 사람에 대한 타인의 태도를 결정할 뿐 아니라, 자신의 마음가짐 및 능력 발휘에도 영향을 미친다고 말한다.

> 명성은 매우 독특한 자산이다. 그것은 사람마다
> 상이하며 조금도 같지 않다. 사람들은 당신의 명성에
> 근거해 당신에게 점수를 준다.
>
> - 헨리 키신저 -

능력은 성공을 결정하는 중요한 요소다. 하지만 외적 이미지의 효과 또한 결코 무시할 수 없다. 성공의 이미지는 성공을 향한 갈망을 내면에서 외면으로 드러내어 당신의 잠재능력을 더 크게 발휘하게 한다.

미소로 만드는 인간관계

미소는 신이 인류에게 선사한 최고의 선물이다. 미소 짓는 사람은 친화력이 뛰어나 주변 사람들을 끌어당긴다.

미소는 희열과 따뜻함의 표정이다. 미소를 지으면 자신감이 커지고 친근한 인상을 남긴다. 아주 희미한 미소 한 번이라도 당신이 상상하지 못한 무궁한 매력과 에너지를 발산할 수 있다. 진심 어린 미소는 우정의 문을 열고 조화로운 인간관계를 만드는 비기秘器다.

중국 선전深川, 한 유명 IT 기업의 로비에 신입 보안요원이 배치되었다. 여기까지는 지극히 평범한 변화였으나 얼마 지나지 않아 직원들은 이 보안요원이 뭔가 다르다는 걸 알아차렸다. 아주 평범한 외모인 그는 매일 로비에 서서 온화한 미소를 짓고 있었다.

이 보안요원은 매일 출퇴근 시간에 직원들을 향해 밝고 친절하게 인사했다. 도움이 될 만한 정보가 있으면 잊지 않고 일러주었다. 내일 소나기가 온다니까 우산 챙기는 거 잊지 마세요, 오늘 밤 10시부터 12시까지 정전이라니까 미리 대비해요. …… 얼마 후, 그는 회사 내 대부분 직원의 이름을 알고 부를 수 있게 되었다.

사실 처음에 직원들은 이 보안요원의 미소와 친절을 어색해했다. 하지만 시간이 흐르면서 직원들은 모두 그의 상냥한 인사에 익숙해졌고, 따뜻함을 느꼈다. 바쁜 발걸음을 멈추고 서서 그와 담소를 나누는 직원들도 점점 많아졌다. 그와 친구가 되기를 바라는 직원들은 점심시간에 함께 공을 차거나 카드놀이를 하자고 권하기도 했다.

사람들은 점차 이 보안요원에 대해 더 잘 알게 되었다. 그는 이름이 탕텐이었고, 지방의 이공대학을 졸업한 스물네 살의 청년이었다. 탕텐은 IT 계열에서 일하고픈 열망으로 이 도시에 왔지만, 경험도 없고 명문대 졸업생도 아니어서 원하는 직장을 구하지는 못했다. 몇 차례 실패가 연이었지만, 그는 낙담하지 않았다. 대신 꿈에 좀 더 가까워지기 위해 이 IT 기업에 보안요원으로 취직했다. 진짜 원하는 일은 아니었지만, 우선 이렇게라도 일하면서 기회를 엿보는 중이었다.

탕텐은 보안요원으로 성실하게 일하면서도 꿈을 포기하지 않았다. 시간만 나면 IT 관련 서적을 읽었으며 모르는 부분이 있으면 회사에서 친하게 지내는 직원들에게 스스럼없이 도움을 구했다. 또 시간을 내서 IT 방면의 포럼이나 토론에 부지런히 다녔다.

기회는 준비된 사람에게 찾아온다. 2015년 3월, 이 회사의 한 연구팀이 초보적인 데이터 정리 작업을 담당할 직원을 급히 구했다. 대단히 전문적인 업무는 아니어서 컴퓨터를 잘 다루고 꼼꼼하며 책임감이 강한 사람이면 되었다. 이 소식을 들은 탕텐은 즉각 해당 연구팀장을 찾아가 자신도 지원할 수 있는지 물었다. 두 사람은 친하다고 할 수는 없지만, 매일 출퇴근할 때 서로 눈인사를 주고받은 사이였다. 특히 연구팀장은 늘 밝은 표정으로 즐겁게 일하는 탕텐을 인상 깊게 보고 있었다. 그는 주변 동료들에게 탕텐에 대해 좀 더 알아본 후, 지원해도 좋다고 말했다. 며칠 후, 탕텐은 보안요원 일을 그만두고 이 회사의 정직원으로 당당히 입사해서 꿈에 그리던 일을 시작했다.

몇 년 후, 이 회사는 꾸준히 발전한 덕에 규모가 몇 배로 커졌고 탕텐은 한 지역의 지사장이 되었다. 그는 로비의 보안요원에서 지사장으로 변신한 자신의 인생을 돌아보며 이렇게 말했다. "당신이 미소 지을 때, 상대방은 미소 짓지 않을 수도 있습니다. 그러면 다시 한번 그에게 미소 지으면 됩니다. 99번의 차가운 반응이 지나가면 100번째는 미소가 보일 것입니다."

탕텐은 미소로 조화로운 인간관계를 구축했고, 덕분에 이직에 성공해서 원하는 직장까지 얻었다. 미소는 조화로운 인간관계를 만들 뿐 아니라 그 사람의 운명까지 바꾸는 힘이 있다.

미국 남북전쟁에서 포로로 잡힌 존은 감옥에서 처형될 날만 기다렸다. 절망적인 나날이 계속되면서 그의 심신은 모두 피폐해졌다.

존은 공포를 이기기 위해 품에 숨기고 있는 담배 한 개비를 어루만졌다. 피우고 싶은 마음이 굴뚝같았지만, 그에게는 성냥이 없었다. 담배는 있는데 불을 붙일 성냥이 없는 현실은 그를 더 슬프게 만들었다. 더 이상 참기 어려운 지경이 되었을 때, 존은 도움을 구하기 위해 사방을 둘러보았다. 차디찬 철창으로 들어오는 가느다란 불빛 덕에 통로 저쪽 끝에 서 있는 병사의 등이 보였다. 존은 있는 힘을 모두 짜내어 철창을 흔들었지만, 그 병사는 아무런 반응을 보이지 않았다. 하는 수 없이 존은 등 돌리고 서 있는 병사에게 간절한 목소리로 말했다. "저……, 담배, 담배 한 대만 피우고 싶은데 혹시 불을 빌려줄 수 있겠소?"

그렇게 철장을 흔들어도 꼼짝 않고 서 있던 병사가 이번에는 고개를 천천히 돌렸다. 병사는 아무 말도 없이 무표정한 얼굴로 천천히 존에게 다가오더니 주머니에서 성냥 하나를 꺼냈다. "고맙소! 정말 고맙소. 내가 하늘에서 당신을 위해 기도하리다." 존은 진심으로 그에게 감사했다.

어두운 감옥 안에서 성냥불이 만드는 작은 빛이 비치는 순간, 두 사람은 서로의 얼굴을 보았다. 눈이 마주쳤을 때, 존의 얼굴에 진심이 담긴 미소가 떠올랐다. 마치 넋이 나간 듯 멍하니 그 미소를 바라보던 병사의 얼굴에도 희미한 미소가 흘렀다.

두 개의 진실한 미소는 존과 병사의 거리를 없앴다. 병사는 담배에 불을 붙인 후에도 돌아가지 않고 낮은 목소리로 존에게 물었다. "가족이 있소? 아이는?"

"있지! 함께 있지는 않지만, 항상 내 곁에 있소. 그들이 지금까지 나를 버티게 만들었다오." 존은 떨리는 두 손을 가슴에 대고 안주머니에서 가족사진을 꺼냈다. 사진을 본 병사는 다시 한번 미소 짓더니 주머니에서 자신의 가족사진을 꺼내어 존에게 보여주었다.

"전쟁이 끝나면 가족들을 만날 수 있으니 부럽군. 나는 하늘에서 그들을 위해 기도할 수밖에 없네." 존의 말을 들은 병사의 눈에 눈물이 고였다. 그리고는 잠시 무언가를 생각하는가 싶더니 손가락을 입술 위에 대며 조용히 하라는 시늉을 했다.

병사는 기민하게 주변을 돌아보고 순찰하듯 주변을 한 바퀴 돌았다. 큰 문제가 없는 걸 확인한 그는 아주 천천히 주머니에서 열쇠를 꺼내 존이 갇힌 방의 문을 열었다.

존은 진심 어린 미소로 소중한 목숨을 부지할 수 있었다.

만약 그 순간에 존이 미소 짓지 않았다면 어떻게 됐을까? 병사는 존을 상대하지 않았을 테고 존은 예정대로 처형당해 하늘에서 가족들을 위해 기도했을 것이다. 미소는 죽음의 문턱에서 존을 살려냈다. 긍정적이고 낙천적인 마음가짐을 담은 존의 미소는 그 병사를 감동케 했다. 처참한 전쟁터에서 잠시나마 삶의 아름다움을 느낀 병사는 가족들을 생각하며 행복에 젖었다. 어렵고 힘든 상황일수록 미소를 잃어서는 안 된다.

심리학 연구에 따르면 미소와 흥분은 사실 같은 것이어서 빠른 사고를 도우며, 뇌에서 아직 사용하지 않은 부분을 자극해 움직이게 한다. 또 미소는 기억력을 향상해 더 많은 일을 기억하게 한다. 무엇보다 미소는 사람을 더욱 긍정적으로 만들어 계획을 세우거나 결정을 내릴 때 더 낙관적인 태도로 희망을 보게 한다.

무정함은 마비된 영혼이고 너무 이른 죽음이다.
- 하버드 국제경제학 교수, 제프리 색스 -

미소는 감염력이 큰 표정이다. 당신은 미소의 힘을 이용해 주변 사람들에게 즐거움을 전달하고 좋은 인상을 남길 수 있다. 이는 조화로운 인간관계를 만드는 데 큰 도움이 된다.

자신을 믿는 사람이 타인도 믿을 수 있다.

'상호신뢰'라는 바탕이 전제되지 않으면 깊이 있는 사교가 불가능하다. 하버드는 학생들에게 타인을 믿지 않는 사람은 대개 자신에 대한 믿음도 부족하다고 가르친다. 지금 좀 더 깊이 있는 사교로 조화로운 인간관계를 구축하고 싶다면 우선 상대방을 믿어서 상호신뢰라는 바탕을 다져야 한다.

자신을 믿는 사람만이 타인도 믿을 수 있다. 이 믿음은 중요한 때에 당신을 구원할 것이다.

> ❝

한 화물선이 거친 파도가 넘실대는 대서양을 몇 달째 항해 중이었다. 배에서 허드렛일을 하는 흑인 소년은 그날도 선미에서 일하다가 그만 중심을 잃고 바다로 떨어지고 말았다. 소년은 물속에서 허우적대며 살려달라고 외쳤지만 아무도 듣지 못했다. 소년은 화물선이 파도를 가르며 점점 멀어지는 모습을 망연자실해서 바라볼 수밖에 없었다.

소년은 반드시 살겠다는 열망으로 화물선이 떠난 방향으로 계속 헤엄쳤다. 얼음장처럼 차디찬 바다에서 있는 힘을 다해 가느다란 두 팔을 앞으로 번갈아 뻗으며 머리는 어떻게든 물 밖으로 내놓으려고 안간힘을 썼다. 두 눈은 저 멀리 이미 점으로만 보이는 화물선에 고정했다. 잠시 후에는 그 점마저 사라지고 사방은 끝이 보이지 않는 바다만 남았다. 이제 소년은 힘이 다 빠져 더 이상 몸을 움직일 수도 없었다. 그는 자신이 이렇게 바다 위에서 죽을 운명이라고 생각했다.

그냥 포기하자! 자신에게 중얼거리는 순간, 소년의 머릿속에 늙은 선장님의 자상한 얼굴과 따뜻한 눈빛이 떠올랐다. 아니야, 선장님은 내가 바다에서 떨어진 걸 알면 분명히 구하러 오실 거야! 실낱같은 희망이 생기자 다시 헤엄칠 힘이 생겼다. 그는 남은 힘을 전부 끌어모아 앞으로 계속 헤엄쳐 갔다.

한편 선장은 소년이 사라진 걸 안 순간, 아이가 일하다가 바다에 떨어졌다고 확신하고 생각하고 어서 배를 돌리라고 명령했다. 선원들의 의견은 분분했다. "벌써 시간이 한참이나 지났는데 아직 살아있겠습니까? 물에 빠져 죽지 않았으면 상어밥이 되었을 텐데요." 선장은 잠시 주저했으나 그래도 다시 돌아가서 소년을 구하기로 했다. 선원 하나가 불만이 가득한 목소리로 투덜거렸다. "흑인 꼬마 하나를 구하자고 이렇게까지 할 필요가 있습니까?" 이 말을 들은 선장은 벼락같이 소리쳤다. "입 닥쳐!" 방향을 돌려 되돌아간 화물선은 바다 위에서 기진맥진해 죽기 직전인 소년을 구해냈다.

얼마 후, 정신을 차린 소년은 선장을 보자마자 벌떡 일어나 무릎을 꿇고 감사의 눈물을 흘렸다. 선장은 소년을 일으키면서 물었다. "그 차가운 바다에서 대체 어떻게 그렇게 오랜 시간을 버틸 수 있었니?" 소년은 선장을 똑바로 바라보면서 "선장님이 분명히 저를 구하러 오실 거라고 생각했어요."라고 대답했다. 선장이 왜 그렇게 생각했냐고 묻자 소년은 다시 이렇게 말했다. "선장님은 그런 분이시란 걸 알고 있었거든요!"

백발이 성성한 선장은 이 말을 듣고 울컥해져 소년을 따뜻하게 안아주었다. 그는 후에, 이것이 평생 자신이 내린 가장 현명한 결정이라고 말했다.

"

선장과 흑인 소년의 이 감동적인 이야기는 하버드 교수들이 믿음에 관해 이야기할 때 자주 언급하는 것이다. 주변을 돌아보면 항상 타인을 의심하고 시기, 질투하는 사람들이 있다. 그들은 남들이 뒤에서 자신을 험담한다고 여기며 늘 날을 세운다. 또 반대로 어떤 사람들은 타인은 너무 쉽게 믿었다가 속은 경험이 있어 그 상처 탓에 아예 누구도 믿지 않는다.

자신감이 있는 사람은 타인을 충분히 신뢰하고 함부로 의심하지 않는다. 반면에 환경이나 타인, 자신에 대해 믿음이 심하게 부족한 사람은 사교 과정에서 자기도 모르게 방어적인 자세를 취한다. 이들은 타인과의 접촉을 거부하면서 자신을 외부와 차단한다. 이는 곧 사회 안에서 자신의 위치를 스스로 사라지게 하는 행위와 마찬가지다. 타인을 믿는 사람만이 자신을 잃지 않으며 의심이라는 미궁에 빠지지 않는다.

자신에 대한 믿음이 강한 사람만이 타인도 믿을 수 있다. 사교할 때는 상대방에게 신뢰감을 보여야 한다. 또 문제에 부딪혔을 때는 이성적인 사고뿐 아니라 타인에 대한 신뢰가 있어야 극복할 수 있다. 신뢰와 이해의 환경에 있기만 해도 더 즐거운 사교가 가능하다.

5장. 인간관계와 마음 얻기

차가운 겨울 새벽, 작은 구멍가게가 문을 열자마자 한 여성이 급하게 들어오더니 공중전화를 이용했다. 통화를 마친 여성이 가격을 묻자, 주인이 50센트라고 말했다. 여성은 매우 비싸 보이는 멋진 지갑에서 100달러짜리 지폐를 한 장 꺼내 내밀었다. 주인은 금고를 흘끗 보더니 미소 지으며 말했다.

"지금 거슬러 드릴 잔돈이 없네요. 나중에 오시면 주세요."

"네? 저를 아시나요? 저를 어떻게 믿고……"

"괜찮아요. 아는 분은 아니지만 믿습니다."

여성은 더 이상 말하지 않고 가게를 나갔다. 10여 분 후, 그녀는 다시 구멍가게로 들어와 50센트를 건넸다.

"잔돈을 바꾸려고 100미터 떨어진 시장에 다녀왔어요."

"아이고, 그렇게 급하게 안 주셔도 되는데요."

"사실 저는 이곳에 출장 온 거예요. 휴대폰 충전기를 가지고 오지 않아서 공중전화를 써야 했죠. 아마 제가 50센트를 드리지 않고 가버려도 사장님은 저를 찾지 못했을 거예요. 하지만 돌아와야만 했죠. 누군가의 신뢰를 받은 일은 정말 쉽지 않으니까요. 제게 정말 특별한 일이에요.

사교에서 신뢰는 매우 긍정적인 작용을 해서 더 깊은 수준으로 가기 위한 문을 열어준다. 타인을 믿지 않는 사람이 사교가 순조로울 리 없다. 우리는 사교에서 신뢰를 똑똑하고 정확하게 이용하는 법을 배울 필요가 있다. 자신감을 키워 자신을 믿음으로써 타인의 신뢰를 얻고, 다시 이를 이용해 자신감을 강화해야 한다.

우호적인 합작은 선동보다
사람의 마음을 더 쉽게 얻는다.

– 하버드 금언 –

타인의 신뢰를 얻는 일은 결코 쉽지 않다. 하지만 충분한 진정성을 보인다면 분명히 가능한 일이다.

연민이 아닌 사랑하는 마음이 필요하다.

사교에서는 타인과 서로 주고받는 신뢰뿐 아니라 도움이 필요한 사람을 도와주는 자세가 중요하다. 이런 도움은 연민이 아니라 반드시 '사랑하는 마음'에서 비롯되어야 한다. 사랑하는 마음은 연민보다 진심과 존중이 더 많이 담겨 있다. 그렇기에 오직 사랑하는 마음에서 비롯한 도움만이 상대방에게 받아들여지기 쉽다.

미국의 저명한 철학자이자 문학가인 랄프 왈도 에머슨도 하버드를 졸업했다. 지금 하버드 캠퍼스 안에 있는 유명한 건물인 에머슨 홀이 바로 그의 이름을 딴 것이다. 이 에머슨 홀에는 "어떠한 사람이 잊히지 않는가?"라는 문구가 쓰여 있다. "천 명의 독자가 《햄릿》을 읽으면 천 명의 햄릿이 존재한다"라는 말처럼 이 질문에 하버드 학생들과 관광객들이 내놓는 대답은 제각기 다르다. 1991년부터 2001년까지 하버드 총장이었던 닐 루덴스타인 Neil L. Rudenstine 의 대답은 바로 '사랑으로 타인을 돕는 사람'이다.

하버드는 세계 최고의 대학으로서 학생들의 지적 능력을 키울 뿐 아니라 도덕과 인품을 수양하는 데 주력한다. 아무리 지식수준이 높은 사람이라도 사악한 생각과 저열한 인성을 가지고 있다면 이는 곧 교육의 실패이자 사회에 대한 큰 위험요소가 되기 때문이다.

사랑하는 마음은 신비로운 힘이 있어서 사람의 잠재능력을 자극해 발휘하게 한다. 사랑하는 마음으로 타인을 돕는다면 당신이 생각한 것보다 놀라운 기적을 창조할지도 모른다.

프루이트 부인은 하버드 대학 음악과의 바이올린 교수다.

어느 날 점심 무렵, 집에 돌아온 그녀는 문을 여는 순간, 2층에서 수상한 소리를 들었다. 그녀는 누군가 집안에 들어왔고, 아마도 자신이 가장 아끼는 바이올린을 건드렸다고 짐작했다. 그 바이올린은 이탈리아 아마티 Amati 제품으로 가치가 어마어마했다.

도둑일까? 급히 위로 올라간 프루이트 부인은 열한 살가량의 소년이 선 채로 그 바이올린을 조심스럽게 만지고 있는 모습을 발견했다. 소년은 헝클어진 머리에 몸에 맞지 않은 겉옷을 걸치고 있었다. 주머니에는 물건을 마구 쑤셔 넣은 듯 보였다. 프루이트 부인은 이 소년이 좀도둑이라고 확신하고 몸으로 출구를 막아섰다.

그 순간, 바이올린에서 눈을 떼고 고개를 든 소년이 프루이트 부인을 보았다. 겁먹은 듯한 두 눈동자가 당황과 절망으로 흔들리는 모습을 본 프루이트 부인은 자신의 어린 시절을 떠올렸다. …… 숨을 크게 들이쉰 그녀는 부드럽게 미소 지으며 물었다. "혹시 프루이트 씨의 외조카인가요? 나는 이 집의 관리인이에요. 외조카가 올 거라고 말씀하셨는데 이렇게 일찍 올지는 몰랐네요!"

잠시 멍하니 바라보던 소년이 천천히 입을 열었다. "네……, 외삼촌은 외출하셨나요? 그렇다면 나중에 다시 오겠습니다." 그가 들고 있던 바이올린을 가만히 내려놓고 나가려는 순간, 프루이트 부인은 다시 물었다. "바이올린 연주를 좋아하나요?"

"네, 하지만 잘하지는 못해요."

풀죽은 대답에 그녀는 다시 온화한 목소리로 말했다. "그럼 그 바이올린을 가져가서 더 많이 연습하지 그래요? 프루이트 씨가 들으면 무척 기뻐하실 거예요."

소년은 다소 의심스러운 표정으로 잠시 생각하더니 다시 바이올린을 들고 천천히 나갔다.

1층 현관에서 소년은 벽에 걸린 커다란 사진을 보고 눈앞에 있는 사람이 관리인이 아니라 이 집의 여주인이라는 사실을 알아차렸다. 그는 곧장 집을 나가 뒤도 돌아보지 않고 멀리 뛰어갔다.

5년 후, 프루이트 부인은 한 콩쿠르의 결선 심사위원으로 위촉되었다. 당시 이 콩쿠르에는 리터라는 이름의 신예 바이올리니스트가 예선에서부터 엄청난 실력을 선보이며 화제를 일으키고 있었다. 마침내 결선이 벌어지던 날, 프루이트 부인은 리터의 연주를 듣는 내내 그의 얼굴이 어쩐지 낯익다고 생각했다. 하지만 어디서 만났었는지 도무지 기억나지 않았다.

리터는 결선에서도 흠잡을 데 없는 뛰어난 연주로 최종 우승 트로피를 들어 올렸다. 시상식이 끝난 후, 리터는 프루이트 부인에게 다가와 약간 상기된 얼굴로 말했다. "선생님, 혹시 저를 기억하시나요?" 그녀가 고개를 젓자 리터는 "5년 전, 선생님께서 제게 바이올린을 선물해주셨죠. 이후에 저는 이 바이올린을 제 목숨처럼 지켰습니다."라고 말했다. 말하는 중에 눈에 눈물이 가득 차올랐다. "그때는 아무도 저를 봐주지 않았습니다. 저도 제게 재능이 없다고 낙심했죠. 하지만 선생님은 가난과 고생에 찌들어 있던 저를 일으켜 세우고 제가 자존감을 되찾게 도와주셨어요. 제가 다시 희망을 품게 하셨죠! 오늘 드디어 선생님께 부끄럽지 않게 이 바이올린을 돌려드릴 수 있게 되었습니다. 정말 감사합니다."

리터가 바이올린 케이스를 여는 순간, 프루이트 부인은 자신의 아마티 바이올린을 알아보았다. 다시 얼굴을 보니, 자기 앞에 서 있는 사람은 5년 전 그 앳된 소년이었다. 바로 '프루이트 씨의 외조카'였던 것이다! 프루이트 부인이 사랑하는 마음에서 우러나온 도움의 손길을 내밀었던 소년은 그녀를 실망하게 하지 않았다!

어려운 시기를 겪는 타인을 도우려면 반드시 프루이트 부인처럼 그의 자존심을 지켜주면서 도와야 한다. 불쌍해서가 아니라 사랑하는 마음으로 손을 내민다면 당신 역시 존중과 도움을 받게 될 것이다.

> 사랑하는 마음은 자선의 불씨다. 그것은 우리의
> 생활뿐 아니라 인류의 여정 전체에서 빛나는 가치다.
>
> - 하버드 교수 홉스 릴 -

모든 사람이 위대한 일을 할 수는 없다. 오직 내면의 큰 사랑으로 작고 선한 일들을 할 뿐이다. 누군가 도움이 필요하다면 반드시 사랑하는 마음으로 최선을 다해 도와야 한다.

넓은 마음으로 포용하라!

중국 속담에 "바다는 수많은 강물을 모두 받아들인다"라는 말이 있다. 강물을 받아들이는 넓은 바다처럼 사교에서는 타인을 감싸고 받아들이는 넓은 마음이 있어야 한다. 전 하버드 총장 닐 루덴스타인은 여러 차례 공개적으로 하버드가 인문과학을 중시하는 이유를 언급한 바 있다. "하버드가 왜 60여 종의 언어와 수많은 외국 문화, 문명의 성과를 교육할까요? 만약 대학이 세계 문명의 보고를 포용할 수 없다면 인류 문화의 다양성과 풍부함이 점점 잊히게 됩니다. 그러면 우리는 또 하나의 거대한 인문과학의 보고를 잃겠죠." 사실 문명뿐 아니라 사람과의 관계에서도 포용은 꼭 필요하다.

알다시피 인간은 모두 평등하게 태어나 동등하다. 타인을 포용하는 넓은 마음은 이 평등의 가치 위에 만들어지는 것이다.

좁은 길에서 다른 사람과 부딪혔을 때, 당신은 상대방을 비난하며 싸우겠는가 아니면 사과하고 가던 길을 계속 가겠는가? 상대방의 무신경한 농담에 기분이 상했을 때, 크게 화를 내며 싸우겠는가 아니면 한 번 웃고 넘어가겠는가? …… 살면서 이런 자잘한 문제나 갈등을 피할 수는 없다. 어차피 부딪혀야 하는 일이라면 어떠한 마음가짐으로 살아야겠는가?

사실 우리가 마주하는 문제나 갈등 중에 해결방법이 아예 없는 것은 없다. 다만 서로 양보하지 않고 논쟁을 벌이는 바람에 일이 더 커져서 돌이킬 수 없는 지경이 되는 것이다. 만약 한쪽이 넓고 커다란 마음으로 양보한다면 갈등이 깊어질 리 없고 곧 해소된다. 이런 관용을 보이면 갈등을 해결할 뿐 아니라 수준 높은 인성을 보임으로써 많은 사람의 찬사를 얻는다.

66

루크와 브라운은 모두 엔지니어로 한 회사에서 일하고 있다. 두 사람은 일뿐 아니라 개인적으로도 서로 도움을 주고받는 등 사이가 아주 좋은 동료다. 세 살이 더 많은 루크는 브라운보다 경력이 더 많았다. 인사 발표 전, 두 사람을 비롯한 회사 내 모든 사람이 이번에 루크가 승진할 차례라고 확신했다. 하지만 뜻밖에도 브라운이 지역 담당자로 승진하고, 루크는 아무 변동이 없었다. 루크는 브라운이 뒤에서 손을 써서 이렇게 되었다고 의심했다. 단단히 화가 난 그는 브라운에게 축하 인사 한번 건네지 않았고, 일 때문에 만날 때도 매번 차가운 표정으로 일관했다.

어느 날, 루크는 저 멀리 브라운이 사장과 함께 있는 모습을 보고 일부러 큰소리로 주변 동료들에게 말했다. "저 능구렁이를 좀 봐. 종일 일도 안 하고 사장 옆에 착 붙어서 아부나 늘어놓는 꼴이 정말 볼썽사납지 않아? 다른 기술은 몰라도 사람 혼을 빼놓고 마음대로 조정하는 기술 하나만큼은 일류라니까!" 루크가 내뱉는 악의에 찬 말에 주변 동료들은 모두 적잖이 당황했다. 그들은 맞장구를 치기는커녕 오히려 루크가 마음이 좁은 소인배인 걸 알고 앞으로 가까이하면 안 되겠다고 생각했다.

루크가 브라운을 조롱할 때, 정작 브라운은 중요한 자리에 루크를 추천하고 있었다. 나중에 사장은 루크에 대해 더 알아보려고 주변 직원들에게 의견을 물었다. 이때 직원들은 루크가 브라운을 험담한 이야기를 했고, 사장은 저렇게 마음이 좁은 사람은 안 되겠다고 여겼다.

이후 루크는 계속 한자리에 머물다가 퇴사했고, 브라운은 넓고 온화한 품성과 적극적으로 열심히 일하는 모습으로 점점 더 많은 사람의 인정을 받았다.

"

포용은 매우 가치 있는 미덕이다. 일부러든 아니든 넓은 마음으로 타인을 포용하는 사람은 모두의 존경을 받으며 알게 모르게 더 많은 사람에게 영향을 미친다. 포용은 응어리를 해소하고 사람과 사람 사이의 벽을 허문다. 특히 사교에서 포용은 조화로운 인간관계를 촉진하는 윤활제가 된다. 반대로 작은 것 하나까지 일일이 계산하고 따지는 사람은 어떠한 문제도 해결하지 못한다. 포용은 타인의 잘못을 용서할 뿐 아니라 자신의 인격적 매력을 드러낸다.

사람은 신이 아니기에 살다 보면 질투도 느끼고 화도 난다. 우리는 완벽하지 않으며 인생은 일종의 '자기완성'의 과정이라 할 수 있다. 이런 이유로 타인이 나와 뜻이 같지 않다고 해도 그의 잘못을 나의 잘못으로 여기고 넓은 마음으로 용서할 줄 알아야 한다. 심리학에서 포용은 매우 훌륭한 심리적 소양이다. 넓은 마음과 전체를 바라보는 눈을 가진 사람은 개인의 은원恩怨을 모두 내려놓고 한층 더 수준 높은 사고가 가능하다. 이런 사람은 포용의 미덕을 알기에 더 큰 사랑과 존경을 받는다.

천국에서도 트집을 잡는 사람이 분명히 있다.

– 헨리 데이비드 소로 –

마음이 넓은 사람은 늘 사교가 순조롭고 조화로운 인간관계 속에 있다. 이는 당연히 개인의 심신 건강에도 이롭다. 이해관계를 일일이 따지고 계산하는 사람은 타인과 자신 모두에게 과도하게 각박해서 늘 감정적으로 긴장하고 있으며 심리도 불안정하다. 이런 상황이 오래되면 내면에서 갈등이 충돌하고 감정 위기를 맞아 빠져나오기 어려운 상태가 된다. 물론 심신 건강에도 악영향을 미친다.

유머로 더 즐겁게 사교하라!

유머는 삶의 지혜로 특히 사교에서 유머러스한 말 몇 마디는 분위기를 전환하고 긴장을 해소하는 효과가 있다. 심리학에서 유머는 일종의 방어기제로 난처하고 어색한 상황에서 빠져나오고 난관을 넘어 심리적 안녕에 이르는 효과가 있다.

유머는 하버드가 매우 강조하는 사교술이다. 가볍고 편안한 기분을 만드는 유머는 고달프고 지치는 일상에서 반드시 갖추어야 하는 기술로 당신의 근심과 걱정을 모두 날려줄 것이다.

제2차 세계대전 후반, 미국 대통령 프랭클린 루스벨트, 영국 수상 처칠Winston Churchill, 그리고 대만 총통 장제스蔣介石가 이집트 카이로에서 전쟁 대응 문제를 논의하기 위해 모였다.

1년 내내 흐리고 습한 나라에서 온 처칠은 무덥고 건조한 카이로의 날씨에 적응하는 데 애를 먹었다. 특히 기온이 40도까지 올라가는 한낮에는 도저히 버틸 수가 없어서 시간만 나면 욕조에 차가운 물을 받아놓고 들어가 앉아 있었다.

하루는 루스벨트가 논의할 문제가 있어서 급히 처칠을 찾았다. 처칠의 숙소까지 직접 온 루스벨트는 수행원이 막을 틈도 없이 냅다 안으로 들어갔지만, 처칠이 보이지 않았다. 그때 옆방에서 노랫소리가 들려왔다. 그 방문을 열고 들어간 순간, 루스벨트는 실오라기 하나 걸치지 않은 채 서 있는 처칠을 보고 말았다!

세계 최강국 수뇌인 두 사람은 이 어색한 상황에서 서로 멍하니 쳐다봤다. 침묵을 깨고 먼저 입을 연 사람은 루스벨트였다. "아……, 급하게 상의드릴 일이 있어서요. 지금이 딱 좋군요. 정말 '시원하게' 속마음을 털어놓을 수 있으니까요!"

그러자 처칠은 빙긋이 웃으며 태연자약하게 말을 받았다. "대통령님, 직접 보셨으니 아시겠지만 저는 정말 아무것도 숨기는 게 없습니다!"

두 사람의 유머러스한 대화는 전 세계를 덮친 짙은 화약 냄새를 잠시나마 잊게 했다. 물론 이후의 회담도 매우 성공적이어서 역사에 길이 남을 협상에 성공했다.

유머의 힘은 당신이 상상하는 것보다 훨씬 강력하다. 기분 좋은 유머 감각이 있는 사람은 사교에서 충돌의 위기를 해결하고 양측의 감정을 부드럽게 만든다.

넬슨 만델라 Nelson Mandela가 세레체 카마 훈장 Sir Seretse Khama SADC medal을 받기 위해 남아프리카 개발 공동체 SADC 회의에 참석했다.

훈장 수여식 후, 만델라는 유머러스하게 연설을 시작했다. "원래 이 무대는 대통령을 위해 만들어졌는데 저처럼 은퇴한 노인이 올라왔군요. 본의 아니게 대통령에게 갈 카메라 렌즈를 빼앗은 모양새가 되었습니다. 우리 대통령 음베키 Thabo Mbeki가 알면 분명히 속이 상하겠죠!" 만델라의 말이 끝나자마자 회의장에 웃음이 터져 나왔다.

웃음소리가 잦아들자 정식으로 연설이 시작되었다. 그런데 도중에 원고 순서가 뒤섞이고 말았다. 이렇게 중요한 자리에서 이런 실수를 저지르다니 상당히 어색할 만도 하지만, 만델라는 오히려 아주 자연스럽게 원고를 순서대로 정리하면서 이야기를 계속했다. "원고 순서가 뒤죽박죽이군요. 이 가련한 노인을 용서하시기 바랍니다. 여기 우리 대통령이 계시죠? 그도 언젠가 연설 중에 원고가 뒤섞였는데 그냥 읽었답니다. 그러고도 몰랐다지 뭡니까!" 장내에는 다시 한번 큰 웃음이 터져 나왔다.

연설이 끝날 무렵, 만델라는 마지막으로 감사 인사를 전했다. "보츠와나 초대 대통령 세레체 카마의 이름을 딴 훈장을 받게 되어 무척 기쁩니다. 아시다시피 나는 은퇴하고 집에서 놀아요. 가진 돈을 다 쓰면 거리에 나가 이 훈장을 팔아야 할지도 모르겠네요. 장담컨대 여러분 중 한 분은 분명히 사갈 거예요. 우리 대통령 음베키 이야기인 거 아시죠?"

만델라의 말이 끝나자마자 아래에 앉아 있던 음베키 역시 참지 못하고 박장대소했다. 회의장 전체에 박수와 웃음소리가 오래도록 이어졌다.

만델라는 유머를 통해 자신과 청중의 거리, 그리고 대통령과 국민의 거리를 줄였다. 무엇보다 세계적인 인물인 자신을 감싼 신비감을 벗어던지고, 대신 인간적으로 소통하는 매력을 마음껏 선보였다.

유머는 사교 중에 발생할 수 있는 갈등을 해소하고 사람들 사이의 관계를 더 조화롭게 만든다. 유머 감각이 있는 사람은 재치와 기지가

뛰어나 임기응변에 능하다. 또 자신을 둘러싼 복잡한 문제들을 부드
럽게 처리하며 낙관적인 마음으로 갈등을 마주할 줄 안다.

　　인류 고유의 특징인 유머를 적절히 구사하면 주변 사람들을 즐겁
게 함으로써 매력을 발산할 수 있다. 유머러스한 사람은 어디서나,
누구에게나 환영받는다.

유머를 즐겨라! 유머러스한 태도로 일하면
삶이 더 즐거워진다.
- 하버드 금언 -

유머는 자신과 상대방, 주변의 분위기를 모두 즐겁게 만들어 사교를 더 순조롭게 만
든다. 기분 좋은 유머, 특히 자조적인 유머를 적절히 구사하면 인간적인 매력을 뽐
낼 수 있다. 유머 감각이 있는 사람은 사교에서 물 만난 물고기처럼 유유히 헤엄칠
수 있다.

경청은 가장 효과적인 소통의 기술이다.

적극적인 교류와 소통은 사교의 첫걸음이지만, 일방적이거나 무리하게 하면 안 된다. 교류와 소통은 반드시 양방향이어야 하므로 자기 말만 하려고 하지 말고 상대방의 말을 경청하는 법도 배워야 한다. 하버드 출신으로 미국 성공 이미지 전략 분야의 최고 권위자인 리처드 월스린Richard B. Wirthlin 은 이렇게 말했다. "듣기는 인간의 생리 본능적인 반응이지만 경청은 소통의 예술이자 지혜와 감성이 모두 담긴 기교다. 우리는 경청을 통해 타인을 이해하고 소통의 목적을 이룰 수 있다."

66

옛날 작은 나라의 사신이 중국 황제에게 똑같이 생긴 황금 인형 세 개를 조공했다. 세 개 모두 매우 정교하게 만들어서 마치 살아 있는 것처럼 보였다. 황제가 마음에 들어 기뻐하자 사신이 조심스럽게 말을 꺼냈다. "폐하, 이 세 개는 모두 똑같이 생겼으나 그 가치가 각기 다릅니다. 가치가 가장 큰 것을 한번 골라보시지요."

황제와 대신들은 이리저리 만져보고 차이점을 찾으려고 했지만 안 되자 금세공 전문가를 불렀다. 전문가는 황금 인형의 무게를 재고 물에 담가 보기도 하며 샅샅이 조사했지만, 어떻게 해도 차이를 찾지 못했다. 이를 어쩐다⋯⋯, 대국으로서 이런 사소한 문제조차 답을 내지 못한다면 체면이 말이 아닌데!

며칠 후, 한 나이 든 대신이 방법이 있다며 이삭 세 개를 가져왔다. 황제와 대신들이 모두 지켜보는 가운데 그 대신은 이삭 하나를 황금 인형의 귀 안으로 넣었다. 첫 번째 황금 인형의 귀에 넣은 이삭은 반대편 귀로 나왔고, 두 번째 황금 인형은 이삭이 입으로 나왔다. 마지막으로 세 번째 황금 인형의 귀에 넣은 이삭은 뱃속으로 떨어졌다. 떨어질 때는 아무 소리도 나지 않았다. 대신은 "세 번째 황금 인형의 가치가 가장 큽니다. 경청할 줄 알기 때문입니다."라고 말했다. 옆에서 지켜보던 사신은 조용히 고개를 끄덕였다.

99

사교에 능한 사람은 말을 잘하는 사람이 아니라, 경청을 잘해서 타인의 말을 마음속에 담는 사람이다.

듣기는 사람이 태어나면서부터 가지는 능력으로 호흡 외에 가장 자주 하는 일이다. 하지만 경청은 단순히 타인의 말을 듣는 행위가 아니다. 사실 경청을 제대로 아는 사람은 그리 많지 않다. 경청은 소통의 예술로 반드시 숙련된 기술이 필요하다. 경청의 기술 수준을 높이고 개선하기만 해도 타인과 더 편안하고 즐거우며 효과적으로 소통할 수 있다.

효과적인 소통에 관한 방법과 기술은 많다. 그중에서도 하버드 교수들은 리처드 월스린이 제시한 효과적인 경청의 기술, 경청 시 주의 사항, 대답과 반응법을 자주 언급한다. 간단히 말해서 마음을 담아 상대방의 말을 경청하고, 말의 핵심을 찾아 그 안에 담긴 함의를 이해한 후에 그에 대한 자기 의견을 확인하고 적절한 반응을 보이는 방법이다.

효과적인 경청의 기술은 우선 자기중심적 태도를 버린다. 좋은 경청자가 되고 싶다면 자기중심적 태도를 버리고 주관적인 사고에서 벗어나야 한다. 어떤 사람은 겉으로는 듣고 있어도 머릿속으로는 자기 생각에 사로잡혀 상대방의 말 속에 담긴 중요한 정보를 놓치곤 한다. 사실 소통 중에 언어가 차지하는 비율은 매우 낮으며, 대부분 정보는 비언어적 신호로 전달된다. 그러므로 자기중심적 태도를 버리고 상대방에 더 집중해야 한다.

그러고 나서 원하는 정보를 흡수한다. 효과적인 경청은 상대방의 말에 무조건 동의하면서 피동적으로 받아들이는 방식이 아니라 적극적이고 능동적으로 유용한 정보를 흡수하는 것이다. 그래야만 주고받는 대화의 내용을 더 잘 이해하고, 질문에 대답할 때도 요점에서 벗어나지 않을 수 있다.

끝으로, 선입견을 배제한다. 사교할 때, 상대방과의 대화에 흥미나 재미를 느끼지 못하면 듣는 둥 마는 둥 하며 자기 생각이 옳다는 증거를 찾아서 기어코 증명하고야 마는 사람들이 있다. 이렇게 하면 교류와 소통의 목적에 이르기가 불가능하다. 선입견을 배제한 채, 상대방의 말을 진지하게 듣고 적당한 질문을 던지기만 해도 그가 말하는 기술을 향상해 더 즐겁게 대화할 수 있다.

경청 시 주의사항은 먼저, 경청과 소통을 동시에 한다. 경청은 입을 다물고 무조건 듣기만 하는 태도가 아니다. 적절한 질문을 던짐으로써 상대방이 당신이 관심 있는 화제를 말하도록 하자. 그렇다고 함부로 그의 말을 끊어서는 안 된다. 인내심을 발휘해 듣는 편이 마구 끼어들기보다 훨씬 더 많은 것을 얻을 수 있다.

그리고 신체 언어에 주목한다. 사람과 사람 사이의 대화는 음성 언어뿐 아니라 신체 언어로도 가능하다. 대화할 때 상대방의 신체 언어가 전달하는 정보를 정확하게 판단하려면 반드시 일과 감정을 명확하게 구별할 필요가 있다. 경청자는 눈을 맞추면서 적절히 고개를 끄덕이고 몸을 살짝 앞으로 기울여 잘 듣고 있다는 신호를 보내야 한다. 또 하던 일이 있다면 일단 멈추고 듣는 편이 좋다. 그래야 상대방의 말에 관심이 있음을 알리고 그에게 믿음을 주어 편안히 말하게 할 수 있기 때문이다.

마지막으로 상대방의 생각을 이해한다. 좋은 경청자는 상대방의 말과 그 안에 담긴 의도를 정확히 이해한다. 만약 그의 생각에 동의하기 어렵다면 시간을 '완충재'로 삼아야 한다. 시간을 두고 즉각적인 충돌을 피하면 상대방이 차분하게 감정을 식히고 자기 생각이 옳은지 돌아볼 기회를 제공하고, 자신도 상대방에게 어떤 식으로 의견을 전달할지 생각해볼 수 있다.

경청 시 대답과 반응법에 가장 중요한 것은 감정을 앞세우지 않는 것이다. 사람들은 상대방의 말 속에서 더 많은 유용한 정보를 얻고자 한다. 그러려면 감정을 배제하고 상대방의 말을 주의 깊게 들어야 한다. 대화 중에 말을 함부로 자르는 태도는 상대방의 말에 동의하지 않으며 다른 의견이 있다는 의미다. 경청은 동의한다는 의미가 아니니 우선 잘 들은 후에 의견을 이야기해도 늦지 않다.

설령 상대방의 말에 동의하지 않더라도 첫 번째 반응은 긍정적으로 하는 편이 좋다. 그래야 상대방이 더 이야기하고 싶게 만들 수 있기 때문이다.

사교할 때는 상대방과 효과적으로 소통하면서 '경청자'의 역할을 담당해야 한다. 경청을 잘하는 사람은 누구에게나 환영받고 언제나 즐거운 사교를 할 수 있다.

자기 생각을 말하는 데 급급하지 말고,
타인이 어떻게 말하는지 주의 깊게 들어라.

- 하버드 금언 -

경청은 소통의 예술이다. 성실하게 경청해서 상대방의 말에 담긴 진짜 의미를 이해해야 한다. 그런 후에 이성적인 사고를 통해 자신의 의견을 내놓아야 가장 효과적인 소통이라 할 수 있다.

인성의 본질을 알면 마음을 얻는다.

흔히 사람만큼 이해하기 어려운 건 없다고 말하곤 한다. 정말 그러한 가? 사실 사람이 하는 다양한 행위는 모두 심리학적 근거가 있으며, 그렇기에 심리학을 이해한다면 주변에서 일어나는 많은 일을 지금보다 훨씬 쉽게 이해할 수 있다. 특히 처세는 반드시 심리학 지식을 근거로 해야 한다. 상대방의 심리를 이해하기만 해도 그가 당신을 기꺼이 받아들이고 신뢰하며, 나아가 당신을 위해 일하게 할 수 있다.

좋은 인간관계를 원한다면 처세술을 깊이 사고하고 익숙해져야 한다. 처세술은 타인의 마음을 간파하는 것으로부터 시작된다.

데일 카네기는 원래 브리지 카드놀이를 별로 좋아하지 않았다. 한 번은 브리지 모임에 초대받아 하는 수 없이 참석했는데, 그곳에는 역시 브리지를 좋아하지 않는 여성이 한 명 있었다. 여성은 카네기가 자신과 마찬가지로 브리지에 관심이 없으며 예전에 유럽 각지를 여행한 적 있는 걸 알고 다가와 말을 걸었다. "안녕하세요! 카네기 씨. 유럽에 다녀오셨다고 들었어요. 혹시 가장 멋졌던 곳을 이야기 해주실 수 있나요? 아름다운 풍경이 있는 곳도요."

그녀는 소파에 앉으면서 최근에 자신이 남편과 함께 아프리카 여행을 다녀왔고, 이제는 유럽 여행을 계획 중이라고 말했다. 카네기는 짐짓 깜짝 놀란 표정을 지으면서 "멋진 일이군요! 저도 평생 아프리카 여행을 가고 싶었지만, 안타깝게도 아직 기회가 없었답니다. 언젠가 알제리에서 24시간 동안 있었지만, 아무 데도 가지 못했죠. 사냥도 하셨나요? 정말 부럽네요. 아프리카는 어떤가요? 즐거운 여행이었나요?"

여성은 지루한 브리지 모임에서 자신의 여행 이야기를 듣고 싶은 사람을 만났다는 사실에 매우 기뻐했다. 그녀는 내리 45분이나 쉬지 않고 계속 이야기했다. 물론 카네기에게서 유럽 여행에 관한 정보를 얻겠다는 처음 목적을 달성하지는 못했지만, 그보다 훨씬 더 즐거운 마음으로 자신의 정보를 전부 카네기에게 전달했다.

카네기는 이 여성과의 대화에서 '흥미로워하는 청중'의 역할을 맡아 호감을 얻었다. 사교할 때는 카네기처럼 경청할 줄 아는 사람이 되어야 상대방의 마음을 얻을 수 있다.

66

이제 막 대학을 졸업하고 취직한 잭은 업무 분야의 명사들로부터 가르침을 얻고자 했다. 그가 선택한 방법은 명사들이 스스로 자랑스러워할 만한 일들을 언급해서 교류를 시작하는 것이었다. 이 방법은 예상대로 적중했다.

이런 명사들은 누구나 방문한다고 해서 깊이 학술 및 사상적 교류를 할 수 있는 사람들이 아니었다. 대부분 방문자는 예의상 하는 말 몇 마디를 들은 후에 '쫓겨나가기' 일쑤였고, 오직 잭만이 명사들의 귀한 손님이 되는 데 성공했다. 잭은 명사들을 만나기 전에 그들의 전문 연구 분야나 특이점 등을 꼼꼼하게 조사하고 그에 대한 자기 생각을 정리했다. 그런 후에 직접 만나면 명사들의 저서나 학술성과를 찬양하는 동시에 겸손한 태도로 자신의 견해를 이야기했다. 그는 현명하게도 대화 내내 명사들이 현재 가장 관심을 보이는 분야를 대화 소재로 선택했고, 이해하기 어려운 부분을 언급하면서 자신의 부족함을 바로잡아달라고 정중하게 부탁했다. 명사들은 잭이 겸손하고 예의 바르게 가르침을 청하고 적극적으로 사고하는 모습에 매우 흡족해하며 배우기를 좋아하는 이 청년을 기꺼이 돕고자 했다. 덕분에 잭은 여러 명사와 친구가 되었을 뿐 아니라 시야를 넓히고 풍부한 지식을 얻었다. 이후로도 잭은 모르거나 어려운 점이 생길 때마다 명사들의 도움을 얻었다.

,,

  잭은 상대방의 생각과 관심사를 소재로 삼아 적극적으로 교류하면서 호감을 얻어 자신의 목적을 달성했다. 타인에게 도움을 구할 때는 그의 마음을 이해하고 가르침을 구하는 태도로 칭찬을 아끼지 말아야 한다. 이런 자세만으로도 교류를 시작하고 원하는 결과를 기대할 수 있다.

  처세를 잘하려면 들을 줄도 알고, 말할 줄도 알아야 한다.

  가장 좋은 듣는 법은 경청이다. 사교할 때, 상대방은 자신, 자신의 수요, 자신의 문제에 대해 훨씬 더 관심이 많으며 이를 성의껏 들어줄 누군가를 간절히 바란다. 상대방이 당신을 '경청하는 사람'으로 인식하게 해야 향후 우정을 위한 건실한 기초를 다질 수 있다.

  가장 좋은 말하는 법은 진심이 담긴 칭찬이다. 가르침을 구하는 태도로 상대방이 잘 알고 익숙한 화제를 언급하면서 자신의 문제를 제시해보자. 그는 아마 적극적으로 당신을 돕고자 할 것이다.

타인의 우정을 원하면 먼저 우정을 보여줘라.

- 랄프 왈도 에머슨 -

단순한 처세술로는 복잡한 사회 환경 속에 생존할 수 없다. 현대 사회에 사는 우리는 심리학 지식으로 타인의 마음을 꿰뚫어 보고 인도하며 그들의 신뢰를 얻어야 한다. 그래야만 현명하고 유리한 처세가 가능하다.

타인의 힘을 빌려 나를 완성한다.

청나라 말기의 정치가 증국번 曾國藩 은 "사람은 세상에 태어나 타인의 힘을 빌려 자기 일을 이룬다"라고 했다. 타인의 신뢰를 얻고자 하는 사람, 타인의 힘을 이용해 사업을 성공시키고자 하는 사람은 타인을 이끌 줄 알아야 한다. 그러려면 반드시 나름의 '전략'이 있어야 하고 여기에는 심리학 지식이 꼭 필요하다.

천 리 밖에서 승리를 결정하는 막후의 전략가는 세상사를 꿰뚫어 보는 능력으로 문제를 정확하게 분석, 판단한다. 이들은 굳이 나서지 않고 타인을 움직이면서 일을 처리한다.

19세기 후반, 미국 소매업 재벌로 유명한 리처드 W. 시어스 Richard W. Sears 는 원래 소규모 화물 운송업자였다. 어느 정도 돈을 모은 후, 시어스는 우편판매업을 시작했다. 고객이 상품을 우편으로 주문하면 그가 배송하는 방식이었다. 하지만 혼자 경영하다 보니 자금이 넉넉하지 않았고, 다룰 수 있는 상품 종류도 제한적이었다. 그 바람에 5년을 열심히 일했지만, 이렇다 할 발전이 없었다. 그가 매년 취급하는 주문은 3~4만 달러에 그쳤고, 계속 이런 식이라면 곧 문을 닫을 판국이었다. 하지만 시어스는 자신의 사업을 이 정도 수준에서 멈출 생각이 전혀 없었다. 그러려면 적당한 누군가와 동업해서 자기 사업을 더 크고 강하게 키워야 했다.

어느 날 저녁, 시어스는 교외에서 산책 중에 먼 곳에서 다가오는

5장. 인간관계와 마음 얻기

말발굽 소리를 들었다. 어딘가를 급하게 가는 듯한 소리였다. 말발굽 소리는 점점 가까워지더니 시어스가 있는 곳까지 왔다. 말을 탄 사람은 알바 로벅 Alvah Roebuck으로 자신이 세인트폴에 물건을 사러 가는 중인데 길을 잃었고, 말도 힘이 전부 빠져 큰일이라고 말했다. 딱한 사정을 들은 시어스는 그를 자신의 가게에서 하룻밤 묵게 했다.

두 사람은 늦은 밤까지 각자의 사업을 이야기했고, 의기투합해서 함께 사업을 해보기로 했다. 이 회사가 바로 유명한 시어스 백화점의 전신인 시어스 로벅 앤드 컴퍼니 Sears, Roebuck & Company다. 시어스는 지난 5년에 걸친 우편판매업 경험을, 로벅은 탄탄한 재력을 내세워 의욕적으로 사업을 펼쳤다. 그 결과, 시어스 로벅 앤드 컴퍼니는 창립 첫해에 영업액 40만 달러를 달성하는 쾌거를 올렸다. 시어스 혼자 경영하던 회사 영업액의 10배였다.

회사 규모가 점점 커지면서 두 사람은 자신들의 경영관리 실력에 한계를 느꼈다. 어떤 일은 규모가 감당하기 힘들 정도라 아예 손도 못 댔다. 사업이 정체기에 들어가자 그들은 전문 경영인을 세워 경영관리 측면을 보강하기로 했다.

고심 끝에 최종 낙점된 사람은 바로 줄리어스 로젠월드Julius Rosen-wald다. 로젠월드는 의심할 바 없이 우수한 전문 경영인으로 경영권을 위임받은 즉시, 회사를 위해 열심히 일했다. 그는 탁월한 경영능력으로 기존 우편판매업의 허점을 지적했다. 그에 따르면 우편판매업은 불만족한 상품에 교환이 번거로워서 이 부분을 개선하지 않으면 발전하기 어려웠다. 이에 시어스 로벅 앤드 컴퍼니는 고객이 상품에 만족할 수 있도록 품질을 엄격하게 관리하고, 조금이라도 문제가 있는 상품은 전량 폐기하기로 했다.

로젠월드의 품질 경영 전략은 정확히 맞았다. 시어스 로벅 앤드 컴퍼니는 가치 있는 물건을 파는 곳이라는 명성을 떨치며 10년 동안 영업액이 600여 배로 증가해 수억 달러에 다다랐다.

큰돈을 번 시어스는 미국 전역에서 이름난 대부호가 되었다. 그의 성공은 믿을만하고 적절한 사람을 찾아 자신을 위해 일하게 했기 때문에 가능한 일이었다.

영국 대영도서관 British Library은 세계에서 가장 규모가 크고 유명한 수집관으로 장서량으로 어마어마하다. 한번은 도서관장이 큰 고민에 빠졌다. 도서관 전체를 새로 지은 건물로 '이사'해야 하는데, 이사비용이 도저히 감당할 수 없을 정도로 컸기 때문이다. 그때 한 직원이 기발한 아이디어를 냈다.

며칠 후, 대영도서관은 신문에 모든 시민이 무료로 대영도서관에서 책을 10권씩 빌릴 수 있다는 광고를 냈다. 이 소식이 전해지자 수많은 시민이 도서관으로 벌떼처럼 모였다. 며칠이 지나자 도서관에 있던 책이 대부분 대여되었다. 도서관은 다시 신문광고를 냈는데 곧 새로운 건물로 이사하니 빌려간 책을 모두 그쪽으로 반납하라는 내용이었다. 대영도서관은 이렇게 '작은 아이디어로 큰 힘을 얻어' 비용을 크게 줄이고 매우 효율적으로 이사하는 데 성공했다.

타인의 힘을 빌려 자신의 목적을 달성하는 일은 말처럼 그리 쉽지 않으며 반드시 몇 가지 기술이 필요하다. 하버드는 타인의 힘을 빌리고 싶으면 사전에 처세에 공을 들여 인간관계를 잘 다져두기를 권한다. 한 명의 영웅이 혼자 세상을 휩쓰는 시대는 이미 끝난 지 오래다. 치열한 경쟁이 계속되는 사회에 적응해서 그 안에서 성장, 발전하려면 타인과 빈번하게 교류하고 원만한 인간관계를 구축해야 하고, 그러려면 반드시 처세에 능숙해야 한다.

지금 성공한 사람들을 보면 실력이나 기술을 갖추었을 뿐 아니라 처세에 매우 뛰어나다는 사실을 알 수 있다. 그들은 심리학 지식을 바탕으로 사교하며 훌륭한 처세술로 타인이 자신의 성공을 돕게 유도한다.

> 타인이 어떤 일을 해주었으면 할 때, 갑자기 말을
> 꺼낼 수는 없다. 여기에는 반드시 전략이 필요하다.
> – 임상심리학자 하버드 교수 조지 E. 메이요 –

타인이 기꺼이 당신을 위해 일해주기를 바란다면 심리학 지식을 이용한 전략적 처세가 필요하다. 당신이 신뢰를 보이면 그들은 기꺼이 당신의 성공을 도울 것이다.

포용으로 갈등과 적의를 잠재우다.

마크 트웨인은 용서를 '자신을 짓밟은 사람의 뒤꿈치에 제비꽃이 뿜어내는 향기'라고 정의했다. 용서는 수양의 결과이고, 넓은 마음이자 고상한 품격이다. 그것은 사람과 사람 사이의 이해와 사랑이며 세상 모든 생명에 대한 박애다.

하버드 심리학자들은 사람이 장기간 긴장 상태에서 벗어나지 못하는 까닭이 그가 평소에 타인에게 너무 엄격하기 때문임을 발견했다. 타인에게 엄격한 사람은 자기 내면에 충돌이 발생한다. 뇌와 신경이 극도의 흥분 상태에 놓이게 만들어 신경을 긴장시키고 혈관을 수축한다. 그러면 혈압이 상승하고 위장 운동이 둔화해서 소화액 분비가 억제되는 등의 반응이 생긴다. 이 모든 상황이 기분을 가라앉게 만들고 심지어 심리적 질병으로 발전되기도 한다.

감정적인 사람은 쉽게 이성을 잃고 타인의 잘못을 좀처럼 용서하지 않는다. 그럴수록 갈등은 격화하고 그로 말미암은 골치 아픈 일들이 계속 이어진다. 반대로 좀 더 따뜻하고 넓은 마음으로 더 많이 용서하면 문제와 갈등도 자연스레 사라진다. 내가 더 많이 포용한다고 손해 보지 않는다. 포용은 도덕 수양의 결과로 포용할 줄 아는 사람만이 갈등과 적의를 잠재울 수 있다.

링컨은 대통령 경선 당시, 상원의회에서 연설하게 되었다. 연설을 시작하기도 전에 한 의원이 무례하게도 연단에 선 링컨을 향해 고의

로 모욕적인 말을 늘어놓았다. "링컨 씨, 연설을 시작하기 전에 당신이 구두장이의 아들이란 걸 기억하기 바랍니다." 그 순간, 의회 전체가 숨죽이며 링컨의 반응을 기다렸다. 잠시 후, 링컨은 그 의원을 바라보며 말했다. "돌아가신 제 아버지를 떠올리게 해주신 의원님께 감사드립니다. 충고에도 감사드립니다. 아버지는 대단한 기술자였고, 저는 제가 아버지만큼 훌륭하게 대통령직을 수행하지 못할 것을 잘 알고 있습니다. 제 아버지가 이전에 의원님과 의원님 가족들 구두를 만들어드린 적 있다는 이야기를 들었습니다. 혹시 나중에 신발이 맞지 않으면 제가 언제든 고쳐드리겠습니다. 아버지만큼은 아니지만, 어렸을 때부터 어깨너머로 아버지가 구두 만지는 모습을 보고 자랐으니까요." 이어서 링컨은 모든 상원의원을 향해 말했다. "여기 계신 모든 의원님도 마찬가지입니다. 제 아버지가 해드린 신발이 불편해지면 언제든 제가 도와드리겠습니다. 물론 아버지가 만든 구두에 문제가 있을 리 없지만요."

링컨이 말을 마치자 장내에 가득했던 냉소적인 표정과 낮은 조소가 전부 엄청난 박수 소리로 바뀌었다. 후에 누군가 링컨에게 정적政敵을 대하는 태도를 지적했다. "왜 그들과 친구가 되려고 합니까? 뿌리를 뽑아 없애버려도 시원치 않을 판에!" 그러자 링컨은 온화한 미소를 지으며 대꾸했다. "내가 정적을 없애지 않았던가요? 친구가 되면 정적도 사라질 텐데요."

용서, 포용, 관용……, 링컨 대통령이 정적을 없애는 방법이다. 그는 누구보다 넓은 마음으로 '적을 친구로' 만들 줄 아는 사람이었다. 지금 워싱턴 D.C.에 있는 링컨 기념관 Lincoln Memorial 한쪽 벽에는 그가 취임사에서 한 말이 새겨져 있다. "누구에게도 악의를 품지 말고, 모두에게 자비를 베풀며, 정의에는 확고하라. 신이 우리에게 정의를 보게 하시니 우리의 임무, 이 나라의 상처를 치유하라."

우리는 살면서 타인의 이기심, 허영심, 오만함 등을 목격하곤 한다. 만약 그것이 나의 자존감에까지 영향을 미치면 증오의 감정이 생기고 용서하기 어렵다. 이렇게 자신의 마음속에 원한의 씨앗을 심으면 이상하게도 자기 상처만 점점 더 커진다. 상처를 준 자가 아무리 큰 벌을 받아도 그가 악의적으로 당신에게 준 상처를 완전히 제거하기는 어렵다. 이런 상황을 피하려면 모든 것을 그냥 '흘려보내야' 한다. 과거는 과거일 뿐이다. 그에게는 다시 새로워질 기회를 주고, 자신에게는 관용을 발휘할 기회를 주는 것이다.

타인을 용서하는 방법으로는 신뢰, 칭찬, 격려 등을 들 수 있다. 이를 통해 양측의 관계를 좀 더 긴밀하게 만들고 그가 당신의 포용에 감동케 할 수 있다. 사람들은 원래 자신의 희로애락을 타인과 나누고자 하며 늘 누군가와 마음을 주고받는 일을 행복으로 여긴다. 또 사람들은 잠재의식 속에서 자신이 과거에 저질렀던 잘못에 대해 타인의 이해와 용서를 구한다. 타인의 관용이 이러한 수요를 만족했을 때, 두 사람의 관계는 매우 깊어지고 서로 기꺼이 함께 하고자 한다.

이런 이유로 때때로 포용은 상대방을 용서하는 일인 동시에 자신에게 하나의 기회를 만들어주는 것과 같다.

친구의 잘못은 용서하고, 우정은 소중히 여겨라.

- 하버드 금언 -

포용은 미덕이자 높은 경지인 동시에 강력한 무기다. 포용심으로 세상을 대하면 갈등과 적의를 무력화하고, 당신의 넓은 마음과 도량을 보일 수 있다.

저항 심리를 이용해 상대방을 움직여라.

역반응 심리라고도 불리는 '저항 심리'는 자존심을 지키기 위해 상대방의 요구와 상반된 태도나 언행을 하는 심리를 가리킨다. 예컨대 누군가 당신이 책을 좋아하지 않는 것 같다고 말하면, 일부러 책을 더많이 보는 심리다. 이것이 바로 저항 심리다.

저항 심리는 왜 일어나는 것일까? 심리학자들에 따르면 사람의 저항 심리에는 세 종류가 있는데 각각 가치 보호 저항, 한계 초월 저항, 금지 저항이다. 어떤 것이든 일반적으로 저항 심리는 상대방이 자신의 기대치에 도달하기를 바랄 때 매우 유용하게 이용된다.

살다 보면, 사회 규범을 벗어난 행위들을 시도하고 싶을 때가 있다. 금지된 행위일수록 하고픈 마음이 더 강렬해진다. 금지라는 말자체가 자신의 자유와 행위를 속박하는 것이기에 저항 심리가 생기고, 각종 수단을 동원해서 금지된 자유를 회복하고자 하는 것이다.

한 심리학자가 모 대학 남자 화장실 한 곳에 '대학경찰보안국장'의 이름으로 '낙서를 엄격히 금지합니다'라는 내용이 적힌 푯말을 걸었다. 이어서 그는 또 다른 남자 화장실에 '대학 경찰보안관'의 이름으로 '낙서하지 마세요'라고 쓴 푯말을 걸어서 상대적으로 훨씬 부드럽게 같은 내용을 전달했다. 심리학자는 2시간 간격으로 경고문으로서로 바꾸어 달면서 매번 화장실 안에 늘어난 낙서를 확인했다. 그결과 '낙서를 엄격히 금지합니다'라는 푯말이 걸린 화장실에 낙서가 가장 많이 늘어난 사실을 발견했다. 이는 엄격하게 금지할수록 저항 심리가 생겨서 낙서하는 사람이 더 많아진다는 의미였다.

이 실험의 결과는 인간의 자기보호 본능에서 나오는 저항 심리를 보여준다. 사람은 제한될수록 더 반발하려고 하고 파괴적인 충동에 휩싸인다.

사람은 모종의 자극을 받으면 도피 및 거부 반응을 보이는데 이는 일종의 자기보호 본능이다. 모든 사물은 한계가 있으며 사람이 받아들일 수 있는 자극에도 한계가 있다. 그래서 저항 심리를 부정확하게 이용하면 정반대의 효과가 생길 수 있다.

미국 작가 마크 트웨인이 교회에 갔다. 그는 목사의 설교가 시작되자마자 빠져들어서 깊이 감동해 헌금으로 자신의 마음을 표현하고자 했다. 가지고 있는 돈을 전부 꺼내려고 하는데 목사가 끝난 줄 알았던 설교를 계속 이어갔다. 트웨인은 설교가 완전히 끝난 후에 헌금해야겠다고 생각하고 잠시 기다렸다. 하지만 10분이 지나도 설교는 끝나지 않았고, 그는 슬슬 짜증이 나서 속으로 가진 돈 일부만 헌금하겠다고 마음먹었다. 그런 후에 또 10분이 흘렀는데도 여전히 목사가 설교를 계속하자 화가 난 그는 절대 헌금하지 않기로 결심했다. 잠시 후, 드디어 길고 긴 설교가 끝나고 헌금이 시작되었다. 트웨인은 치밀어 오른 화 때문에 흥분해서 헌금하지 않았을 뿐 아니라, 헌금 접시 위에 놓인 2달러를 집어갔다.

마크 트웨인은 끝날 줄 모르고 길게 이어진 목사의 설교에 저항 심리를 일으켰다.

사실 이러한 저항 심리는 우리 생활 곳곳에서 찾아볼 수 있다. 특히 어린이와 청소년의 저항 심리가 매우 두드러진다. 저항 심리는 일부 '삐딱한' 사람만 가지는 심리적 특징이 아니다. 모든 사람에게는 일종의 '반골' 기질이 있어서 그것을 간파하기만 하면 그를 설득하고 당신의 기대에 부합하게 유도할 수 있다.

66

술집 두 곳에서 고객을 유치하기 위해 입구에 광고를 붙이기로 했다. 첫 번째 술집의 광고 문구는 '물 타지 않고 오래 숙성한 술만 제공합니다. 목숨을 걸고 맹세합니다'였다. 두 번째 술집의 광고에는 '오랫동안 숙성한 술을 살짝 희석해 판매합니다. 희석한 술을 꺼리시는 분들을 위해 미리 알려드립니다. 다만 음주 후의 일은 본점과 관계가 없습니다'라고 적혀 있었다. 이 광고를 본 고객들은 호기심이 생겨서 두 번째 술집의 '살짝 희석한 술'을 서로 맛보고자 했다. 반대로 '물 타지 않고 오래 숙성한 술'을 파는 집은 장사가 잘되지 않았다.

99

사례에서 '살짝 희석한 술'을 파는 술집은 아주 교묘하게 소비자의 저항 심리를 이용해서 매출을 올리는 데 성공했다.

때때로 사람들은 '저 산에 호랑이가 있으면, 나는 호랑이 있는 산으로 갈 것이다'라는 태도로 문제를 해결하곤 한다. 이런 종류의 반항하는 태도로 일을 처리하는 행위가 바로 저항 심리의 표현이라 할 수 있다.

만약 두 번째 술집이 사전에 사실을 알리지 않고 술을 팔았다가 나중에 고객이 '살짝 희석한 술'이었음을 알게 된다면 분명히 매출에 영향을 받았을 것이다. 그러나 똑똑한 사장은 자신의 허점을 스스로 폭로함으로써 고객의 호기심을 불러일으키는 영업 전략을 구사해 크게 성공했다.

세상 모든 사람은 장단점이 있다. 나의 경쟁자도 마찬가지다. 현명한 사람은 이를 알고 그로부터 배우고자 한다.
- 조지 부시 -

저항 심리를 잘 이용하면 타인이 당신의 뜻에 따라 움직이게 할 수 있다. 이는 힘들이지 않고 일을 원하는 대로 완성할 수 있는 아주 좋은 방법이다.

'어물쩍 넘어가기'로 논쟁을 피하라.

처세는 조화로운 어울림을 추구해야 한다. 중국인은 처세에서 중용 中庸 을 매우 중요하게 생각한다. 처세에서 중용은 교류 중에 어느 한쪽으로 치우치지 않고 어물쩍 넘김으로써 상대방과의 직접적인 논쟁을 피하는 방식이다.

'어물쩍 넘어가기'는 두 사람이 하나의 화제를 두고 이야기를 나눌 때, 어느 한쪽이 그에 대해 더 이상 이야기하고 싶지 않아 화제를 돌리는 행위를 일컫는 말이다. 일상에서 사람들이 이 전략을 쓰는 데는 두 가지 이유가 있다. 하나는 이야기 중인 화제에 흥미를 느끼지 못해서이고, 다른 하나는 이야기 중인 화제에 갈등의 요소가 있기 때문이다. 후자의 경우, 대화 참여자는 분위기를 망치고 싶지도 않고 갈등 충돌이 격화되는 상황도 원치 않기 때문에 재빨리 화제를 전환하고자 한다. 어물쩍 넘어가는 방법을 적절하게 사용하면 순조롭게 갈등을 피하는 효과를 얻을 수 있다.

66

데이비드와 존은 한 전자기기 회사에서 생산 및 판매 업무를 담당하고 있다. 한번은 생산업무 배치 때문에 두 사람 사이에 의견 충돌이 생기고 서로 양보하지 않으면서 큰 싸움이 났다. 한참을 싸워도 문제가 해결될 기미를 보이지 않자, 두 사람은 사장에게 가서 결판을 내기로 했다. 사장 릭은 사무실에서 이미 데이비드와 존이 싸우는 소리를 전부 듣고 있었으며, 워낙 화를 내며 싸우니 누구도 감히 그들을 말리지 못하는 상황도 파악하고 있었다. 릭은 두 사람이 여전히 화가 난 채로 얼굴이 붉으락푸르락하며 들어온 것을 보고서 일단 앉으라고 했다. 두 사람이 서로 자기 입장을 늘어놓으려는 찰나, 릭이 먼저 입을 열어 월말에 열 예정인 신상품 발표회 이야기를 꺼냈다. 사장 말을 자르고 자기들 이야기를 늘어놓을 수는 없으니 데이비드와 존은 일단 신상품 발표회 이야기를 했다. 그렇게 함께 차를 마시며 두 시간 정도 이야기하니 언제 싸웠나 싶게 격한 감정이 사라졌다. 게다가 이야기를 나눌수록 의견이 일치했다. 릭은 데이비드와 존 사이에 문제가 이미 사라진 걸 확인하고서 자신은 일정이 있으니 돌아가서 각자 업무를 보라고 말했다. 이틀 후, 릭이 데이비드와 존을 사무실로 불러서 생산업무 배치에 관한 일을 꺼냈을 때, 그들은 이미 이틀 전 두 사람이 이 일로 얼굴을 붉히며 싸웠던 일을 잊은 상태였다. 그들은 릭과 함께 현재 시장상황과 회사의 생산능력을 이성적으로 분석해 문제를 해결했다.

99

사례에 등장하는 사장 릭은 정말 현명한 사람이다. 그는 첨예한 갈등을 피해 '어물쩍 넘어가기'를 이용해서 잠시 이성을 잃고 분노에 휩싸인 두 사람의 감정을 조정했다. 그러지 않고 괜히 문제를 해결해 보겠다고 나섰다가는 불난 데 기름 들이붓는 격으로 갈등이 더 격화되어 제어 불가능한 상태까지 갔을지도 모른다. 릭은 일부러 화제를 바꾸어서 두 사람이 냉정함을 되찾은 후에 다시 원래의 문제를 이야기하게 해서 갈등을 해소하고 좋은 결과까지 얻었다.

'어물쩍 넘어가기'는 일상생활뿐 아니라 비즈니스 협상에도 사용할 수 있다. 보통 협상 양측은 만나자마자 주제로 넘어가지 않고 먼저 서로 예의를 갖춰 인사말을 주고받곤 한다. 예를 들어 멀리서 온 고객에게는 오는 길에 춥거나 덥지는 않았는지 묻고, 현지의 음식이나 관광지를 소개하기도 한다. 또 첫 협상이 아니라면 이전에 함께했던 일의 성과를 이야기하기도 하고, 서로 관심 있는 뉴스나 취미에 관해 담소를 나누기도 한다. 현명한 협상자는 협상 테이블 앞에 앉자마자 급하게 업무 이야기부터 하려는 상대 협상자를 만나면 슬쩍 화제를 바꾸어서 첨예한 갈등을 피한다. 협상과 무관해 보이는 화제를 언급함으로써 상호 적대감이나 방어적인 자세를 누그러뜨리고 가볍고 부드러운 분위기 속에서 의견 일치를 볼 수 있기 때문이다.

일상생활이든 비즈니스 협상이든 '어물쩍 넘어가기'는 문제를 처리하는 아주 좋은 방법이 된다. 이 방법으로 상대방의 강력한 공격을 무산시키거나 저항 심리를 사라지게 할 수 있다. 동시에 자신도 문제 해결 방법이나 대책을 생각할 시간을 벌 수 있다. 더불어 '어물쩍 넘어가기'는 상대방이 자신의 행위나 생각을 돌아보고 의심하게 하는 효과도 있다. 이때를 놓치지 않고 상대방의 허점을 노리면 반격의 기회를 얻을 것이다.

5장. 인간관계와 마음 얻기

논쟁을 피하는 가장 간단한 방법은
바로 화제를 돌리는 것이다.

- 린위탕 -

'어물쩍 넘어가기'는 당신과 상대방을 교묘하게 중재하는 아주 효과적인 방법이다. 상대방이 흥분해 이성적인 언행이 불가능한 상황에서 이 방법을 이용해 그의 화를 누르고 자신의 현명함을 드러낼 수 있다.

눈에는 눈, 이에는 이

보이는 곳에서 날아오는 창은 피하기 쉽지만, 몰래 쏘는 화살은 막아내기 어렵다. 사회생활 중에 적은 보이지 않고 나만 드러나 있다면 매우 불리한 상황이다. 이런 상황에서 가장 효과적인 방법 중 하나는 적극적으로 나서서 '눈에는 눈, 이에는 이'로 대응하는 것이다. 하버드 심리학은 '눈에는 눈, 이에는 이'를 사회에서 더 단단히 생존할 수 있는 방법으로 손꼽는다.

살면서 사람들과 부딪히는 일을 피할 수는 없다. 누군가와 갈등을 겪기도 하고 심지어 미움을 받기도 한다. 만약 상대방이 희로애락이 그대로 드러내는 사람이라면 그가 뭐가 불만인지 알기 쉬워 오히려 대응하기가 까다롭지 않다. 하지만 만약 그가 속으로는 아주 높은 성벽을 쌓았으면서도 겉으로는 표가 나지 않는 사람이라면 등 뒤에서 화살을 쏠 준비를 해도 알아차리지 못하고 속수무책으로 당할 확률이 높다.

1980년대 초, 미시간 대학 정치학과의 로버트 M. 엑셀로드 Robert M. Axelrod 는 여러 학자에게 반복적인 죄수의 딜레마 prisoner's dilemma 게임에서 최대 이익을 얻기 위한 전략을 서로 겨루어보자고 제안했다. 참가한 15개 전략 프로그램 중에서 최종적으로 우승을 차지한 전략은 토론토 대학의 수학과 교수 아나톨 라포포트 Anatol Rapoport 가 제안한 '팃포탯 Tit-for-Tat'이었다. 팃포탯은 상대가 가볍게 치면 나도 가볍게 친다는 의미로, 쉽게 말해 '눈에는 눈, 이에는 이' 전략이었다. 엑셀로드는 이렇게 단순한 전략이 우승을 차지한 데 매우 놀라 다시 한번 더 많은 사람을 참가시켜서 2차 대회를 열었다. 여기에는 총 63개 프로그램이 참가했는데 이번에도 라포포트의 팃포탯 전략이 우승을 차지했다.

'눈에는 눈, 이에는 이' 전략은 그 사람의 방식으로 그 사람을 다스린다는 의미다. 다시 말해 상대방과 협력하면서 그가 이전에 했던 행동을 그대로 모방하는 방식이다.

이 전략의 함의는 보복 그리고 관용이다. 여기에서 보복의 대상은 속임수나 사기다. 남을 속이고 사기 치는 사람이 아무런 법적인 제재를 받지 않고 자유롭게 행동하게 해서는 안 된다. 동시에 이 전략은 매우 관용적으로 상대방의 잘못이나 실수를 훌훌 털어버리고 다시 합작하기를 바란다.

처세에서 '눈에는 눈, 이에는 이' 전략은 일종이 자기보호 수단이지 상대방을 사지로 몰아넣는 전략이 아니다. 복잡한 사회에 사는 우리는 주변 사람들을 모방하는 심리가 있는 동시에 뒤에서 암암리에 타인을 모함하는 사람을 경계하는 심리도 있다.

누군가 당신을 뒤에서 공격했을 때, 참고 넘어가거나 피하는 반응은 그가 당신을 소심하고 겁이 많은 사람이라고 오해하게 만든다. 그는 겁도 없이 더 심한 공격을 일삼아서 당신에게 불필요한 손실과 상처를 줄 것이다. 물론 참을성이 있어서 인내하는 태도가 틀린 것은 아니다. 다만 모든 것에는 최저선이 있어야 하는 법이다. 타인이 당신의 최저선을 건드린다면 반드시 움직여야 할 때 움직여서 과감하게 반격해 잘못을 저지르고도 희희낙락 살게 두어서는 안 된다. 반드시 당신이 함부로 속이거나 상처를 입힐 수 있는 사람이 아님을 알려야 한다. 당신이 그들을 두려워하지 않는다는 걸 알면 그들은 두 번 다시 등 뒤에서 공격할 생각도 하지 않을 것이다.

타인의 악의에 찬 행위를 마주했을 때, 놀라며 피하는 반응은 당신을 더 유약하게 보일 뿐이다. 때를 놓치지 않고 반격해야 사회에서 살아가기가 더 수월해진다. 이것이 복잡한 사회에서 자신을 보호하는 법이다.

모함이나 배신처럼 누군가 당신을 등 뒤에서 공격했을 때, 제대로 대응하지 못하면 곧 그의 그물에 걸려들어 불필요한 상처를 더 입게 된다. 피하는 것만이 능사가 아니다. 오히려 상처만 더 커질 뿐이니 반격해서 '눈에는 눈, 이에는 이'로 갚아줄 줄 알아야 한다.

> 강한 상대와 힘을 겨룰 때, 절대 물러나지 마라.
> 도전에 응해야 승리의 기회도 있는 법이다.
>
> - 존 F. 케네디 -

'눈에는 눈, 이에는 이'는 매우 효과적인 처세술이다. 타인의 모락과 흉계를 마주하면 절대 피하지 말고 똑같이 되갚아 주어야 한다.

고개를 숙일수록 더 돋보인다.

사람은 강직함과 당당함도 필요하지만, 동시에 고개를 숙일 줄도 알아야 한다. 고개를 숙이는 것은 유약함이나 두려움의 표현이 아니며 일종의 지혜이자 깨달음의 경지를 보여준다.

하버드는 '물러남으로써 나아간다'를 성공을 위한 효과적인 전략으로 제시하는데 이 역시 고개를 숙이는 지혜와 일맥상통한다.

벼는 익을수록 고개를 숙인다. 기나긴 인생길을 온전히 자기 힘으로만 순조롭게 걷기는 어렵기에 우리는 반드시 다른 방법을 찾아야 한다. 그 방법을 순탄하게 찾으면 좋겠지만, 만약 상황이 여의치 않고 조건이 제대로 갖춰지지 않았다면 반드시 고개를 숙여야만 한다.

유비 劉備 는 고개를 숙일 줄 아는 사람으로 유명하다. 사자성어 '삼고초려 三顧草廬' 역시 그가 세 번이나 자세를 낮춘 데서 유래했다.

유비는 수하의 사마휘 司馬徽 와 서서 徐庶 가 제갈량 諸葛亮 을 칭찬하는 소리를 듣고서 관우 關羽, 장비 張飛 를 데리고 직접 그를 찾아갔다.

세 사람은 휘날리는 모래바람을 뚫고 제갈량이 은둔했다는 와룡강 臥龍江 기슭의 마을에 도착했다. 하지만 제갈량은 일부러 몸을 숨기고 집에 없는 척했다. 유비 일행은 하는 수 없이 돌아왔다.

얼마 후, 제갈량이 돌아왔다는 소식을 들은 유비는 이번에도 직접 와룡강으로 갔다. 한겨울이라 찬바람이 살을 파고들고 눈보라까지 거세어 와룡강까지 가는 길이 여간 고되지 않았다. 장비가 퇴당고 退

堂鼓를 치며 만류했지만, 유비는 확고부동했다. 그런데 천신만고 끝에 도착했더니 제갈량이 그새 친구와 함께 떠났다는 것 아닌가!

관우와 장비는 유비가 이렇게나 자세를 낮추었는데도 아무런 소득이 없자 참지 못하고 말했다. "주공께서 두 번이나 직접 찾아갔으니 이미 하실 만큼 한 것입니다! 제갈량이라는 자가 인재라고 소문만 났지 사실은 가진 재주가 없어 일부러 피하는 것이 아닌가 싶습니다!" 그러나 유비는 고개를 저었다. 그는 이렇게 해야만 '인재를 구하는' 성의를 보일 수 있다고 생각했다.

얼마 후, 유비는 제갈량이라는 인재를 얻기 위해 세 번째로 그를 찾아갔다. 이번에는 다행히 제갈량이 집에 있었으나 자는 중이었다. 유비는 제갈량을 불러 깨우지 않고 대문 앞에 조용히 선 채로 그가 일어나기를 기다렸다. 이렇게나 자세를 낮추는 사람이 대체 몇이나 될까?

유비가 선 채로 족히 두 시간을 기다리자 장비는 화가 치밀어 올라 폭발하기 일보 직전이었다. "이 제갈량이란 작자가 얼마나 오만한지 보십시오. 어찌 감히 주공을 이렇게 기다리게 한다는 말입니까? 지금 제가 들어가서 집에 불을 질러도 어디 안 일어나고 배기는지 봐야겠습니다!" 다행히 관우가 장비를 말린 덕에 이런 일은 일어나지 않았다. 유비가 무릎이 아프고 온몸에 힘이 빠졌을 때, 마침내 제갈량이 일어났다. 일하는 아이가 유비 일행이 오래 기다렸다고 말하자, 제갈량은 급히 옷을 갖추어 입고서 유비를 방으로 들어오게 했다.

유비는 인재를 얻기 위해 세 번이나 고개를 숙였다. 덕분에 와룡臥
龍 제갈량을 얻었으며 천하통일의 대업을 이룰 수 있었다.

문을 통과하려면 반드시 머리를 문 아래에 두어야 한다. 인생도
그렇다. 더 순탄하고 더 빛나는 인생을 살고 싶으면 필요할 때 고개
를 낮출 줄 알아야 한다.

링컨은 젊은 시절에 실력이 뛰어났지만 거만해서 종종 다른 사람
을 내려보곤 했다. 그는 다른 사람과 논쟁을 벌이기 좋아했는데 이렇
게 하면 자신이 얼마나 뛰어난지 보일 수 있다고 생각했기 때문이다.
이뿐 아니라 링컨은 자신과 뜻이 다른 사람을 조롱하는 편지를 자주
썼다. 심지어 다 쓴 편지를 길에 버려서 조롱당한 사람이 주워 읽게
했다.

한번은 그가 신문에 익명으로 편지를 써서 보냈다. 여기에는 당시
정치인 한 명을 신랄하게 조롱하고 풍자하는 내용이 가득했다. 당사
자인 그 정치인은 매우 화가 나서 어쩔 줄 몰랐다. 며칠 후, 편지를 쓴
사람이 링컨임을 알게 된 정치인은 분노를 누르지 못하고 누가 말릴
새도 없이 말을 타고 링컨을 찾아가서 결투를 신청했다. 이 결투는
다행히 다른 사람들이 말린 덕에 실행되지 않았다.

링컨은 이 일로 자존심에 상처를 입은 사람이 얼마나 크게 분노하
는지, 그 분노가 어떤 행동을 유발하는지 알게 되었다. 아마 그 결투
가 이루어졌다면 어떤 일이 벌어졌을지 감히 상상할 수도 없었다. 링
컨은 자신의 문제점을 인식하고, 어떻게 해야 사람들과 잘 지낼 수

있을까 고민했다. 그는 더 이상 논쟁을 즐거움으로 삼지 않았으며, 고개를 숙일 수 있는 상황에는 최대한 고개를 숙였다. 또 자신의 언행으로 누구도 상처받지 않도록 주의했다. 대통령이 된 후, 링컨은 겸손한 인품으로 큰 존경을 받았다.

사람은 끊임없이 다른 사람, 사회, 환경 그리고 자신과의 갈등을 처리하면서 살아간다. 이처럼 다양한 갈등을 처리하려면 반드시 고개를 숙일 줄 알아야 한다. 고개를 숙일 줄 모르는 사람은 남의 충고를 듣지 않고 자기 고집대로 하다가 결국 벽에 부딪히거나 그물에 걸린다. 고개를 숙일 줄 아는 사람만이 때와 기회를 놓치지 않고, 교훈을 얻는 법이다. 또 이런 사람만이 자신의 부족함을 돌이켜 볼 줄 알며 좌절을 마주하고도 노력을 멈추지 않는다.

> 고개를 숙일 줄 아는 것은 일종의 능력이다. 그것은
> 열등감도 두려움도 아니며, 아주 분명한 변화다.
>
> – 하버드 금언 –

고개를 숙일 줄 아는 것은 성숙함과 지혜의 표현이다. 지금 고개를 숙이면 나중에 더 돋보일 수 있음을 잊지 말자.

미소로 마음을 열다

영국 시인 퍼시 비시 셸리 Percy Bysshe Shelley 는 "미소는 사랑의 상징, 즐거움의 원천이자, 우정의 매개체다. 우리는 미소가 있어 감정을 주고받을 수 있다"라고 했다. 미소는 타인의 마음을 열고 차가운 얼음을 녹인다. 심지어 누군가의 인생을 바꾸기도 한다.

미소의 영향력을 보여주는 재미있는 실험이 있다. 실험자는 실험 도우미 두 명에게 각각 똑같은 가면을 씌워 무대에 올렸다. 그는 관객들에게 두 사람 중 어느 쪽과 이야기를 나누고 싶냐고 물었지만, 다들 고개를 저으며 둘 다 별로라는 반응을 보였다. 가면이 표정이라고는 찾아볼 수 없는 무덤덤하고 지루한 얼굴이었으니 당연한 선택이었다.

잠시 후, 무대 아래로 내려온 실험자는 실험 도우미에게 가면을 벗겼다. 그리고 한 사람은 두 손을 가슴에 모으고 아무 말 없이 무기력하게 있고, 다른 한 사람은 밝은 미소를 유지하라고 지시했다. 상반된 표정의 두 사람이 다시 무대에 올랐다. 심리학자가 다시 아까와 똑같은 질문을 던지자, 관객들은 모두 미소지은 사람을 골랐다.

미소는 살랑이는 봄바람처럼 얼굴을 덮은 걱정을 날려 그 사람만의 매력이 드러나게 한다. 타인의 마음을 얻고 싶은 사람은 우선 미소를 이용해서 호감을 얻는 법을 배워야 한다.

직장에서도 언제나 미소를 띠고 있는 동료는 매우 친화적이고 따뜻한 느낌을 준다. 미소는 그의 멋진 외모와 화려한 옷차림보다 매혹적이며 자석처럼 사람들을 끌어당긴다. 관용과 포용을 담은 미소는 서로의 거리를 줄이고 교류와 소통을 더 원활하게 돕는다. 언제나 미소를 지으며 타인을 대하는 사람은 아주 쉽게 상대방의 내면을 들여다볼 수 있다.

66

어느 날 오후, 앨리스는 혼자 집에 있다가 누군가 문을 두드리는 소리를 들었다. 문을 연 순간, 그녀는 식칼 한 자루를 든 채 험악하게 자신을 노려보는 남자 한 명을 보았다. 너무 놀랐지만, 영민한 앨리스는 상냥하게 미소를 지으며 말했다. "어머, 깜짝 놀랐네요. 주방용품을 파시는 분인가요? 안 그래도 칼이 하나 필요했는데 괜찮아 보이네요!" 앨리스는 남자를 집으로 들어오게 하고 전혀 긴장한 내색을 보이지 않으며 계속 이어서 말했다. "그런데 제 예전 이웃과 정말 닮으셨네요! 덕분에 즐거운 추억이 떠올랐어요. 감사해요. 참! 음료는 뭘로 하실래요? 커피? 아니면 차?"

흉악한 짓을 하려고 앨리스의 집을 두드린 그 남자는 그 순간 부끄러움을 느꼈다. 그는 잠시 머뭇거리더니 앨리스에게 한마디 했다. "가, 감……감사합니다."

잠시 후, 앨리스는 어쩌면 흉기로 쓰일 뻔한 '식칼을 사는 데' 성공했다. 낯선 남자는 앨리스가 건넨 '칼값'을 받아들고 살짝 주저하더니

5장. 인간관계와 마음 얻기

문 쪽으로 걸어갔다. 그러더니 갑자기 무슨 생각이 났는지 다시 몸을 돌려 앨리스를 바라보면서 말했다. "아주머니, 정말 감사합니다. 제 인생을 바꾸어 주셨어요."

"

미소는 영혼의 거리를 줄이고, 낯선 사람의 마음의 문을 열며, '악인'을 선하게 만든다. 미소는 우리가 할 수 있는 가장 아름답고, 가장 자연스러운 표정이다. 당신이 타인에게 미소 지을 때, 그는 당신에게 미소로 화답할 것이다. 당신이 마음에서 우러나오는 미소를 지을 때, 온 세상이 웃을 것이다.

미소는 내면의 선의를 전달해 상대방을 감화한다. 미소 짓는 사람은 훨씬 수월하게 도움을 얻을 수 있다. 좋은 인간관계 역시 미소로부터 시작하는 경우가 많다.

한 유명 잡지사 편집장은 아주 색다른 명함을 가지고 있었다. 그녀의 명함에는 어떠한 직함이나 호칭도 없으며 연락처와 짧은 문구하나가 있다. "당신이 웃으면 세상이 웃습니다." 명함을 건넬 때마다 사람들은 그녀에게 마음에서 우러난 미소를 선사했다.

진심을 담은 미소는 사교의 필수품이다. 미소는 당신의 따뜻하고 선한 마음을 드러내며 당신을 향한 적의를 사라지게 한다. 또 미소는 봄바람처럼 따뜻하고 유쾌하며 주변을 조화롭게 만든다.

단언컨대 선의가 담긴 미소를 거절하는 사람은 없다. 미소는 친근하고 우호적인 감정을 드러내며, 기쁨에서 우러난 미소는 상대방까지 기쁘게 만든다. 이런 이유로 미소 짓는 사람은 언제, 어느 자리에서나 환영받는다.

우리는 본능적으로 미소 짓는 사람에게 끌린다. 신기한 마력을 지닌 미소는 타인의 내면을 여는 열쇠가 될 것이다.

미소를 잃은 얼굴은 기름이 떨어진 자동차와 같다.

– 하버드 금언 –

미소 짓는 사람이 가장 아름답다. 미소는 마음 깊은 곳의 샘물처럼 내면이라는 대지를 윤택하게 하고 감정을 더 풍부하고 깊게 만든다. 미소는 타인의 마음의 문을 여는 수단이다. 우리는 미소라는 다리를 통해 타인의 내면을 걸어 들어가 더 조화롭고 아름다운 관계를 만들 수 있다.

겸손한 사람이 환영받는다.

러시아 작가 안톤 체호프는 "사람은 겸손해야 한다. 자기 이름을 호수 위의 물거품처럼 잠시 반짝였다가 사라지게 하고 싶지 않다면!"이라고 말했다. 그의 말처럼 겸손을 모르는 자는 아무리 대단한 지식과 비범한 실력, 탁월한 기술로 무장했어도 성공하기 어렵다.

> 66

　실의에 빠진 한 젊은이가 먼 길을 터덜터덜 걸어서 절까지 왔다. 그는 주지를 만나 고민을 털어놓았다. "저는 그저 그림을 배우고 싶었을 뿐입니다. 하지만 온 나라를 돌아다녀도 도무지 만족스러운 선생님을 만나지 못했습니다." 주지는 온화한 미소를 지으며 "온 나라를 다녔다니, 족히 100명은 만나보셨겠군요. 그중에 정말 한 명도 만족스럽지 않았습니까?"라고 물었다. 젊은이는 깊은 한숨을 쉬면서 대답했다. "유명하다는 화가를 전부 찾아다녔는데, 만나보니 전부 허명虛名이었습니다. 그들은 모두 엄청난 대가인 양 알려졌지만, 실상은 그림이 저보다 못했습니다!" 주지는 젊은이의 말을 듣고서 담담하게 웃으면서 말했다. "그림을 그렇게나 잘 그리시다니 대단하십니다! 혹시 이 노승에게 그림 하나를 그려달라 부탁해도 되겠습니까?" 젊은이는 전혀 싫은 내색 없이 흔쾌히 좋다고 말했다. "어떤 그림을 그려드릴까요?"

　"나는 가난한 승려라 세상의 금은보화는 알지 못합니다. 다만 차

맛을 음미할 줄은 알지요. 또 아름답고 오래된 다구茶具 를 아주 좋아합니다. 그러니 찻잔 하나, 차 주전자 하나를 그려주겠습니까?" 젊은이는 주지의 말이 끝나자마자 붓을 들고 바람을 가르며 춤추듯 날아오르는 용처럼 척척 휘두르더니 아름다운 찻잔과 고상한 아름다움이 흐르는 차 주전자를 하나씩 그렸다. 기울어진 주전자에서 차가 흘러나와 찻잔 안으로 떨어지는 모습이었다.

　주지는 그림을 보더니 이렇게 말했다. "정말 멋진 그림입니다. 다만 찻잔과 주전자의 위치가 잘못되었군요. 반드시 찻잔이 위에, 주전자가 아래여야 합니다." 그러자 젊은이는 웃음을 터트리며 대꾸했다. "스님, 그게 무슨 말씀입니까? 어찌 그리 사리를 모르시나요? 찻잔이 위에 있으면 어떻게 차를 따르겠습니까?" 주지는 옅은 미소를 지으며 말했다. "그렇네요. 제대로 잘 알고 계시는군요. 그런데 말입니다. 자신의 찻잔에 고수들의 차를 담으려는 분이 어찌 찻잔을 주전자보다 높은 곳에 두려고 합니까? 그래서 어찌 차를 담겠습니까?"

　　　　　　　　　　　　　99

　골짜기는 깊은 산속에 있어서 수많은 개울에서 흘러오는 물을 받아들일 수 있다. 사례의 젊은이처럼 겸손을 모르고 거만하게 군다면 어떻게 세상의 가르침을 얻겠는가? 강조하건대 눈이 머리 꼭대기에 달린 사람과 어울리고자 하는 사람은 없다.

　하버드가 벨 연구소Bell Labs 의 최고 인재들을 분석한 결과에 따르면, 그들이 그처럼 뛰어난 이유는 최고의 지식과 비범한 기술이 있을 뿐 아니라 인간관계 전략을 효과적으로 사용하기 때문이었다. 그들은 중요한 시기에 자신에게 도움을 제공할 수 있는 인물과 좋은 관계를 맺는 데 시간을 할애하며, 그 과정에서 겸손한 자세가 얼마나 중요한지 잘 알고 있었다. 그들은 항상 타인에게 배우려 하고 자신이 아는 것을 타인과 나누기를 원했다.

호기를 부리거나 도도할 수는 있어도 절대 거만해서는 안 된다. 아무리 많은 책을 읽고 학식이 넘쳐흘러도 겸손해서 어떠한 의견도 받아들일 수 있는 도량을 키워야 한다. 겸손한 사람만이 다른 사람과 쉽게 가까워질 수 있다. 겸손은 마음의 울타리를 걷어내 문제를 보는 시각이 더 넓어지고, 편견이 사라지며, 진정성 있는 소통이 가능하게 한다. 겸손한 태도만 유지해도 자연스럽게 많은 사람이 당신과 어울리기를 원하고, 솔직담백한 마음으로 서로 본받으며 배우는 기회가 있을 것이다.

겸손은 성공의 전제이자 기초이니 무슨 일이든 겸손한 태도를 유지해야 한다. 겸손한 사람만이 일할 때 신중하고 끊임없이 성장한다. 그들은 쉬지 않고 노력해서 발전하며 지식을 키우고 기술을 연마한다. 겸손하기 때문에 자신과 타인의 차이를 볼 수 있고 끊임없이 전진할 수 있다. 이런 사람만이 더 이지적이고 논리적으로 타인의 의견과 비판을 경청한다.

메이란팡 梅蘭芳 은 중국 최고의 경극 배우로 엄청난 성공을 거둔 예술가다. 해외 공연도 수차례 열어 국가 간 문화 교류에도 탁월한 공헌을 한 바 있다. 하지만 화려한 성공은 메이란팡의 태도에 전혀 영향을 미치지 않았다. 그는 자신이 거둔 성취에 우쭐하거나 거만하게 굴지 않았으며 항상 겸손한 태도로 사람을 대하고 가르침을 구했다.

메이란팡이 한 대극장에서 경극 〈살석 殺惜〉을 공연할 때의 일이다. 커튼콜 중에 관객들은 갈채와 박수 소리를 아끼지 않고 보냈다. 그런데 어디선가 "별로였어!"라는 소리가 들렸다. 깜짝 놀란 메이란팡이 소리가 난 쪽을 보았더니 수수한 옷차림을 한 노인이었다.

잠시 후, 무대에서 내려온 메이란팡은 사람을 보내 이 노인을 자기 집으로 모시고 오게 했다. 마침내 노인을 만난 그는 매우 공손한 태도로 물었다. "선생님, 오늘 공연에서 어떤 부분이 마음에 들지 않으셨는지 알려주시겠습니까? '별로였다'라고 말씀하신 이유가 분명히 있을 테니 고견을 듣고 싶습니다." 노인은 성공한 경극 배우인 메이란팡이 이처럼 겸손하게 말하는 모습을 보고서 천천히 이야기를 시작했다. "석교 惜姣가 계단을 오르내릴 때 말입니다. 이원 梨園의 규정에 따르면 올라갈 때는 일곱 걸음, 내려올 때는 여덟 걸음이어야 하는데, 왜 올라갈 때나 내려올 때 전부 여덟 걸음으로 하였소?" 메이란팡은 노인의 말을 듣고 깜짝 놀랐다. 그는 급히 고개를 숙이며 노인에게 알려주어 정말 감사하다고 몇 번이나 말했다.

이후 메이란팡은 모든 공연에서 노인이 바로 잡아준 대로 했다.

대가 大家라 불릴 정도의 인물인 메이란팡이 이처럼 겸허하게 어떠한 의견이라도 받아들이는 태도는 정말 본받을 만하다. 하지만 주위를 둘러보면 휘황찬란한 성공에 도취했거나 자신의 지식이나 능력을

　　　　　　　　　　　　　5장. 인간관계와 마음 얻기

자랑하기를 즐기는 사람이 많다. 그들은 이렇게 하면 사람들의 부러움을 사고 믿음을 더 얻을 수 있다고 생각하지만, 착각일 뿐이다. 자기 지식이나 능력이 얼마나 대단한지 끊임없이 주절대는 사람은 오히려 의심만 더 산다.

영국의 비평가 겸 역사가인 토머스 칼라일 Thomas Carlyle 은 "인생의 최대 문제는 자신에게 문제가 있음을 모르는 것이다"라고 말했다. 자신이 이룬 작은 성취에 도취해서 우쭐거리며 독선적으로 사고하는 사람은 주변의 반감만 살 뿐이다.

겸손은 사교에서 반드시 갖춰야 할 소양이다. 겸허한 사람만이 환영과 존경을 받을 수 있으며, 타인으로부터 더 유용한 지식을 배울 수 있다.

겸손은 주변의 역량을 응집하지만, 거만함은 무능을 확대할 뿐이다. 자랑과 과시는 결코 좋은 기회를 가져다주지 않으며 오히려 당신을 막다른 길로 몰고 갈 것이다. 자신을 드러내기를 좋아하는 사람은 스스로 타인과 단절하는 울타리를 친다. 누구도 그와 어울리려고 하지 않으며 오히려 그의 품성과 내면을 의심한다. 당연히 성공은 그에게서 점점 더 멀어진다.

과묵형 리더는 현실주의자다. 자신의 지식수준은
물론이거니와 전체 시스템과 그 안에서 맡은 역할에
대해 매우 겸손한 태도를 보인다.

– 하버드 경영대학원 교수 조지프 L 바다라코 –

겸손한 사람은 신뢰를 얻는다. 이들은 매우 성공적으로 사교를 시작하고, 이후에도
상대방에게서 매우 유익한 지식과 경험을 얻는다.

가장 중요할 때 손을 내미는 사람

타인이 어려움에 빠졌을 때, 자신에게는 그런 일이 생기지 않아서 내심 기뻐하며 수수방관하는 사람이 있다. 심지어 어떤 사람은 남의 어려움을 틈타 해를 가하기까지 한다. 그들은 자신이 매우 똑똑한 줄 알지만, 사실 이만큼 우매하고 유치한 행동은 없다.

타인이 위험에 빠졌을 때, 도움을 제공해야 덕을 쌓고 선을 행할 수 있다. 이후에 도움이 필요한 일이 생기면 당신에게 도움을 받았던 그 사람이 은혜를 갚을 것이다. 사교에는 '상호주의'가 존재한다. 이 상호주의는 특히 타인이 어려움에 빠졌을 때 도움의 손길을 제공하면서 그 효과가 더욱 두드러진다. 진심으로 돕는 사람에게 그 보상이 돌아오는 일은 매우 자연스러운 이치다.

"

잭은 회사에서 어떤 오해로 억울하게 징계를 받았다. 회사 사람들은 그와 말이라도 섞었다가 괜히 불똥이 튈까 봐 슬슬 피하기 시작했다. 좌절한 잭은 인생에 대한 믿음과 자신감을 모두 잃고 말았다. 타격이 너무 커서 종종 자살 충동까지 들 정도였다. 이런 잭을 잡아준 사람은 한 부하직원이었다. 그는 남의 눈을 신경 쓰지 않고 늘 잭을 살피면서 다가와 위로와 격려를 건넸다. 그의 도움 덕분에 잭은 회사 안에서 굴욕적인 상황을 끝까지 버틸 수 있었다. 1년 후, 모든 오해가 풀리면서 잭은 원래 자리로 복귀했다. 이때 잭과 그 부하직원은 이미

'막역지우 莫逆之友'가 되었다. 잭은 자신이 가장 믿을 수 있는 부하직원을 발탁해 중요한 자리에 앉혔다.

"

사례에서 오해와 의심 가득한 눈길을 견딜 수 없었던 잭은 자기 목숨까지 가볍게 여기는 지경에 이르렀다. 하지만 부하직원 한 명이 끝까지 그를 포기하지 않고 붙잡아준 덕분에 새로운 희망을 얻을 수 있었다. 곤경에 빠진 사람을 붙잡아주는 일은 그리 어려운 일이 아니다. 그저 관심 어린 말을 건네고 따뜻한 작은 행동으로 그가 당신의 성의 있는 관심을 느끼게 하면 충분하다.

인생에는 성공도 있고, 실패도 있다. 만족스러울 때도 있고, 실망할 때도 있다. 어쩌면 어제의 당신은 뭇 사람의 부러움을 사는 성공한 사람으로 하는 일마다 잘 되었지만, 내일의 당신은 평범하기 그지없거나 곤경에 빠진 사람일 수도 있다. 당신이 '잘 나갈 때' 더 어려운 사람을 돕는다면, 그는 당신이 어려울 때 도움의 손길을 내밀 것이다.

중요한 시기에 타인을 돕는 일은 매우 고상하며 얻기 어려운 품격이다. 우리는 주변을 둘러보며 타인의 수요를 살피고, 친구들에게 관심을 보여야 하며, 그가 곤경을 벗어날 수 있도록 최선을 다해 도와야 한다. 미리 알고 손을 쓰지는 못하더라도, 그가 곤경에 빠져 속상해할 때 위로와 격려의 말을 건네야 한다. 걱정거리가 있는 친구에게는 친절하게 상황을 묻고, 아픈 친구에게는 그가 관심 있는 화제를 이야기하면서 즐거운 생각만 하도록 도와야 한다.

중요한 시기에 건네는 따뜻한 말 한마디는 상대방의 마음에 깊이 남아 나중에 수십, 수백 배로 커져서 돌아올 것이다. 지혜로운 사람은 중요할 때 타인을 도울 줄 안다. 그들은 이렇게 해서 사람의 마음을 얻고 진심을 주고받는 친구를 얻는다.

> 강한 적에 대항하려면 협력해야 한다. 협력할 줄 아는
> 사람은 여러 사람의 역량을 모아 적을 퇴치한다.
> - 프랭클린 루스벨트 -

중요한 시기에 타인에게 건네는 도움은 평생 기억된다.

약간의 손해를 감수하라.

"차라리 내가 조금 손해 보는 편이 낫다"라는 말을 들어본 적 있는가? 언뜻 자포자기한 마음으로 내뱉는 말처럼 들리지만, 사실 이는 곧 '관용의 마음가짐'이다. 사회에서 타인과 모나지 않게 살려면 자질구레하거나 중요하지 않은 일을 시시콜콜 따지지 않는 도량이 필요하다. 자신은 물러나고 상대방에게 작은 배려를 하는 일은 크게 나쁜 일이 아니다. 당신의 작은 배려는 상대방을 감동케 하고 좋은 인상을 남기며 무엇보다 바람직한 인간관계를 만들어준다.

자신은 기꺼이 손해를 보면서 상대방이 편의를 얻게 한다면 주변 사람들의 존경을 얻을 수 있다.

찰리와 짐은 이웃으로 울타리 하나를 사이에 두고 산다. 어느 날 짐은 한밤중에 몰래 집에서 나와 울타리를 찰리네 집 쪽으로 조금 옮겼다. 자기 집 마당을 좀 더 넓히려는 심산이었다. 일을 마친 짐은 양심에 찔리기도 하고 찰리에게 들킬까 봐 무서워 얼른 집으로 들어갔다. 사실 찰리는 짐이 무슨 짓을 하는지 전부 보고 있었다. 하지만 그는 짐의 예상과 달리 당장 달려와서 화를 내지 않았을 뿐 아니라, 오히려 직접 울타리를 자기 집 쪽으로 좀 더 옮겨서 짐의 마당이 더 넓어지게 했다. 다음날 짐은 울타리의 위치가 바뀐 것을 보고 큰 부끄러움을 느꼈다. 그는 울타리를 자기 집 쪽으로 다시 옮겨서 마당 넓이를 원상태로 돌려놓았다.

눈을 오직 이익에만 고정한 채, 혹시 누군가 자기 이익을 가져가 기라도 할까 봐 날이 서 있는 사람이 있다. 이런 사람들은 자기가 조금이라도 손해다 싶으면 절대 참지 않고 각종 수단과 방법을 동원해서 되찾아온다. 또 늘 주변을 의심하고 작은 문제까지 꼬치꼬치 따지며 타인을 압박하기를 서슴지 않는다. 이처럼 머릿속에 자기 이익 생각밖에 없는 사람은 자연스럽게 점점 외톨이가 되어간다.

중국에는 "손해가 복이다"라는 말이 있다. 적당한 손해는 도리어 좋은 일일 수 있다는 의미다. 물질이든 감정이든 표면적으로는 손해를 본 것 같아도 실제로는 그 과정에서 또 다른 보상을 얻을 수 있다. 특히 젊은 시절의 손해는 이후에 손해 보지 않기 위한 경험이 된다. 그러니 사람을 대할 때나 일을 처리할 때 모두 손해를 너무 두려워 말고 상대방에게 더 많은 편의를 제공할 줄도 알아야 한다.

66

세 친구가 동업으로 사업하던 중, 한 명이 회삿돈을 횡령하는 일이 벌어졌다. 나머지 두 친구는 모두 그야말로 마른하늘에 날벼락을 맞았지만, 반응은 사뭇 달랐다. 첫 번째 친구는 치솟는 화를 억누르지 못하고 매일 사기꾼을 증오하며 아무 데서나 욕을 해댔다. 하지만 화가 줄어들기는커녕 점점 더 커져서 급기야 큰 병이 생겨 앓아누웠다. 두 번째 친구도 물론 처음에는 당황했지만, 곧 '급하게 돈이 필요했나 보지'라고 생각하며 감정을 차분히 가라앉혔다. 이 일은 이후에도 그에게 아무 영향을 미치지 않았다.

첫 번째 친구는 병에 걸려 누웠으면서도 화를 주체하지 못했다. 그는 병문안을 온 목사에게 읍소했지만, 목사는 "이 일에는 당신의 잘못도 있습니다."라고 말했다. 그는 더 화가 나서 소리쳤다. "사기를 당해서 큰 손해를 본 것은 나인데 대체 무엇을 잘못했다는 겁니까? 이야기를 제대로 들었나요?" 그러자 목사는 담담하게 대답했다. "당신은 자신의 부정적 감정으로 주변을 물들였어요. 그 바람에 당신뿐 아니라 주변 사람들까지 우울, 슬픔, 분노에 차게 되었죠. 그것이 바로 당신의 죄입니다." 하지만 이 친구는 여전히 자신의 잘못을 인정하지 못하고 끙끙 앓다가 병이 악화해 세상을 떠났다.

한편 두 번째 친구는 횡령 사기 사건을 잊고 자기 삶에 몰두했다. 그는 부정적 감정에 휩쓸리지 않고 사업을 정상화하기 위해 최선을 다했다. 후에 그의 사업이 다른 문제로 어려움에 빠졌을 때, 돈을 들고 갔던 그 친구가 나타났다. 사기꾼 친구는 용서를 빌면서 돈을 갚았고, 덕분에 그의 사업은 다시 정상궤도에 들어섰다.

,,

상대방에게 양보하면 자신은 손해를 보는 것 같지만, 이를 통해 아량과 관용을 키우고 좀 더 이성적인 자기제어 능력을 기를 수 있다. 물론 이는 쉬운 일이 아니다. 자신감이 바탕이 되어야 가능한 일이며, 이러한 자신감은 아무나 가질 수 없다.

그렇다고 아무 때나 남한테 편익을 제공하고 자기는 손해를 보라는 이야기가 아니다. 당신이 손해를 볼 때, 상대방은 반드시 죄책감과 부끄러움을 느껴야 한다. 그들이 스스로 당신에게 빚졌다고 인식

5장. 인간관계와 마음 얻기

해야 후에 당신을 도울 수 있는 법이다.

당장 눈앞의 이익에만 주목하지 말고 눈을 좀 더 멀리 두자! 약간의 손해에 조바심내지 말고 시시콜콜 따지지 않아야 미래에 더 커다란 이익을 얻을 수 있다.

관대한 사람이 감동을 준다.

미국 심리학자 윌리엄 제임스

사회인으로서 우리는 마음을 좀 더 넓게 쓰며 내가 좀 손해를 보더라도 상대방에게 편익을 제공할 줄 알아야 한다. 이런 크고 작은 일들이 차곡차곡 쌓이면 당신이 걷는 인생길 위에 장애물이 사라지고 도움의 손길이 늘어날 것이다.

이름을 기억하는 사람이 되라.

사람들과 어울리면서 상대방의 이름을 정확하게 불러준다면 좋은 인상을 남길 수 있다. 그에 대한 존중을 표현하고 은근하면서도 효과적으로 그에 대한 당신의 관심을 전달할 수 있기 때문이다. 단순히 이름을 정확히 부르기만 해도 그는 당신에게 호감을 느낄 것이다.

왜 타인의 이름을 기억해야 할까? 한 심리학자는 이에 관해 "오직 자신의 이름만이 가장 아름답고 감동적인 단어이기 때문이다"라고 말했다. 실제로 타인의 이름을 기억하고, 만났을 때 반가운 표정으로 정확히 불러주면 사교의 수준이 높아질 수 있다.

당신은 타인의 이름을 잘 기억하는 사람인가? 하버드 교수들은 학생들에게 '이름 외우기'에 대한 이야기를 할 때, 역시 하버드 학생이었던 루스벨트 전 대통령의 이야기를 자주 한다.

루스벨트는 소아마비로 두 다리가 마비되어서 자동차를 운전할 수 없었다. 이에 미국의 자동차 제조업체 크라이슬러 Chrysler 는 그를 위해 특별한 자동차를 제작했다. 자동차 디자이너 W.F. 체임벌린 W.F. Chamberlain 과 엔지니어 한 명이 백악관으로 차를 가지고 왔다.

루스벨트는 체임벌린의 이름을 정확히 부르며 크게 환영했다. 체임벌린은 자동차 여기저기를 꼼꼼하게 설명하며 작동법을 알려주었고, 루스벨트도 주의 깊게 들었다. 루스벨트는 감동한 듯이 주변 사람들에게 말했다. "이 자동차 자체가 기적이야. 시동이 이렇게 쉽게 걸리고 매우 편하게 운전할 수 있지. 원리를 정확하게 알 수는 없지만, 어떻게 된 건지 뜯어서 보고 싶을 정도라니까!"

백악관 직원들이 차를 구경하며 칭찬할 때, 루스벨트는 다시 체임벌린에게 감사를 전했다. "이 차를 만드느라 많은 시간과 에너지를 써주어서 정말 감사합니다. 너무나 완벽해서 흠잡을 데 없군요." 루스벨트는 자동차의 모든 세부 부분을 언급하며 얼마나 훌륭한 설계인지 거듭 말하고, 수행원들에게 자동차를 잘 관리하라고 지시했다.

한편 체임벌린과 함께 백악관에 갔던 엔지니어는 줄곧 너무 긴장해서 한쪽에 서 있기만 했다. 그는 최대한 체임벌린 뒤에 몸을 숨기면서 대통령과 한마디도 나누지 않았다. 체임벌린도 소개만 했지 그의 이름을 따로 언급하지 않았다. 그런데 뜻밖에도 두 사람이 백악관을 막 떠나려는데 루스벨트가 엔지니어의 이름을 부르면서 감사를 전했다. 현장에 있던 사람들 모두 깜짝 놀랐고, 이 엔지니어 역시 대통령의 자상함에 크게 감동했다.

상대방의 이름을 기억하는 것은 호감을 얻을 수 있는 가장 우호적이고, 가장 간단하며, 가장 확실한 방법이다. 당신이 그의 이름을 불렀을 때, 그는 자신이 존중받는다고 생각한다. 하지만 남의 이름을 잘 기억하고 정확히 불러주는 사람은 생각보다 많지 않다. 모르는 사람과 처음 만나서 분명히 통성명했으면서 몇 분 동안 짧은 대화를 나누고 돌아서면 금세 잊어버리기 일쑤다.

사교 중에 상대방의 이름을 잊는 것처럼 난처한 일은 없다. 첫 만

남에서 당신의 언행이 상대방에게 좋은 인상을 남겼더라도 당신이 그의 이름을 잊었다는 사실을 들키는 순간, 그는 무시당한다고 생각할 것이다. 당연히 당신에 대한 반감이 생길 수밖에 없다. 두 사람 사이에 더 빈번한 교류나 깊은 소통은 거의 불가능해진다.

이름은 사람과 사람을 구분하는 부호로 사람들은 자신의 이름을 매우 중요하게 생각한다. 겨우 몇 번 본 사람이 내 이름을 정확하게 불러주면 호감이 생기고 친절하게 대하고 싶지만, 자주 보는데도 내 이름을 제대로 부르지 못하면 왠지 둘 사이에 벽이 세워진 듯 낯설고 반감이 들기 마련이다. 한 작가는 이렇게 말했다. "사람들의 이름을 기억하고 편하게 부르는 행위는 아주 교묘하고 효과적인 칭찬이다. 사람들은 자기 이름을 매우 중요하게 생각하기 때문이다."

마음을 전하고 자유롭게 소통하고 싶다면 우선 상대방의 이름부터 정확하게 외우자. 이는 기본적인 예절이자 아주 효과적이고 실제적인 사교술이다.

이름은 그 사람에게 세상 어떠한 말보다 가장 좋은 말이다.

– 린위탕 –

상대방의 이름을 기억하면 그의 마음을 쉽게 열 수 있다. 이는 더 깊은 관계로 나아가기 위한 필수 경로다.

5장. 인간관계와 마음 얻기

그와의 거리를 줄이는 법

어떻게 하면 사람과 사람 사이의 거리를 줄이고 순조롭게 교류할 수 있을까? 하버드는 이 문제의 답으로 '적당히 드러내기'를 제안한다. 자신을 적당히 드러냄으로써 타인과의 거리를 좁히고 그들이 당신의 성격 특징을 알게 한다면 사교가 좀 더 순조로워질 것이다. 사교하면서 자신을 꽁꽁 싸매고 보여주지 않는다면 당연히 상대방과의 사이에 높은 벽을 쌓는 것과 다름없다. 그러면 자연스럽게 거리가 멀어지고 사교와 처세가 순조로울 리 만무하다.

66

그녀는 성격이 너무 보수적이고 매사에 신중했다. 혹시라도 실수할까 봐 스스로 고립되는 쪽을 택한 그녀는 마치 누에고치처럼 자신을 꽁꽁 싸매고 있었다.

회사에서 그녀는 거의 말을 하지 않았다. 동료들은 기본적인 것 외에 그녀가 좋아하는 것, 요즘 관심 있는 분야 등 어떠한 정보도 알지 못했다. 한번은 모두 퇴근 후에 바에 갔는데 누군가 어떤 음료를 좋아하냐고 묻자 그마저도 대답하지 않았다. 이런 일이 몇 차례 반복되자 점점 모두 자연스럽게 그녀를 무시하게 되었다. 다른 동료들은 함께 출퇴근하거나 점심을 먹었지만, 그녀는 늘 혼자였다.

어느 날, 상사가 점심을 먹고 돌아오는 그녀를 보고 "오늘은 누구와 식사했어요?"라고 질문했다. 그러자 그녀는 "네, 다른 분하고요."

라고 대답했다. 상사는 이 모호한 대답을 '당신의 질문에 대답하고 싶지 않다'로 이해했고, 매우 마음이 상했다.

또 한 번은 동료들끼리 탕비실에 모여 새로운 소식들을 이야기했다. 이때도 그녀는 한쪽에 서서 조용히 듣고 있는데 한 동료가 질문했다. "어떻게 생각해요?" 그러자 그녀는 모호한 태도로 "저는 그런 거 잘 몰라요."라고 말했다. 동료들은 점점 더 그녀와 이야기하지 않게 되었다.

99

자신의 성격, 관심사, 내면의 생각들을 겹겹이 싸매서 절대 다른 사람들이 눈치채지 못하게 하는 사람들이 있다. 이렇게 하면 자신을 보호할 수 있다고 생각하거나, 어쩌면 신비감을 주기 위해서일 수도 있다. 그들은 이런 태도가 원하는 효과를 일으키기는커녕 오히려 어울리기 힘들다는 인상을 주어 사람들에게서 점점 멀어지게 한다는 사실을 모른다. 좋은 인간관계를 만들고 싶다면 타인이 당신을 받아들이게 해야 하고, 타인이 당신을 받아들이게 하려면 그가 당신을 이해하게 해야 한다. 그리고 그가 당신을 이해하게 하려면 적당히 당신을 드러낼 줄 알아야 한다. 사교에서 당신의 성격 특징과 관심사, 흥미를 적당히 알리는 태도는 서로 소통, 교류하기 위한 기초가 된다.

사람이 서로 안다는 것은 그 마음을 안다는 의미다. 상대방이 당신의 진실한 생각을 원할 때, 솔직하게 표현하면 그의 신뢰를 얻게될 것이다. 이는 두 사람 사이의 교류에도 도움이 되고 상대방에게 친근한 감정을 전달할 수 있다. 반대로 타인과 마주 앉아도 입을 꼭 다문 채, 늘 얼음장처럼 차가운 모습으로 자기 생각이나 의견을 드러내지 않으면 가까이하기 어려운 사람이라는 인상만 남길 뿐이다.

좋은 인간관계란 자신을 드러내는 비중이 점점 더 커지면서 만들어진다. 자신을 더 많이 드러낼수록 당신에 대한 상대방의 신뢰가 더 커지며, 이는 다시 서로 더 많이 드러낼 수 있는 환경을 조성한다. 앞서 언급한 '적당히 드러내기'는 스스로 원해서 자신의 감정, 생각, 경험을 적극적으로 타인에게 알리고 공유하는 행위다. 이를 통해 얻는 정보는 다른 경로로 얻기 어려운 것들이 많다.

두 사람이 교류하는데 한 사람은 밝은 곳에 있고, 다른 한 사람은 어두운 곳에 몸을 숨기고 있다면 공평하지 않다. 다시 말해 한 사람은 자신의 감정과 생각을 허심탄회하게 이야기하는데, 다른 한 사람은 감추고 이야기하지 않는다면 이들 사이에 신뢰와 우정이 생길 리 없다.

사람은 감정적으로 통하는 것이 있을 때, 서로 친해졌다고 여긴다. 상대방에게 적당히 자신을 드러내면 두 사람 사이의 공통점과 통하는 부분을 발견하게 될 것이다. 이를 근거로 양측은 감정적 연대감을 느끼고 서로 마음을 얻어 우정을 쌓을 수 있다. 물론 타인에게 자신을 드러내는 일이 위험하다고 여길 수도 있다. 그래서 '적당히'가 중요한 것이다. 드러내도 되는 문제와 드러내서는 안 되는 문제를 명확하게 구분해야 하며, 그 대상은 관계를 쌓고 싶은 사람이어야 함을 명심하자.

강자는 자신의 약점을 마주하는 용기가 있다. 자신에게
부족한 면을 똑바로 바라보는 사람만이 진정한 강자다.

– 노벨 경제학상 수상자, 폴 새뮤얼슨 –

'적당히 드러내기'는 사람 사이의 거리를 줄여 더 나은 인간관계를 위한 기초를 다진다.

감사하는 마음, 보답하는 행동

사람은 '감사의 마음'을 잊어서는 안 된다. 중국 옛말에 "물방울을 샘물로 갚는다"라는 말이 있다. 작은 은혜라도 항상 감사하며 크게 갚아야 한다는 의미다.

사람의 심리에는 '호혜 互惠'의 원칙, 즉 서로 특별한 혜택을 주고받는 원칙이 작용한다. 즉 타인의 은혜를 입었으면 반드시 갚아야 하는데, 속담 "오는 정이 있으면 가는 정이 있어야 한다"와 일맥상통하는 이야기다.

한 실험에서 심리학자는 서로 일면식도 없는 사람들을 선발해 두 그룹으로 나누었다. 그는 첫 번째 그룹 사람들이 두 번째 그룹 사람들에게 크리스마스카드를 보내게 했다. 그 대상은 무작위로 뽑았다. 심리학자는 답장이 오는 수를 예측했지만, 실제 답장은 그의 예측보다 훨씬 많았다. 카드를 받은 사람 대부분이 답장을 한 셈이었다. 모르는 사람인데도 말이다.

이어진 설문 조사에서 답장을 보낸 사람들은 카드를 받았을 때, 보낸 사람이 누구인지 알아볼 생각을 하지 않고 바로 답장을 썼다고 말했다. 그들은 상대방이 호의를 베풀었는데 받기만 해서는 안 되므로 답장하는 것이 당연하다고 생각했다.

누군가 내게 은혜를 베풀면 즉각 응답하는 일, 이 때문에 세상은 더 아름다워지고 있다. 사람들은 은혜를 갚을 줄 아는 사람과 사귀고자 하며, 진심으로 대하고 신뢰한다.

미국 전 대통령 레이건이 어렸을 때, 집안 형편이 크게 나빠진 적이 있었다. 크리스마스 저녁, 레이건은 맨발에 다 떨어진 낡은 여름 신발을 신고 잡화점으로 걸어왔다. 겨울밤의 차가운 공기 탓에 두 발은 이미 붉게 얼어 있었다. 주인은 창밖에 서서 가게 안에 있는 신발을 멍하니 보는 아이를 보고서 깜짝 놀라 얼른 들어오라고 했다. 가게를 정리하고 곧 퇴근하려던 주인은 아이에게 따뜻한 물을 떠주면서 발을 씻게 하고, 무엇이 필요하냐고 물었다. 레이건은 겨울용 신발이 필요하다고 말했지만, 주인은 양말 한 켤레만 주었다. 그러면서 주인은 힘들다고 기도해봤자 신은 전능하지 않으니 소용없으며, 필요한 것은 오직 자신의 노력으로 가질 수 있다고 말했다. 이후 레이건은 주인의 말을 명심하며 끊임없이 노력한 끝에 미국 대통령의 자리에까지 올랐다. 그는 성공한 후에 그 가게의 주인 부부에게 편지를 써서 감사의 마음을 전했다.

진정한 보답은 물질의 크기로 결정되지 않는다. 힘들 때 받은 도움은 돈으로 계산할 수 없기 때문이다.

설대 손해 보지 않고 양보하지 않으며 사람 사이에 존재하는 호혜의 원칙을 모르는 사람은 도움을 받더라도 그 한 번에 그친다. 이렇게 마음이 좁고 이기적인 사람과 계속 관계를 이어가려는 사람은 없기 때문이다. 호혜의 원칙을 존중하고 실천하는 사람만이 서로 도움과 보답을 주고받으면서 단단하고 안정된 인간관계를 만들 수 있다. 사람 사이의 상호활동은 어느 한쪽이 계속 높거나 어느 한쪽이 계속 낮으면 균형을 유지할 수 없다.

감사한 마음을 표현하는 방법은 다양하다. 예컨대 사업하는 사람들은 고객에게 감사하기 위해 최대한 혜택을 돌려주는 경영을 한다. 또 상사와 동료에게 감사하는 사람은 노력과 성실, 신의의 태도로 보답한다. 중요한 것은 스스로 약속을 지키고 실천하며 진심을 담아 보답하려는 마음이다.

성공해서 사회의 인정을 받기 바란다면 '감사한 마음과 보답하는 행동'을 잊어서는 안 된다. 이를 통해 끊임없이 발전하고 자신을 완성해서 수양의 정도를 올려야 성공할 수 있다.

성공했다면 도와준 사람을 잊지 마라.

- 하버드 금언 -

감사할 줄 알고 보답하려는 사람이 존경받는다. 타인과 친밀하고 안정적인 관계를 만들려면 반드시 호혜의 원칙을 따르고 주변 사람들에게 더 많은 관심을 보여야 한다. 내게 도움을 준 사람이 무언가를 필요로 할 때, 그것을 제공함으로써 두 사람 사이의 거리를 더 가깝게 할 수 있다.

관심사로 그를 사로잡는다.

사교 중에 상대방의 마음을 얻으려면 몇 가지 기교가 필요하다. 그중 가장 효과적인 방법은 그의 관심사를 화제로 삼는 것이다. 관심사는 그 사람이 가장 익숙하고 할 말이 많으며 즐겁게 이야기할 수 있는 화제다. 상대방의 관심사는 그의 경계를 무너뜨리고 내면으로 들어갈 수 있는 열쇠다.

타인과 소통할 때는 우선 경청하는 자세를 취해야 한다. 이때 그냥 멍하니 듣고만 있지 말고, 상대방이 무엇에 관심을 보이는지 알아차려서 그와 관련한 화제를 넌지시 제시하면 좋다. 누구나 자신이 관심 있는 분야를 이야기하기를 원한다. 대화 중에 상대방이 가장 흥미로워하고 관심을 보이는 대상을 알아차리고 화제로 삼는다면 어디서든 환영받을 수 있다.

타인이 가장 즐거워하는 일을 이야기하는 방법이야말로 순조롭고 원활한 소통의 비결이다.

66

데이브는 뉴욕에서 빵집을 운영하고 있다. 그는 한 호텔에 자신의 빵을 정기적으로 납품하려고 무려 4년이나 노력 중이다. 이 4년 동안 그는 매주 호텔을 방문해 회장을 만났고, 회장이 속한 사교 모임에 나갔으며, 심지어 이 호텔에 얼마 동안 투숙하기까지 했다. 하지만 그의 눈물겨운 노력은 어떠한 성과도 만들어내지 못했다.

어느 날 데이브는 지난 4년을 찬찬히 돌이켜 보았다. 가만히 생각해보니 이야기를 나눌 때마다 호텔 회장은 언제나 시큰둥한 반응이었다. 이는 그가 대화에 흥미를 느끼지 못한다는 의미였다. 대화가 즐겁지 않고, 심지어 시간을 낭비하는 괴로운 일인데 같이 일하고 싶은 마음이 들겠는가? 이에 데이브는 회장이 흥미를 느낄만한 화제를 찾기로 했다.

이후 며칠 동안 조사한 끝에 데이브는 이 호텔 회장이 전미 호텔 식음료 협회의 회원으로 차기 회장직을 노린다는 사실을 알아냈다. 나중에는 국제 호텔 식음료 협회 회장이 되려는 생각도 있어 보였다. 실제로 회장은 이 협회에서 여는 모임이나 행사는 규모가 크든 작든 항상 참석해서 얼굴도장을 찍고 있었다.

다음 날 회장을 찾아간 데이브는 전미 호텔 식음료 협회 이야기를 넌지시 꺼냈다. 그러자 회장은 갑자기 화색이 돌더니 큰 관심을 보이면서 1시간 넘게 그와 이야기를 나누었다. 데이브는 이번에야말로 제대로 짚었구나 싶어 함께 신나게 이야기를 나누었다. 사무실을 나오기 전, 회장은 그에게 협회에 가입해서 함께 활동하자고 권유했다.

이날 대화에서 데이브는 빵 납품에 관한 이야기는 한마디도 하지 않았다. 그러나 며칠 후, 식음료부 담당자가 먼저 그에게 전화를 걸어 납품 협상을 위해 제품 샘플과 가격표를 가지고 와달라고 말했다.

"

만약 데이브가 협상 전략을 바꾸지 않았다면 빵을 납품할 수 있었을까? 회장의 관심사를 알아내지도 않고 계속 빵 납품 이야기만 꺼냈다면 그는 끝까지 실패했을 것이다.

심리학에 따르면 사람은 자신의 관심과 이익을 중심으로 문제를 사고한다. 그러므로 상대방의 마음을 얻으려면 그의 관심사를 우선 파악해서 흥미를 유발해야 한다. 이것이 그에게 이익을 가져다줄 수 있다고 느끼게 해야 한다.

좋은 인간관계를 원한다면 상대방의 흥미와 관심사를 칭찬해야 한다. 자신의 것은 잠시 숨겨두고 상대방에게 최대한 맞춰서 이야기하며 그들이 주동적으로 더 많이 이야기하도록 자극하는 태도가 필요하다.

상대방의 흥미와 관심사를 이용해 그가 자발적으로 우리를 위해 일하게 하면 원하는 바를 쉽게 달성할 수 있다.

같은 책을 읽은 두 사람 사이에는 유대감이 형성된다.

- 랄프 왈도 에머슨 -

사교에서는 상대방의 관심사를 이용해 그가 더 많이 말하게 해야 한다. 그러면 그의 '말하려는 욕구'를 만족하는 동시에 그가 당신을 더 좋아하게 만들 수 있다. 상대방의 관심사를 위주로 이야기하며 당신이 원하는 바를 곁들인다면 그를 움직여 당신의 목표를 실현할 수 있다.

천천히, 신중하게 부탁하라.

살다 보면 타인에게 부탁 혹은 요구해야 할 때가 분명히 있다. 하지만 무턱대고 이야기하면 부탁이 받아들여질 리 없고 오히려 반감만 살 테니 여기에도 반드시 기술이 필요하다. 모든 사물이 점진적으로 발전하는 이치는 여기에도 적용된다.

당신의 부탁이나 요구가 상대방에게 받아들여지려면 작은 것부터 시작해서 천천히 '확대'해야 한다. 다음은 이와 관련해서 하버드에서 자주 언급되는 사례다.

한 심리학자가 다음과 같은 실험을 했다.

그는 먼저 대학생 한 명을 현지 주택가로 보내 주부들을 방문해서 아주 '간단한 일'을 부탁하게 시켰다. 그가 말한 '간단한 일'이란 안전 운전 청원서에 서명을 받는 일이었다. 일종의 공익 캠페인 활동이어서 대부분 주부가 흔쾌히 서명해주었고, 아주 소수의 주부만 바쁘다는 이유로 거절했다.

2주 후, 심리학자는 다른 대학생 한 명을 같은 지역으로 보냈다. 이 대학생은 이전의 대학생이 방문한 주부들을 방문하고, 대학생의 방문을 받은 적 없는 주부들도 같은 수로 방문해야 했다. 부탁 내용도 약간 달랐다. 그는 안전 운행을 호소하는 커다란 간판을 보여주면서 앞으로 2주 동안 마당에 꽂아놓아 달라고 부탁했다. 이 무겁고 투박하게 생긴 간판은 주변 환경과 전혀 어울리지 않고, 경관을 해치므로 거절될 가능성이 컸다.

실험 결과는 놀라웠다. 이전에 대학생의 방문을 받은 적 없는 주부 중 부탁들 들어준 사람은 약 17%에 불과했지만, 이전에 대학생의 방문을 받았던 주부들은 55%나 부탁을 받아들였다.

심리학자는 이 결과에 대해 사람들은 상대방에게 좋은 인상을 남기고 유지하기 위해 이성적으로 해석하기 어려운 일을 하기도 한다고 해석했다. 처음에 안전 운전 청원서에 서명한 주부들은 두 번째 방문에서 더 큰 부탁을 받았을 때, 달갑지 않았음에도 '즐겁게 남을 돕는' 자신의 이미지를 유지하기 위해 마당에 못생긴 간판을 세우기로 한 것이다.

이 실험은 타인의 작은 부탁을 받아들인 사람이 후에 더 높은 수준의 부탁을 받으면 상대적으로 쉽게 받아들이는 경향이 있음을 보여준다. 즉 갑자기 어려운 부탁을 하기보다 작은 부탁에서부터 시작해 차근차근 수준을 높이면 원하는 바를 이룰 수 있다. 심리학에서는 이를 '문전 걸치기 기법 Foot in the door'이라고 한다. 큰 행동을 유도하기 위해 거절을 못 하도록 작은 행동부터 개입시키는 방법이다. 이렇게 하면 비교적 쉽게 목표를 달성할 수 있다.

다음은 '문전 걸치기 기법'에 관한 우화다.

66

매섭게 추운 사막의 밤, 낙타 한 마리가 천막 밖에서 떨고 있었다.

낙타는 따뜻한 장막 안에서 두 다리를 쭉 편 채 쉬고 있는 주인을 바라보면서 곰곰이 생각했다. '나도 저 안으로 들어갈 수 있으면 좋겠는데……, 주인이 허락할까?' 잠시 생각을 한 낙타는 주인을 불렀다. "주인님, 밖이 너무 추운데 뒷다리 하나만 장막 안으로 넣어도 될까요?" 주인은 다리 하나쯤은 넣어도 괜찮다고 생각하고 너그럽게 허락했다.

잠시 후, 낙타가 다시 주인을 불렀다. "주인님, 한쪽 다리는 안에 있고, 한쪽 다리는 밖에 있으니까 기온차가 커서 감기에 걸릴 것 같아요. 반대쪽 다리도 마저 넣으면 안 될까요?" 주인은 "그래? 감기에 걸리면 안 되지. 그러면 밖에 있는 뒷다리 한쪽도 넣어."

다시 시간이 조금 흐른 후, 낙타는 또 주인을 불렀다. "주인님, 몸의 절반은 장막 안에 있고, 절반은 밖에 있으니 너무 불편합니다. 머리를 좀 집어넣어도 될까요?"

이렇게 해서 낙타는 그날 밤 주인과 함께 장막 안에서 자게 되었다.

99

회사에서도 '문전 걸치기 기법'을 적용할 수 있다. 기업의 관리자로서 부하직원에게 까다로운 업무를 시켜서 불만을 살까 봐 걱정된다면, 먼저 유사한 종류의 비교적 간단한 업무를 시킨 후에 점진적으로 일의 수준을 높이면 된다. 특히 신입사원에게 처음부터 너무 어려운 일을 시키면 자신감을 잃고 적극적으로 일하지 않을 수 있으므로 이전에 그가 했던 업무보다 조금 더 수준 높은 업무를 주면서 실력을 키워줘야 한다. 그가 새로운 업무를 해내면 상사로서 즉시 칭찬과 격려를 아끼지 않고 다시 조금 더 수준 높은 업무를 부여한다. 이렇게 해야 신입사원도 쉽게 업무를 받아들이고 자신감을 잃지 않을 수 있다.

미국 한 대학에서 졸업생 여섯 명을 자금, 규모, 인원 환경이 매우 유사한 세 회사에 각각 두 명씩 인턴으로 보냈다. 첫 번째 회사의 인턴 두 명은 매우 단순한 업무를 배정받았다. 이 업무에는 어떠한 지식 및 기술이 필요 없었다. 두 번째 회사에 들어간 인턴 두 명은 쉬운 일부터 시작해 점점 어려운 일을 배우기 시작했다. 그들은 자신이 앞으로 어떤 일을 하게 될 것인지에 관해 정확하게 인지하고 있었다. 한편 세 번째 회사의 인턴 두 명은 자신의 능력을 훨씬 넘어서는 일을 맡아 고군분투했다. 그들은 하루에도 몇 번씩 선배와 상사에게 물어보아야 했고, 업무 하나를 완성하는 데 큰 고생을 해야 했다. 3개월 후, 대학이 조사한 바에 따르면 첫 번째와 세 번째 회사에 들어간 인턴 네 사람은 모두 그만두었으며, 두 번째 회사에 간 두 명만 안정적으로 발전하며 적극적으로 일하고 있었다.

사실 '문전 걸치기 기법'은 일상에서 쉽게 찾아볼 수 있다. 남자가 대뜸 평생 함께 살자고 하면 여자는 놀라서 도망갈 것이다. 하지만 자주 만나서 함께 영화를 보고 식사하고, 같이 더 많은 일을 하다 보면 평생 함께 살고 싶다는 소망이 이루어질 수 있다. 또 영업사원은 처음 만나는 고객에게 작은 상품을 팔고 이후 거래 규모를 점점 더 키우면서 신뢰를 쌓으면 정말 원하는 상품을 팔 수도 있다.

부탁과 요구는 급하게 할 일이 아니다. 처음부터 너무 크게 시작하면 거절당할 가능성이 크므로, 처음에는 작게 시작해서 허락받고, 다시 조금 더 큰 걸 이야기한다. 이런 식으로 몇 번 반복하면서 목표를 향해 한발 한발 나가야 한다.

말은 부드럽게, 행동은 대범하게
- 시어도어 루스벨트 -

사교하면서 타인의 행위를 바꾸고 자신의 목적을 달성하고 싶다면 우선 상대방에게 비교적 간단한 것부터 요구하고, 이것이 받아들여지면 다시 더 큰 요구를 한다. 이렇게 점진적으로 요구사항을 키워나가야 진짜 원하는 목적을 달성할 수 있다.

Harvard Psychology Lecture

6장

일과 성공

"가장 경쟁력 있는 사람이 되다"

직장인으로서 자기 위치를 모르는 사람, 열심히 일하지 않는 사람, 자신을 표현하지 않는 사람, 즐겁게 일하지 않는 사람, 세련되게 처세하지 못하는 사람, 업무 스트레스를 해소할 줄 모르는 사람……, 이런 사람들은 묵묵히 일하면서 직장에서 이리 치이고 저리 치이다가 그저 그런 직장인으로 쓸쓸하게 사라진다. 하버드는 직장에서 심리학 지식으로 강한 내면을 다져서 모두가 주목하는 인재로 거듭날 수 있다고 말한다. 한걸음으로 정상에 오를 수 없고, 힘 한 번 들이지 않고 편하게 성공할 수 있는 사람도 없다. 성공으로 가는 길 위에서 우리는 무수한 장벽과 걸림돌을 넘어야 한다.

재미가 일을 즐겁게 만든다.

심리학에서 재미는 '대상에 대한 즐거운 관심'을 일컫는다. 장담컨대 지금 당신이 하는 일을 재미로 삼는다면 그 자체로 행복할 수 있다. 재미는 순수한 마음으로 지식을 구하고, 기꺼이 특정한 일에 종사하게 만드는 정신적 역량이자 동력이다. 이런 의미에서 재미는 당신을 좋은 방향으로 이끌어주는 스승과 같다. 사람이 어떤 대상에 재미를 느끼면 즐거움과 흥분이라는 감정이 생겨난다. 그 결과 스스로 사물을 인식하려는 의지가 샘솟고 적극적으로 배우고 행동하고자 한다. 자기가 하는 일이 행복을 가져다주는 존재라고 여길 때만이 비로소 커다란 발전이 가능하다.

하버드 행복학 교수 탈 벤 샤하르는 강의 중에 자신이 아는 한 변호사의 이야기를 한 적 있다. 이 변호사는 뉴욕의 한 대형 로펌에서 많은 연봉을 받으며 열심히 일한다. 그는 전형적인 '일 중독자'로 일주일에 최소 60시간씩 일하지만 사실 성과는 그에 미치지 못하고, 인생도 그리 즐겁지 않다. 마치 일하기 위해서 일하는 것처럼 보일 뿐이다. 어느 날, 샤하르가 이 변호사에게 정말 하고 싶은 일이 무엇인지 묻자 그는 화랑에서 일하고 싶다고 말했다. 샤하르는 미소 지으며 다시 질문했다. "그거라면 지금도 할 수 있지 않나요?"

그러자 변호사는 사실 예전에 젊었을 때 화랑에서 일한 적 있는데 수입이 턱없이 적어서 지금과 같은 삶은 꿈도 꾸기 어렵다고 말했다.

그는 자신이 비록 로펌 안의 대부분 사람에게 반감을 느끼고 일도 재미없어서 결코 행복하다고 할 수는 없으나, 생존하려면 다른 선택이 없다고 덧붙였다.

안타깝게도 너무 많은 사람이 금전적 보상을 이유로 하고 싶지 않은 일을 한다. 매일 일하지만 무미건조할 뿐이고, 성취감을 느끼기 어렵다. 그들에게 일은 행복을 가져다주는 존재가 아니다. 한 조사에 따르면 미국인의 50%가 자신이 하는 일에 만족하지 못한다고 한다. 샤하르는 사람들이 성공하지 못하는 까닭이 일에서 어떠한 재미도 느끼지 못해 동력이 부족한 탓이라고 보았다. 또 그는 이런 상황이 현실의 물질과 재물이 그들에게 매우 중요해서, 아니 평생의 목표이기 때문이라고 설명했다.

일이 당신에게 고통을 안기는 존재인데 성공하겠다는 생각은 너무나 허황하다. 동서고금 각 분야의 유명인사 중에 좋아하지도 않는 일을 해서 탁월한 성과를 올린 사람은 단 한 명도 없다.

이탈리아 천문학자 갈릴레오 갈릴레이 Galileo Galilei 는 젊은 시절, 철학에 매료되어 더 깊이 연구하고 싶었지만, 아버지의 강한 반대에 부닛혔다. 어느 날, 갈릴레이는 아버지를 찾아가 대화를 시작했다.

"아버지, 다른 사람이 아닌 어머니와 결혼하신 특별한 이유가 있나요?"

"그건 내가 네 어머니를 깊이 사랑하기 때문이었지."

"다른 사람과의 결혼은 생각해보지 않으셨나요? 아니면 어머니보다 더 좋은 사람을 만나지 못했나요?"

"불가능한 일이었어. 집안에서는 내 고향 마을의 부유한 집 딸과 결혼하라고 재촉했지만, 나는 이미 네 어머니와 사랑에 빠졌으니까. 네 어머니처럼 아름다운 사람을 본 적 없다. 나는 완전히 매혹되었지. 잠시라도 만나지 못하면 너무 불안하고 슬펐어. 네 어머니가 없으면 견딜 수 없는 지경까지 갔단다. 그래서……"

갈릴레오는 아버지의 이야기를 다 들은 후, 다시 물었다.

"역시 그럴 줄 알았어요. 지금도 두 분은 정말 깊이 사랑하시잖아요. 그런데 아버지, 지금 저는 옛날에 어머니와 사랑에 빠진 아버지와 비슷한 처지에요. 철학 말고는 다른 무엇도 생각할 수 없으니까요. 철학이야말로 제가 갈망하고 추구하는 유일한 학문이에요. 아버지가 어머니와 떨어지기 싫었던 것처럼 저도 그렇다고요."

갈릴레오는 '일'을 '사랑'으로 전환해서 아버지가 자신의 각도에서 철학을 바라보도록 해 설득에 성공했다. 갈릴레오의 아버지는 아들의 간곡한 이야기에 결국 고집을 꺾고 철학 연구를 허락했다.

이후 갈릴레오는 철학에 모든 열정을 쏟아부었고 평생 유심론과 교회의 스콜라 철학에 투쟁했다. 그는 구체적인 실험을 통해 자연의 규율을 인식하기를 주장하며, 물질의 객관성, 다양성 그리고 우주의 무한성을 인정함으로써 유물론의 발전에 커다란 공헌을 했다.

하버드는 '학생들에게 좋아하는 일을 해야' 아니면 '일을 좋아하는 대상으로 삼아야' 가장 좋은 마음가짐과 태도로 최선을 다해 주어진 일을 훌륭하게 완수할 수 있다고 가르친다. 온 마음과 에너지를 일에 투자하고, 일 자체에 재미를 느끼며 행복하게 일해야 탁월한 성공을 거둘 수 있다.

너무나 좋아해서 보기만 해도 즐겁고 재미있는 일을 선택한다면 일은 더 이상 일이 아니라 하나의 예술이 된다. 시간이 흐를수록 일은 더 즐거워져 삶은 정신적 포만감과 활력으로 충만해 더 행복해질 것이다.

> 만약 호기심과 순수한 지식욕이라는 동력이 없었다면
> 인류 사회에 거대한 가치를 지닌 창조는 존재하지
> 않았을 것이다.
> - 닐 루덴스타인 -

온 힘을 다해 좋아하는 일을 해서 일 자체가 행복이 될 때, 비로소 성공할 수 있다.

개인이 아니라 조직이다.

나날이 경쟁이 치열해지는 현대 사회에서 홀로 싸우는 영웅의 시대
는 끝났다. 지금은 조직 내 협력과 합작의 역량만이 승리를 거두는 조
건이 되었다. 이 시대에 개인의 역량은 조직의 역량에 비할 수 없다.

실험자들이 꿀벌 일고여덟 마리를 작은 나무 상자 안에 넣고 밀봉
했다. 며칠 후 상자를 열었을 때, 그들은 상자 내벽에 일고여덟 개의
작은 구멍을 발견했다. 모든 구멍은 깊이가 나무판 두께의 절반 이상
을 넘었고, 안에서 각각 죽은 벌이 한 마리씩 발견되었다. 실험자들
은 꿀벌들이 탈출하려고 각자 나무판에 구멍을 뚫으려다가 실패했다
고 추측했다.

생사의 갈림길에 선 꿀벌들이 서로 힘을 모아 구멍 하나를 돌아가
면서 팠더라면 나무 상자에서 쉽게 탈출할 수 있었을 것이다. 하지만
그들은 각자 살겠다고 제각각 구멍을 파다가 결국 하나도 살아남지
못했다.

하버드 교수들은 위급할수록 문제를 해결하기 어려우며 이럴 때
는 협력과 합작의 역량을 발휘해야만 최소의 대가로 최대의 성공을
거둘 수 있다고 말한다.

현대 사회에서 협력과 합작은 업무를 완수하는 가장 강력한 힘이
다. 늑대는 이러한 조직의 역량을 가장 효과적으로 사용하는 동물로

꼽힌다. 늑대무리는 강한 협동심과 왕성한 투지를 완벽하게 결합해 거친 야생에서 살아간다.

늑대무리는 '일렬종대'로 설원을 이동한다. 맨 앞에서 무리를 이끄는 우두머리는 발 앞에 쌓인 눈을 밀고 나가면서 길을 만들며 나아간다.

우두머리는 눈을 헤치고 나가느라 힘이 빠지면 자연스럽게 줄의 옆으로 이동해 뒤따르던 늑대가 대신 선봉을 맡게 한다. 자연스럽게 앞자리를 넘겨준 그는 걷는 속도를 늦춰서 맨 뒤로 가 힘을 비축한다. 이동하는 늑대무리는 이런 식으로 연이어 선봉이 바뀐다.

그들은 이동 중에 사냥도 하고, 다른 천적의 공격을 막아내기도 한다. 선봉에 선 늑대는 힘을 많이 소모했으므로 중간과 후미에서 최대한도로 체력을 충분히 유지한 늑대들이 사냥에 나선다.

사냥할 때 그들은 눈밭에서 강한 적을 만나면 즉각 대형을 바꾸어 무리를 지어 함께 공격하고 방어한다. 이때 늑대들은 모두 전력을 기울여서 죽을힘을 다해 끝까지 싸운다.

한번은 여섯 마리로 구성된 늑대무리가 설원에서 이동 중에 사향소 무리를 만났다. 그들은 즉각 대형을 변경하고 사향소들을 높고 평평한 곳으로 몰기 시작했다. 그중 늑대 두 마리는 서쪽에서 사향소 무리가 있는 작은 언덕으로 숨죽여 아주 천천히 접근했다. 그들은 마치 깊은 바다 밑에서 고속으로 잠행하는 어뢰처럼 신속하고 고요하게 적의 후미에 완벽하게 접근해 가장 예리한 이빨을 사향소 한 마리의 몸뚱이에 깊게 박아 넣었다. 이 공격을 신호탄으로 무리의 다른 늑대들도 삼면에서 총공격을 시작했다. 돌격하는 늑대의 모습은 마치 세 개 방향에서 동시에 터지는 화약의 불꽃같았다. 늑대들은 풀숲에서 순식간에 뛰어올라 세 개 방향에서 사향소 무리로 돌진했다. 번개처럼 빠르지만 요란하지 않은 조용한 돌파다.

늑대의 기습에 놀란 사향소 무리는 사방으로 도망가고, 늑대들이 그 뒤를 쫓았다. 살기등등한 늑대무리의 공격에 사향소들은 당황해서 어쩔 줄 몰랐다. 무리는 이미 흐트러졌고, 혼자가 된 사향소들은 멍하니 선 채로 늑대들의 처분만 기다릴 뿐이었다.

사실 늑대와 사향소 무리의 규모를 따지면 후자 쪽이 훨씬 컸다. 하지만 늑대들은 협력할 줄 알기에 각자의 욕심을 내려놓고 배고픔을 참으며 가장 좋은 사냥 기회를 포착해서 함께 움직였다.

하버드 교수들은 늑대가 상호 협력의 힘을 알고 이용할 줄 아는 덕분에 야생에서 최강자로 군림한다고 말한다. 우리는 늑대무리의 지혜를 배워야 한다. 조직 속에서 자신이 수행해야 하는 역할을 정확히 파악하고, 조직의 힘을 빌려 업무를 완성할 줄 알아야 한다. 또 조직의 목표를 위해 자기 이익을 희생하는 법도 배워야만 한다.

직장에서 자신이 맡은 업무가 대단하지 않다고 속상해할 필요 없다. 당신은 조직의 일원으로서 분업과 협력의 일부분을 담당하고 있고, 어떤 업무든 성실하고 열심히 해내면 조직의 성공에 이바지할 수 있다. 조직의 성공은 곧 당신에게 기회로 돌아올 것이다. 회사와 한 배를 탔다고 생각해야 개인의 가치도 실현할 수 있다.

조직 내 협력이 부족해 실패한 기업이 다른 원인으로
실패한 기업보다 훨씬 많다.

– 빌 게이츠 –

협력과 합작은 조직이 살아남고 승리를 거두는 힘이다. 사실 이 두 가지는 조직을
돕는 동시에, 그 안에 있는 구성원들에게도 매우 이로운 일이다. 타인과 협력할 줄
모르고 합작의 가치를 이해하지 못하는 사람은 일하는 중에 늘 사방에서 벽에 부딪
힌다. 합작을 배우고 선택하고 착실히 수행해야만 직장에서 더 순조롭게 생활할 수
있다.

모든 나무판이 골고루 높아야
물을 많이 담는다.

심리학에 '나무통 이론'이라는 것이 있다. 나무판 네 개로 만든 나무통에 물을 채울 때, 들어가는 물의 양은 높이가 가장 높은 나무판이 아니라 가장 낮은 나무판이 결정한다. 마찬가지로 개인의 종합적 능력 수준을 결정하는 요소는 그의 가장 뛰어난 자질이 아니라 가장 부족한 자질이다.

한 심리학자는 나무통 이론을 연구해 세 가지 결론을 도출했다. 첫째, 나무통에 물을 가득 담으려면 이 나무통을 이루는 나무판들의 높이가 모두 골고루 높아야 한다. 그중 하나라도 높지 않으면 원하는 만큼 물을 채울 수 없다. 둘째, 가장 낮은 나무판보다 높은 나무판들은 아무런 실제적 의미가 없다. 오히려 높을수록 나무만 낭비다. 셋째, 나무통에 물을 더 많이 담으려면 가장 낮은 나무판의 높이를 올려야 한다. 이는 가장 효과적인 동시에 유일한 방법이다.

나무통 이론은 사실상 모든 세상 만물에 적용된다. 조직의 경우, 조직을 구성하는 각 부분은 그 차이가 들쭉날쭉한데 그중 수준이 가장 낮은 부분이 조직 전체의 수준을 결정한다. 이 '약한 부분'은 조직의 다른 자원을 방치, 심지어 낭비하게 만들어 조직이 제 기능을 충분히 발휘하지 못하게 만들어 발전의 걸림돌이 된다. 하지만 그 역시 조직을 구성하는 일부분이며, 단지 다른 부분보다 부족할 뿐이다. 나무통을 만드는 나무판 하나가 짧다고 떼버리면 아예 물을 채울 수 없지 않은가? 그러므로 조직 전체가 제대로 작용하게 하려면 반드시 가장 약한 부분을 보충해야 한다. 갖은 방법을 동원해서 가장 낮은 나무판이 가장 높은 나무판만큼 높아지게 해야 조직의 잠재력을 아낌없이 충분히 발휘하고 경쟁에서 살아남을 수 있다.

기업이 나무통이라면 직원들은 이 나무통을 이루는 하나하나의 나무판이다. 당신은 지금 조직에서 몇 번째로 높은 나무판인가? 혹시 가장 낮은 나무판이지는 않은가? 그렇다면 당신의 가장 낮은 나무판을 찾아 얼른 보완해야 한다. 사실 개인의 성패를 결정하는 부분은 작은 디테일들, 예컨대 업무 태도나 생활 습관 등이다. 더 높은 차원으로 발전하기 위해서 불량한 습관이나 태도를 개선하고, 약한 부분을 보충해서 지식과 경험을 더해 각 방면에서 골고루 능력을 키워야 한다.

그런데 종종 나무통 이론의 의미를 잘못 이해해서 원하는 결과를 얻지 못하고 낭패를 보는 사람들이 있다. 대부분 경우 나무판들의 높이를 전부 올리려고 하기 때문이다. 이런 상황을 피하려면 회사의 조직 구조와 각 요소, 예컨대 상품 생산 프로세스, 비즈니스 운영 모델, 각 조직 시스템 속의 부분들을 모두 면밀하게 사고해야 한다. 관리자는 이 중에서 가장 약한 부분을 골라내고 엄격하게 관리해서 전체 업무에 영향을 주지 않도록 할 의무가 있다.

이른바 "장점을 살리고 단점을 보완하라!"라는 말은 장점으로 단점을 메우라는 말이 아니다. 이 말은 장점을 살려라가 아니라 단점을 보완하라에 방점을 찍어야 한다. 나무통 이론에 따르면 단점을 보완

6장. 일과 성공

함으로써 전체 수준을 높여야지 장단점을 따지지 않고 무조건 더 나아지게 해봤자 전체적인 효과를 일으키기 어렵다.

한 조직의 전투력은 그중 가장 능력이 뛰어나고 돋보이는 사람이 아니라, 가장 능력이 떨어지고 드러나지 않는 사람으로 결정된다. 가장 짧은 나무판이 가장 긴 나무판의 작용을 방해하며 조직 전체의 역량과 실력에 영향을 미치기 때문이다. 조직이 물을 가득 채운 나무통처럼 되려면 가장 짧은 나무판을 찾아서 키우는 일이 급선무다. 그렇게 해서 모든 나무판이 '충분히 길어져야' 가장 높은 수준으로 작용할 수 있다. 지금처럼 경쟁이 치열한 시대에는 조직 내 단 한 사람이라도 능력이 평균 수준보다 낮으면 성공하기 어렵다.

직장에서 두각을 드러내고 싶다면, 아니 적어도 조직의 골칫덩이가 되지 않으려면 자신의 짧은 나무판을 보완해야 한다. 이로써 천천히 조직의 선두 자리로 나아갈 수 있다.

성공은 타고난 운명이 아니라 타고난 자질을
일반적이지 않은 수준까지 발전시킨 결과다.
- 시어도어 루스벨트 -

직장에서 장점을 살리고 단점을 보완하라는 말은 장점으로 단점을 메우라는 뜻이 아니다. 중요한 것은 단점, 즉 가장 취약한 부분을 확충하는 데 있다. 가장 잘하는 부분과 가장 못 하는 부분의 차이를 줄여야 직장에서 최대한도로 잠재능력을 발휘할 수 있다.

업무 스트레스를 해소하라.

혹시 과도한 업무 스트레스가 당신의 생활 리듬을 흐트러뜨리고 있는가? 직장에서 받은 스트레스를 어떻게 해소할지 몰라 고민스러운가? 직장인이라면 누구나 회사에서 각종 스트레스에 시달린다. 상사의 압박, 동료들 사이의 경쟁, 계속되는 회의, 끝없이 쏟아지는 지시, 아직 완성하지 못한 보고서……, 거의 모든 직장인이 이런 상황에 놓였거나 놓인 적 있으며 이 때문에 거대한 스트레스에 시달리고 있다. 문제는 이런 상태가 너무 길어지면 심신이 지쳐 걷잡을 수 없는 상태까지 간다는 것이다.

직장인이라면 업무 중에 받는 스트레스를 스스로 해소하는 방법을 찾아야 한다. 그래야 몸과 마음이 모두 건강하게 오랫동안 일할 수 있으며, 더 많은 에너지를 업무에 투입해 일을 훌륭하게 완성할 수 있기 때문이다.

66

뉴욕의 직장인인 마이크는 입사한 지 얼마 되지 않아 새로운 프로젝트의 담당자가 되었다. 이는 스물여섯 살의 젊은 직장인에게 흔한 기회가 아니었기에 마이크는 많은 축하와 부러움이 섞인 눈길을 한 몸에 받았다. 하지만 얼마 지나지 않아 마이크는 이전과 달리 말수가 크게 줄어들었다. 종일 답답하고 가라앉은 기분으로 간신히 버텼으며 동료들과 퇴근 후에 가볍게 술 한 잔 마시는 일도 없어졌다. 집에 가서도 바로 침대에 뻗어 눈을 감고 한참을 누워서 남은 힘을 끌어모은다. 그런 후에 천천히 다시 일어나서 잘 때까지 소파에 앉아 멍하니 텔레비전을 본다. 한마디도 하지 않으면서……

어느 날, 친구를 만난 마이크는 자신의 상황을 토로했다. "2년 동안 일하면서 지금처럼 힘들어서 무너질 것 같은 때는 처음이야. 심지어 꿈에서도 일에 쫓기고 있다니까!" 상사는 일 잘하고 업무성과가 뛰어난 마이크에게 적지 않은 기회를 주고 큰 기대를 걸고 있다. 하지만 이상하게도 마이크는 일을 잘 해내고 싶을수록 더 잘 해낼 수가 없었다. 그는 자신이 업무 스트레스에 무너지고 있다고 생각했다.

마이크와 동갑인 헨리도 상황이 별반 다르지 않다. 작은 회사에 다니는 그는 대학을 졸업했지만 특별한 경쟁우위가 없다 보니 만족스러운 일을 찾지 못했다. 일은 즐겁지 않지만, 생계를 유지하려면 다른 방법이 없으니 정신을 못 차릴 정도로 바쁘게 일하고 있다.

"

사례의 마이크와 헨리는 모두 심각한 업무 스트레스에 시달리고 있다. 더 큰 문제는 그들이 스트레스에 제대로 대처하지 못한다는 사실이다. 두 사람뿐 아니라 사회에 발을 들인 지 얼마 되지 않은 청년 중에 과도한 업무 스트레스에 시달리는 사람이 적지 않다. 아름다운 청춘이라지만, 실상은 종일 일에 시달리고 사방에서 오는 무차별적인 압박에 심신이 고달프다. 하버드 교수들은 이제 막 일을 시작한 젊은이들이 업무 스트레스를 처리하는 법을 알아야 한다고 강조한다. 단순히 스트레스를 줄이기만 해도 삶이 훨씬 나아지고, 일도 원하는 대로 풀릴 것이다.

직장에서 승승장구하려면 우선 업무 스트레스부터 없애야 한다. 자신에게 알맞은 방법으로 스트레스를 없애야 충분한 에너지로 새로운 일과 도전에 뛰어들고, 각종 문제에 합리적이고 효과적으로 대응하면서 성공으로 나아갈 수 있다.

여유롭게 살려면 예술가 같은 기질이 필요하다. 그저
여유로운 마음으로 여유로운 오후를 보내기만 하면 된다.
- 작가 린위탕 -

어느 정도의 압박은 일할 때 동력이 되기도 하지만, 업무 스트레스가 건강을 해치고 일상생활에 영향을 미칠 정도로 과다해지면 반드시 해소할 방법을 찾아야 한다. 심신 건강에 위해를 끼치는 요소를 없애야 일도 제대로 할 수 있다.

승진한 자, 그 무게를 감당하라.

대부분 직장인이 '승진'을 열심히 일하는 목적으로 삼는다. 그런데 승진하면 새로운 직위에서 성과를 낸다고 확신할 수 있는가? 만약 자신과 맞지 않는 자리로 승진한다면 꼭 그렇지 않을 수도 있다. 미국의 교육학자인 로렌스 피터Laurence J. Peter가 제시한 '피터의 법칙Peter principle'에 따르면 위계 조직에서 각 구성원은 자신의 무능력이 드러나는 단계까지 승진하는 경향이 있다. 다시 말해 회사는 어떤 업무에서 성과를 낸 직원을 승진시켜 새로운 업무를 맡기곤 한다. 하지만 이런 식으로 승진을 거듭하면 자기 능력을 넘어서거나 적성에 맞지 않는 일을 맡아서 오히려 기대한 성과를 내지 못할 수 있다.

수직적 위계 조직에서 능력을 인정받은 구성원은 한 단계씩 승진을 계속해서 마지막에는 더 이상 승진할 수 없는 자리에까지 가게 된다. 하지만 승진의 기쁨도 잠시, 새로운 직책과 궁합이 맞지 않아 좌절하고 스트레스를 받는 경우가 적지 않다. 그들은 자신이 해당 업무를 처리할만한 능력이 되지 않는 걸 알지만, 인정하지 않고 끝까지 자리를 지키려 한다.

그 유명한 워털루 전투의 주인공은 단연 나폴레옹이지만, 사실 전투의 승패를 결정한 사람은 나폴레옹의 수하인 에마뉘엘 드 그루시Emmanuel de Grouchy다. 프랑스 대혁명 당시, 나폴레옹 군대의 병사였던 그루시는 이후 1794년에 소장으로 진급했고, 워털루 전투에서는 기병 예비부대를 지휘하는 일을 맡았다.

1815년 6월 18일 오전 11시, 치열한 전투에서 이미 수많은 사상자가 발생하자 양측은 모두 지원군을 애타게 기다렸다. 얼마 후, 블뤼허가 이끄는 프로이센 군대가 도착해 영국군을 지원했지만, 어찌 된 일인지 프랑스의 지원군은 올 기미가 보이지 않았다. 프랑스군 전선은 영국 프로이센 연합군의 맹공격에 곧 무너질 위기였다. 대체 왜 아직도 안 오는 거야?

워털루 전투가 한창일 때, 그루시는 나폴레옹의 '명령대로' 수 마일 밖에서 흩어진 프로이센 군대를 추격하는 중이었다. 대포 소리가 연이어 울리자 본격적인 전투가 시작된 것을 알아차린 그루시의 부하들은 어서 돌아가 나폴레옹을 지원하자고 수차례 말했지만, 그루시는 동의하지 않았다. 명령이 내려지지 않았기 때문이다. 그는 오직 명령받은 대로 프로이센군의 잔당을 소탕하는 데만 집중했다.

이상은 '피터의 법칙'이 적용된 전형적인 사례다. 그루시는 명령에 충실한 군인이었지만, 패기 넘치는 영웅도 장막 뒤의 전략가도 아니었다. 즉 중요한 전투에서 기병 예비부대를 지휘할만한 사람이 아니었던 것이다. 그는 나폴레옹을 따라 20여 년 동안 수많은 전투를 경험했고, 꾸준한 성과를 보였기에 한 단계씩 승진할 때마다 어떠한 반대에도 부딪힌 적 없다. 하지만 그는 융통성이 없고 전체적인 전투 상황을 파악하는 능력이 부족한 탓에 결과적으로 나폴레옹의 정치 생명을 끝내는 데 일조했다.

우리는 일과 생활 곳곳에서 '적임'이 아닌 사람을 목격한다. 몸은 그 자리에 있지만, 그 일을 잘하지는 못하는 사람 말이다. 성격이 부드럽고 온화하지만 제대로 하는 일은 하나도 없는 정치인, 호언장담으로 유약한 내면을 감추는 군인, 잘못된 예측을 상황이나 환경 탓으로 돌리는 자칭 전문가들…….

현대 사회에서 대부분 조직은 서로 다른 직위나 등급으로 구성되었다. 그중 어느 한 자리가 비면, 다른 자리에 있는 사람이 건너와서 빈자리를 채운다. 이 과정은 대체로 매우 빠르게 진행되기 때문에 새로 온 사람은 적응할 수 있는 충분한 시공간을 확보하지 못한다. 당연히 기대한 성과도 내지 못한다. 이런 일은 조직 내부에서 생각보다 빈번하게 일어난다. 그 바람에 그만한 실력이 되지 않는 사람이 자꾸만 윗자리로 올라가서 조직 내 업무 효율이 떨어지고 조직 전체의 발전이 정체하는 상황이 발생한다.

피터의 법칙은 기업이 단순히 '업무성과에 근거해서 승진하는' 시스템을 바꿀 것을 제안한다. 누군가를 특정한 자리에 앉히고 싶을 때는 이전의 업무성과가 어떠했는가가 아니라, 이 사람이 이 자리에 적임자인지를 더 유심히 보아야 한다. 직원이 능력을 발휘할 수 없는 자리로 승진시켜봤자 기업은 자원을 낭비하고, 직원은 실력을 썩힐 뿐이다.

더불어 피터의 법칙은 직장인들에게 승진은 적임자에게만 유의미할 뿐이니 단순히 위로 올라가기 위해 몸에 맞지도 않는 자리를 욕심내지 말 것을 경고한다. 능력을 발휘할 수 없는 곳에 억지로 버티고

앉아 아무 성과도 내지 못하느니, 능력을 드러낼 수 있는 자리에서
장점을 발휘하며 인정받는 편이 훨씬 낫다.

> 많은 사람이 평생 낚시를 하지만, 낚시의 목적이
> 생선을 얻기 위해서가 아님을 모른다.
>
> - 헨리 데이비드 소로 -

대부분 직장인은 계속 승진하기를 간절히 바란다. 하지만 승진이 열심히 일하는 유
일한 목적이 되어서는 안 된다. 직위나 업무에 대한 적응력, 적임 여부 등을 중요하
게 생각하지 않는다면 기어코 승진하더라도 그 자리에서 계속 정체하게 될 것이다.

성공하려면 일단 행동하라!

전 미국 대통령 시어도어 루스벨트는 인생을 미식축구에 비유했다. 인생과 미식축구 모두 승리하려면 엔드라인까지 쉬지 않고 끝까지 내달려야 하기 때문이다. 시간은 잠시도 멈추지 않고 흐르며 한 번 지나가면 되돌릴 수 없다. 그러니 성공하려면 멈추지 말고 머릿속 생각을 즉각 행동으로 옮겨 목표를 달성해야 한다.

꿈을 실현하는 사람을 관찰해보면 절대 느릿느릿 움직이는 법이 없다. 물론 생각을 즉각 행동으로 옮긴다고 누구나 꿈을 실현할 수 있는 건 아니다. 하지만 실패하더라도 그 과정에서 경험과 교훈을 얻는다. 이런 사람들은 아예 행동해본 적 없는 사람보다 훨씬 더 용감하게 다음 행동을 시작할 수 있다. 꿈을 행동으로 전환하는 사람은 성공할 가능성이 있지만, 꿈을 그냥 꿈으로 남겨두는 사람은 몽상가에 불과하다.

66

같은 병원에서 위 검사를 받은 브라이언과 릭이 초조하게 결과를 기다리며 이야기를 나누었다. "이번 일로 많은 걸 느꼈어요. 검사 결과가 어떻게 나오든 바로 여행을 떠날 생각입니다. 그동안 꿈꿔왔던 일을 하면서 남은 인생을 살겠어요." 브라이언의 말에 릭도 동감이라며 맞장구쳤다. 잠시 후, 검사 결과가 나왔다. 브라이언은 단순한 위염으로 나을 때까지 계속 치료받기로 했고, 위암 선고를 받은 릭은 치료를 포기하고 병원을 떠났다.

병원에서 돌아온 릭은 그동안 하고 싶었던 일들을 순서대로 나열한 '버킷리스트'를 썼다. 북아프리카 코끼리와 사진 찍기, 그리스 소크라테스상 앞에서 사진 찍기, 밀란 쿤데라 Milan Kundera의 모든 작품 읽기, 하버드 대학에 입학하기, 죽기 전에 책 한 권을 쓰기……, 전부 쓰고 나니 총 20여 개나 되었다.

릭은 일말의 아쉬움도 남기지 않기 위해 즉각 회사를 그만두고 남은 시간을 꿈을 실현하는 데 사용했다.

얼마 지나지 않아 그는 첫 번째 꿈을 실현했다. 북아프리카와 그리스를 방문해서 원하는 사진을 찍은 것이다. 그러더니 돌아오자마자 놀라운 의지와 노력으로 하버드 입학시험에 합격해 문학을 전공하는 학생이 되었다. …… 이후 몇 년 동안 그는 버킷리스트에 적힌 꿈을 대부분 실현했다. 마지막으로 남은 꿈은 책 한 권을 쓰는 것이었다.

어느 날, 브라이언은 신문에서 릭이 삶에 관해 쓴 글을 우연히 읽었다. 깜짝 놀란 그는 릭에게 연락해 안부를 물었다. "아마 이 병이 아니었다면 내 인생이 얼마나 엉망이 되었을지 상상할 수도 없습니다. 지금은 병 덕분에 내 인생에 신기한 변화가 발생했죠. 감사하게도 나는 꿈을 대부분 실현할 수 있었어요. 마지막 남은 꿈인 책 쓰는 일을 하는 중이에요. 당신은 어떻게 지냈습니까? 원하는 걸 이루었나요?

"

브라이언은 릭의 마지막 질문에 대답하지 못했다. 그때 병원에서 위염을 치료하고 직장으로 돌아갔고 꼭 이루겠다고 마음먹었던 꿈들을 모두 머릿속 저 뒤로 미뤄두었기 때문이다.

전 영국 총리 벤저민 디즈레일리 Benjamin Disraeli 는 "행동이 만족할만한 효과를 가져올지는 확실하지 않지만, 행동하지 않으면 만족스럽지 않은 결과뿐임은 분명한 사실이다"라고 말했다. 행동해야 목표에 가까워지고 성공에 다가설 기회가 생기는 법이다. 목표를 확정했다면 이제는 과감하게 행동할 때다. 괜히 머뭇거리면서 미루거나 마냥 이리저리 재기만 하고 주저해서는 안 된다. 즉각 행동을 취해야 당신이 가는 길을 가로막는 장애물의 힘을 약화해서 끝까지 자신감을 잃지 않고 목표를 실현할 가능성이 커진다.

미국 작가 월터 B. 피트킨 Walter B. Pitkin 은 할리우드에서 아주 과감하고 참신한 아이디어를 들었다. 당시 상황에서 가능성이 꽤 큰 편이어서 현장에 있던 사람들 대부분 긍정적인 반응을 보였다. 하지만 '그래도 혹시 모르니' 이것저것 따지면서 평가와 회의를 거듭하느라 먼저 나서는 사람은 없었다. 다른 사람들이 아이디어의 실현 가능성을 고민하는 동안, 오직 피트킨 한 사람만 즉각 월 가에 전보를 쳐서 아이디어를 설명하고 투자금 1,000만 불을 얻어냈다.

아마 피트킨이 다른 사람들처럼 행동하기를 주저하고 미루었다면 그 좋은 아이디어는 실현되지 않았을 가능성이 크다. 일을 자꾸 미루며 회피하는 사람은 '대체로 아마, 어쩌면……' 같은 개념이 모호한 단어를 써가며 자신이 행동하지 않는 핑계를 댄다. 반면에 피트킨 같이 즉각 행동하는 사람은 옳다고 생각하는 동시에 즉각 집행해서 좋은 결과를 얻는다.

고대 로마의 한 철학자는 "가장 높은 지점에 가고 싶으면 가장 낮은 점에서부터 출발해야 한다. 목표를 실현하려면 반드시 행동부터 시작해야 한다"라고 말했다. 기회가 왔다 싶으면 미루고 미루다가 허무하게 날리느니 자신의 두 손과 두 발로 누구보다 빠르게 성공에 가까워져야 한다.

인생은 미식축구와 같다. 어떻게든
상대편의 라인을 돌파해야 한다.
– 시어도어 루스벨트 –

성공하려면 다양한 요소를 종합, 분석하고 목표를 향해 단계적으로 접근하는 동시에 스스로 '시한'을 정해야 한다. 한 번 정한 시한은 절대 넘기지 말고, 파부침주破釜沈舟의 각오로 모든 퇴로를 끊고 물러설 핑계를 찾지 않는다.

6장. 일과 성공

지금 1분만 더 버티면 성공할 수 있다.

하버드 교수들은 "일단 시작했으면 끝까지 한다"를 강조한다. 그들은 '꾸준함'이 얼마나 중요한지 잘 알기에 제자들에게도 반드시 이를 습관으로 들이도록 한다. 덕분에 학생들은 '하버드 출신'이라는 타이틀은 성공의 상징이 아니며 길고 느린 새로운 여정의 시작일 뿐이라고 여긴다.

인생이라는 마라톤에서 승리하려면 순간적으로 폭발하는 추진력이 아니라 처음부터 끝까지 묵묵히 나아가는 꾸준함이 필요하다. 설령 수십, 수백 가지의 포기할 이유가 있다고 해도 꾸준히 해야만 하는 이유 하나를 찾아야 한다. 성공은 1분 더 계속하는 사람의 몫이다. 지금 1분을 포기하지 않아야 당신의 다음 1분에 희망이 있다.

국제 마라톤 대회의 우승자가 인터뷰에서 중학생 시절 경험했던 일을 이야기했다.

당시 그는 학교에서 열린 10킬로미터 크로스컨트리 대회에 참가했다. 처음에는 쉽게 뛰었지만, 시간이 흐를수록 다리가 무겁고 숨이 찼다. 땀이 쉴 새 없이 등을 타고 흘러내렸고 발바닥까지 아파서 내디딜 때마다 너무나 고통스러웠다. 속도가 느려지고 호흡이 흐트러지기 시작할 때, 자동차 한 대가 그의 옆을 천천히 지나갔다. 경기를 포기하는 선수들을 실어 나르는 경기 지원용 차량이었다. 그 역시 차에 타고 싶었지만, 조금만 더 버텨보자는 생각에 일단 참았다.

얼마 후, 그는 두 눈이 흐릿해지기 시작했다. 가슴은 답답하고 두 다리는 땅에 박힌 듯 무겁고 둔했다. 이때 아까 그 차량이 다시 그의 옆을 지나갔다. 손을 들어 차를 세우고 싶은 마음이 굴뚝같았지만, 억지로 이를 악물고 계속 앞을 향해 뛰었다.

조금 더 뛰니 앞에 야트막한 오르막길이 보였다. 이제는 눈앞이 빙글빙글 돌았고, 전신에 힘이 없었다. 두 다리는 분명히 움직이고 있었지만, 더 이상 자신의 것이 아니었다. 이 상태로 앞에 있는 오르막길에 오르는 건 에베레스트 정상에 오르기보다 더 어려운 일이었다. 절망한 그는 이번에야말로 포기할 수밖에 없다고 생각했다. 그리고 다음번 경기 지원용 차량이 지나갈 때, 그는 주저하지 않고 손을 들었다.

잠시 숨을 고르던 그는 무심코 차창 밖을 보았다가 깜짝 놀랐다. 차가 오르막길을 지나 커브를 트니 바로 결승점이었기 때문이다. 아마 그가 포기하지 않고 1분만 더 달렸다면 완주할 수 있었다!

이후 그는 시합 중에 곧 쓰러질 것 같을 때마다 자신에게 계속 말했다. "1분만 더 하자. 곧 결승점이야!"

어린 시절에는 부모, 선생님이 우리의 보호막이 되어 주었다. 그들에게 불안을 호소하거나 도움을 구하고 투정을 부릴 수도 있었다. 정 힘들면 그들을 믿고 포기해도 괜찮았다. 하지만 부모와 선생님이라는 보호막은 영원하지 않다. 언젠가는 그들 없이 맨몸으로 비바람을 맞아야 할 때가 온다. 이때 우리가 내세울 수 있는 유일한 무기는 끝까지 포기하지 않고 '꾸준히' 하는 태도다. 끝까지 꾸준히 해야만 후회 없는 인생을 살 수 있다.

1943년에 존 H. 존슨John H Johnson이 시카고에서 〈니그로 다이제스트 Negro Digest〉를 창간했을 때, 낙관적으로 평가한 사람은 거의 없었다. 하지만 존슨은 낙심하지 않고 〈니그로 다이제스트〉의 발행량을 확대하기 위해 동분서주했다. 그중 하나가 바로 '만약 내가 흑인이라면'이라는 테마의 연재였다. 그는 백인 명사들에게 자신을 흑인이라고 가정해서 사회를 바라보는 글을 써달라고 요청했는데, 그중에는 당시 영부인인 엘리너 루스벨트Eleanor Roosevelt도 있었다. 독자들의 관심을 끌려면 반드시 섭외해야 할 인물이었다.

존슨은 영부인에게 글을 부탁하는 편지를 썼지만, 기대와 달리 그녀는 전혀 관심이 없었다. 요청을 거절하는 답장이 왔지만, 존슨은 포기하지 않고 신뢰를 얻으려면 더 노력해야겠다고 생각했다. 그는 다시 영부인에게 편지를 썼지만, 이번에도 공무가 너무 바빠서 요청에 응할 수 없다는 답장이 왔다. 이후 존슨은 보름 간격으로 정중하게 글을 부탁하는 편지를 계속 썼지만, 영부인은 꿈쩍도 하지 않았다.

그러던 어느 날, 존슨은 영부인이 시카고를 방문해 이틀간 머문다는 소식을 들었다. 그는 급히 아주 간곡한 어조로 시카고에 있는 동안 제발 글을 써달라는 내용의 전보를 쳤다. 그리고 마침내 영부인의 승낙을 얻어냈다! 엘리너 루스벨트가 그간 존슨이 보인 성의에 감동해 돕기로 했다는 소식이 여러 매체를 통해 전국으로 퍼져나가면서

〈니그로 다이제스트〉와 존슨의 이름이 널리 알려졌다. 덕분에 〈니그로 다이제스트〉는 창간한 지 겨우 반년 만에 발행량이 2만 부에서 15만 부로 급등했다.

이후 존슨은 흑인과 관련한 다른 잡지를 연이어 출간했으며 출판, 방송, 화장품 등 다양한 사업을 벌여 세계적인 부호가 되었다.

인생이라는 여정에서 만나는 역경과 시련은 일종의 시험이다. 이 시험을 통과하려면 이를 악물고 포기하지 않으면서 용감하게 전진하는 수밖에 없다. 실패하는 사람은 처음 5분만 뜨겁다가 금세 식어버리지만, 성공하는 사람은 최후의 1분까지 온도를 유지하면서 꿈을 향해 있는 힘을 다해 노력한다. 비범한 인생은 매일의 물방울이 꾸준히 떨어져 만들어지는 법이다.

> 편하게 성공할 수 있는 사람은 없다. 성공은 철저한
> 자기관리와 의지로 만들어진다.
> - 하버드 금언 -

성공은 좌절과 고난의 유무나 그 정도가 아니라, 어떤 상황에서도 느슨해지지 않고 끝까지 계속할 수 있는가로 결정된다. 이를 알고 실천하는 사람만이 성공할 수 있다.

역지사지하면 더 긍정적으로 살 수 있다.

개인의 성공 여부는 그의 마음가짐으로 결정된다고 해도 과언이 아니다. 하버드는 학생들의 지식, 학술 수준 향상뿐 아니라, 학생들이 좀 더 긍정적인 마음가짐을 기르게 하는 데 공을 들인다. 사실 하버드에서 긍정적인 마음가짐이 부족한 학생은 학업을 완수하기조차 쉽지 않다. 이런 학생들은 학교에 다니는 내내 매우 고통스러워서 중도 포기하는 경우가 다반사다. 긍정적인 마음가짐을 기르는 가장 간단한 방법은 '역지사지易地思之', 즉 입장을 바꿔 생각하는 것이다. 역지사지가 사고의 습관으로 자리 잡은 사람은 살면서 만나는 각종 문제를 전면적으로 보고 원하는 대로 순조롭게 해결할 수 있다.

유명 작가이자 성공학 전문가인 데일 카네기Dale Carnegie가 한 호텔에 찾아 강연을 위해 홀을 대여하고 싶다고 말했다. 이전부터 매해 대규모 강연을 열어온 곳이었는데 호텔 측은 뜻밖에도 이전보다 3배나 비싼 대여료를 요구했다. 카네기는 적잖이 당황했지만, 언쟁을 벌이기보다 입장을 바꿔 생각하는 방법을 선택했다. 잠시 후, 그는 호텔의 매니저와 만났다.

"홀 대여료를 안내받고 약간 놀랐습니다. 물론 당신을 탓할 일은 아니죠. 호텔이 가능한 한 많은 돈을 벌게 하는 것이 당신의 업무니까요."

"네, 그렇습니다. 호텔 입장에서는 그 홀을 무도회나 파티 용도로 대여해야 가장 이익이 큽니다. 여기 이 예상 수익을 한 번 보시겠습니까?"

"그렇군요. 맞는 말씀입니다. 그런데……, 당신이 끝까지 제 강연을 막는다면 이 지역 각계각층 인사들을 내쫓는 거나 다름없습니다. 제 강연은 돈으로 할 수 없는 매우 효과적인 광고예요. 한번 생각해보시죠. 어느 쪽이 더 유리하겠습니까?"

"……"

카네기는 눈앞의 문제를 해결하기 위해 자신이 아니라 상대방의 이익에서부터 생각했고, 덕분에 호텔 매니저를 설득하는 데 성공했다.

역지사지는 상대방에게 굴복하는 것이 아니라 긍정적인 마음가짐으로 문제를 해결하는 방식이다. 입장을 바꿔 상대방의 처지에서 생각하면 심리적으로 어느 한쪽에 치우치지 않는 균형 상태가 된다. 그리고 이 균형 위에서 문제를 좀 더 이성적으로 보고 처리할 수 있다. 또 역지사지하면 주관적이며 그리 중요하지 않은 작은 일들을 무시함으로써 문제의 핵심에 집중하게 된다. 이로써 상대방을 설득하는 목표가 더 쉽게 달성된다.

사람 간 차이가 IQ(지능)보다 EQ(감성)로 결정된다는 사실은 이미 과학적으로 증명된 바다. 즉 어떤 사람이 똑똑한지 아닌지는 그에게 자신의 감정을 조절하는 능력이 있는지를 보아야 한다. 이는 곧 문제가 발생했을 때, 역지사지하며 각도를 바꾸어 사고하며 이성적으로 처리할 줄 아는가의 문제로 이어진다.

불행이나 고통을 마주했을 때도 지레 겁먹고 좌절하기보다 각도를 바꾸어 생각할 줄 알아야 한다. '화禍가 복福이 된다'라는 마음으로 대면한다면 돌파할 길이 분명히 보인다.

성공하려면 긍정적인 마음가짐이 꼭 필요하고, 긍정적인 마음가짐을 가지려면 역지사지, 즉 타인의 입장에서 생각할 줄 알아야 한다. 이는 인간관계에서 발생하는 문제를 처리하는 사고방식이다. 역지사지는 상대방에 대한 이해인 동시에 관심과 사랑이다. 이해, 관심, 그리고 사랑이 있다면 당신은 더 긍정적이고 낙관적으로 바뀔 수 있다.

> 입장을 바꿔 생각하라. 경쟁자를 적이 아닌
> 파트너로 보면 훨씬 이롭다.
> – 하버드 경영대학원 교수 로자베스 모스 캔터 –

역지사지하는 사람은 시야가 넓고 문제를 단편적으로 보지 않는다.

긍정적 자기암시는 당신을 더 우수하게 만든다.

심리학자 앨버트 말츠Albert Maltz는 "우리의 신경 시스템은 매우 '멍청' 하다. 눈으로 즐거운 일을 보면 즐거움의 반응을 보이고, 슬픈 일을 보면 슬픔의 반응을 보인다"라고 말했다. 그의 말처럼 사람은 즐거운 일을 보면 신경 시스템의 영향을 받아 실제로 즐거워진다. 같은 원리로 긍정적 자기암시를 계속하면 당신은 더 우수하고, 더 즐거우며, 더 행복한 사람이 될 수 있다.

하버드 심리학과 학생인 존스는 혼자 사는 프랑크 부인을 돌보고 간단한 집안일을 하는 아르바이트를 구했다. 친절하고 상냥한 존스는 노부인을 세심하게 돌보아서 금세 깊은 신뢰를 얻었다.

어느 날 밤, 노부인이 존스의 문을 두드렸다. "이렇게 늦은 시간에 귀찮게 해서 미안해. 나는 수면제가 없으면 잠들 수 없는데 글쎄 수면제가 다 떨어졌지 뭐야. 혹시 수면제 가진 거 있니?"

사실 존스는 베개에 머리만 대면 잠드는 사람이라 한 번도 수면제를 복용한 적 없고, 당연히 가지고 있지도 않았다. 하지만 노부인이 질문한 순간, 좋은 아이디어가 떠올라 이렇게 말했다. "아! 그럼요. 마침 지난주에 제 친구가 프랑스에 다녀오면서 아주 좋은 수면제를 사다 줬어요. 최근에 연구개발에 성공한 약인데 아주 효과가 좋더라고요. 한 알만 먹으면 아침까지 푹 잘 수 있어요. 먼저 방으로 가 계세요. 제가 약을 찾아서 가져다드릴게요."

잠시 후, 존스는 자신의 '수면제'인 비타민 한 알을 노부인에게 건넸다. "이게 바로 새로 나온 약이에요. 지금 드시면 기분 좋게 잠드실 수 있어요."

노부인은 매우 흡족해하면서 존스가 건넨 '최신 수면제'를 삼켰다.

다음 날 아침, 노부인은 환하게 웃으면서 존스에게 말했다. "네가 준 수면제 효과가 진짜 좋았어. 어젯밤에 먹자마자 바로 잠들고, 게다가 아주 푹 잤단다. 이렇게 편안한 밤은 정말 오랜만이었어. 혹시 오늘 밤에도 그 약을 먹을 수 있을까?"

이날부터 존스는 밤마다 노부인에게 '최신 수면제'를 한 알씩 가져다주어서 한 통을 다 비웠다. 1년이 흐른 후에도 노부인은 여전히 존스에게 그 '최신 수면제'를 달라고 한다.

존스는 가지고 있던 비타민 한 알로 평소 수면제가 없으면 잠들지 못했던 노부인이 푹 자게 도왔다. 이것이 바로 긍정적 자기암시의 힘이다. 이전부터 존스를 신뢰해온 노부인은 그녀가 건넨 알약이 프랑스에서 가져온 '최신 수면제'라고 굳게 믿었다. 이처럼 강력한 자기암시 덕분에 그녀는 수면제가 아니라 비타민을 먹고도 깊이 잠들 수 있었다.

심리학에서 긍정적 자기암시는 개인의 거대한 잠재능력을 움직이게 만들어 상상조차 어려운 엄청난 작용을 일으킬 수 있다. 긍정적 자기암시는 자신감을 키우고 사람을 더 낙관적으로 변화시켜 아주 좋은 심리 기반을 만든다. 성공하고 싶다면 자신의 뇌에 긍정적인 언어를 주입해야 한다. 나는 실력이 점점 더 좋아지고 있어, 내 삶은 나날이 발전해, 지금 나는 매우 즐거워, 나는 분명히 성공할 수 있어…….

하버드 음악 대학원의 연습실, 피아노를 전공하는 잭이 익숙한 곡을 연주하려고 준비 중이었다. 그때 들어온 지도교수는 아무 말 없이 악보대에 새로운 악보를 놓더니 연습하라고 말했다.

"아……, 이 곡은 너무 어려운……"

잭은 악보를 펼쳐보며 혼잣말을 했다. 복잡한 악보에 자신감을 잃었는지 좀 전과 달리 힘이 쭉 빠진 모습이었다.

세계적으로 유명한 피아니스트인 교수는 잭의 어깨를 가볍게 두드리며 격려했다.

"한번 해봐!"

"교수님, 이런 곡은 해본 적 없습니다. 제가 할 수 있을지 모르겠습니다."

"괜찮아. 네가 할 수 있을 거라 믿어."

교수의 부드럽지만 단호한 말투에 잭은 연주를 시작했다. 하지만 너무 느리고 더듬거렸으며, 연이어 잘못된 건반을 눌렀다. 연주를 마친 잭은 거의 울 것 같은 표정으로 말했다.

"교수님, 이건 제게 너무 어려운 곡입니다. 이런 곡을 악보를 보자마자 연주하는 건 불가능합니다."

"내가 보장하지. 오늘부터 매일 꾸준히 연습하면 일주일이 채 되지 않아 익숙하게 연주할 수 있을 거야."

정말일까? 정말 내가 이 곡을 제대로 연주할 수 있을까? 교수님
은 세계 최고의 피아니스트야, 틀린 말을 하실 리 없지……. 이날부
터 잭은 모든 시간을 오로지 연습에만 할애했다. 자기보다 실력이 뛰
어난 친구에게 도움을 구하기도 하고, 한 번 연습실에 들어가면 쉬지
않고 밤늦게까지 연습했다. 그랬더니 정말 며칠 후에 어느 정도 연주
하게 되었다.

일주일 후, 잭은 지도교수에게 평가받기 위해 준비했다. 하지만
교수는 잭의 연주를 듣는 둥 마는 둥 하더니 새로운 악보를 주며 연
습하라고 했다. 훨씬 더 어려운 곡이었다.

"다음 주까지 이 곡을 연습해보지. 분명히 할 수 있어!"

지도교수는 지난주에 준 곡에 대해서는 말도 꺼내지 않았다. 잭
은 이해할 수 없었지만, 일단 시키는 대로 다시 한번 더 어려운 곡에
도전했다. 온 힘을 다해 한 번도 시도해본 적 없는 어려운 주법과 현
란한 기교를 익혔고, 먹고 자는 시간까지 아껴가며 연습에 매진했다.
하지만 일주일 후에 다시 만난 지도교수는 이번에도 연주를 제대로
듣지도 않고 더 어려운 악보를 내밀기만 했다.

이런 상황이 3개월이나 계속되자 더는 참을 수 없었던 잭은 지도
교수에게 이유를 물었다. 그러자 교수는 별말 없이 가장 처음 주었던
악보를 꺼내더니 "연주해보게!"라고 말했다. 잠시 후, 불가사의한 일
이 일어났다. 잭 자신조차도 놀라 믿을 수 없었다. 그토록 어렵게 느
껴지던 곡을 너무나 훌륭하고 아름답게 연주해낸 것이다! 연주가 끝

나자 지도교수는 두 번째 주었던 악보를 내밀며 연주하라고 했다. 잭은 이번에도 멋지게 해냈다.

모든 곡을 연주한 후, 잭은 멍한 표정으로 지도교수를 바라보았다. 지도교수가 먼저 차분한 목소리로 천천히 말했다.

"네가 잘하는 곡만 연주하게 했다면 처음 주었던 악보도 연주하기 버거웠을 거야. 지금처럼 연주하는 건 상상도 못 했겠지."

잭의 지도교수는 긍정적 암시, 바로 '너는 분명히 잘 연주할 수 있다'라는 암시를 통해 잭이 매일 조금씩 자신의 한계를 뛰어넘도록 유도했다. 결과적으로 잭의 피아노 연주는 질적인 변화가 발생해 수준이 크게 향상했다.

심리학자들은 반의식 半意識, 즉 무의식과 의식 사이의 흐릿한 정신 상태가 소망을 받아들이기 가장 좋은 상태라고 말한다. 다시 말해, 매일 잠들기 전과 잠에서 깬 직후의 반의식 상태에서 자기암시의 효과가 가장 크다. 침대에 누워 있는 그 몇 분 동안 몸에 힘을 빼고 자신의 능력 혹은 원하는 수준의 능력을 묘사하고, 성공한 모습을 상상하면서 간단하게 긍정적 자기암시를 해보자.

나는 이 일을 잘할 수 있다. 나는 일의 시작과 끝을 잘 처리하는 사람이다.

내게는 명확한 목표가 있다. 나는 이 목표를 끝까지 추진하기 위해 끊임없이 노력할 것이다.

나의 잠재능력은 무한하다. 나만의 비교우위를 찾고 잠재능력을 충분히 발휘해야 한다.

나는 성공을 갈망한다. 이를 위해 지금의 단점과 결점을 반드시 극복하겠다.

......

미국 심리학자 윌리엄스는 "어떠한 견해, 계획, 목적이라도 오직 강한 신념과 기대를 바탕으로 여러 번 반복해서 사고해야만 그것이 잠재의식 속에 자리 잡아 긍정적인 행동의 원천이 된다"라고 말했다.

쉽게 말해 긍정적 자기암시는 자신에게 '내가 최고다!'라고 반복해서 말해주는 방법이다. 꾸준히 긍정적 자기암시를 계속하면 실제로 그러한 힘과 능력을 얻고 자신감이 충만해 성공에 더 가까이 갈 수 있다.

당신은 되고자 하는 사람이 될 수 있다.

– 전 하버드 총장 네이선 M. 퓨지 –

긍정적 자기암시는 아직 드러나지 않은 거대한 잠재능력을 움직이고, 자신감을 키우는 가장 효과적인 방법이다. 지금부터 매일 몇 분씩 편안한 자세로 긍정적 자기암시를 해보자. 나는 할 수 있다, 지금 나는 가장 좋은 상태다……, 꾸준히 하면 실제로도 암시한 방향을 향해 발전하고 있을 것이다.

나는 나의 신이다.

"하늘은 스스로 돕는 자를 돕는다"라는 말이 있다. 곤경에 빠졌을 때 가장 효과적인 방법은 '스스로 돕는 것'이지 고통에 허덕이며 타인의 도움을 기다리는 것이 아니다.

"

농장에서 일하는 가난한 청년이 있었다. 어느 날 그는 탁자를 닦다가 농장 주인이 아끼는 매우 귀한 꽃병을 떨어뜨려 깨뜨리고 말았다.

화가 난 주인은 청년에게 변상하라고 고래고래 소리쳤지만, 청년에게는 그만한 돈이 없었다. 다급해진 청년은 성당으로 달려가 신부를 만나 어떻게 하면 좋겠냐고 물었다. 사정을 들은 신부는 차분한 목소리로 말했다.

"예전에 어딘가에서 들었는데 깨진 꽃병을 붙이는 기술이 있다고 하더군요. 정말 감쪽같아서 깨지기 전과 똑같이 된답니다. 그 기술을 배워서 꽃병을 원래대로 되돌리면 어떨까요?"

"세상에 그런 기술이 어디 있겠습니까? 깨진 꽃병을 감쪽같이 붙이는 기술이라뇨! 그게 사기가 아니고 뭐랍니까?"

신부는 청년이 괴로워하면서도 의견을 받아들이지 않자 어쩔 수 없다는 듯이 말했다.

"그럼 이렇게 해보시죠. 이 성당 뒤에 석벽이 하나 있습니다. 거기에 신이 계십니다. 석벽에 대고 큰소리로 외치기만 하면 신이 당신에게 응답하실 겁니다."

청년은 신부의 말이 끝나자마자 석벽 앞으로 다가가 간절히 외쳤다.

"신이시여, 제발 기적을 행하여주세요! 당신의 기적만이 그 꽃병을 다시 붙일 수 있습니다."

그가 말을 마치자마자 석벽에서 신이 보내는 응답이 들려왔다. 그 꽃병을 다시 붙일 수 있습니다, 그 꽃병을 다시 붙일 수 있습니다……

청년은 신의 응답을 믿어 의심치 않았다. 그는 벌떡 일어나 신부에게 인사하고 깨진 꽃병을 붙이는 기술을 배우러 떠났다.

1년 후, 이 가난한 청년은 갖은 노력으로 깨진 꽃병을 붙이는 기술을 배웠다. 마침내 농장 주인의 깨진 꽃병을 붙여 원상태로 돌려놓은 그는 성당을 방문해 신에게 감사 기도를 드렸다. 신부는 그를 석벽 앞으로 데리고 가서 웃으며 말했다.

"감사해야 할 대상은 당신 자신이지 신이 아닙니다. 사실대로 말하죠. 이 벽에는 신이 계시지 않습니다. 그냥 독특한 구조라서 공명 현상으로 소리가 벽을 맞고 돌아오는 거죠. 그러니까 그때 들었던 응답은 당신의 목소리였습니다. 신은 결국 당신 자신이었던 거죠."

99

헤어 나오기 힘든 곤경에 처했을 때 당신을 구해줄 사람은 자신밖에 없음을 알아야 한다. 모든 사람에게는 스스로 자신을 구할 능력이 있다. 하지만 어찌 된 일인지 자신에게 드리운 어두운 그림자를 벗어나지 못하는 사람이 너무나 많다. 이런 사람들은 인내하면서 한 방

294

향으로 쭉 끝까지 나아가지 못하는 까닭에 조금만 더 버티면 누릴 수 있는 밝은 빛을 보지 못한다.

지금처럼 찰나에도 끝없이 변화하고 수시로 위기가 발생하는 시대에 운명을 바꾸고자 하는 사람은 반드시 스스로 자신을 돌보아야만 한다. 자신의 운명을 타인으로부터의 '구원'으로 바꾸려는 사람은 결말이 좋을 리 없다. 세차게 내리는 빗속에서도 자기 우산을 찾아드는 사람만이 자기 삶을 살며 운명을 바꿀 수 있다.

'자기효능감 self-efficacy'을 올려 강한 의지를 오랫동안 지속해야 성공할 가능성이 커진다. 자기효능감이란 자기가 어떤 일을 완성하는 데 대한 기대를 일컫는 말로 사람들이 성공을 갈망하거나 난관에 부딪혔을 때 취하는 일종의 자기격려다.

지금처럼 치열한 경쟁이 벌어지는 사회에서 사는 우리는 반드시 자기 스스로 돕는다는 의식을 길러야 한다. 사회에서 생존하고 발전해서 성공을 거두려면 더욱 그러하다. 문제가 발생하면 자기가 해결할 방법을 찾아야지, 도와줄 누군가를 기다려서는 안 된다. 현실 세상에는 구세주도 히어로도 없다. 당신을 구원하는 존재는 오직 당신 자신뿐이다. 그러니 제대로 된 목표를 찾고 방향을 명확하게 설정해서 진력을 다해 나아가야 한다. 기회가 오기를 기다리지 말고, 더 적극적으로 기회를 찾아 나서야 한다.

어떤 일 때문에 괴롭다면, 그 일 자체가 아니라
자신의 판단과 생각 때문에 괴로운 것이다.
당신은 이를 바꿀 권리가 있다!

– 네이선 M. 퓨지 –

당신은 자신의 강적인 동시에 가장 믿을 만한 친구다. 고난과 시련의 길에 들어섰다고 해도 오직 자신의 힘으로 문제를 해결하려고 해야 한다. 자기효능감을 올리고 자신의 경쟁우위와 열위를 정확히 안다면 목표를 실현할 수 있는 더 명확한 방향이 보일 것이다.

세상을 바꾸느니 자신을 바꾸는 편이 낫다.

세상을 바꿀 능력이 없는가? 그렇다면 괜히 엉뚱한 데 힘쓰느라 시간 낭비하지 말고, 그 시간에 자신을 좀 더 수련하고 우수하게 만들어 사회의 수요에 적합한 개인이 되어야 한다.

알다시피 세계 최고의 엘리트 혹은 천재라 불리는 하버드 졸업생들은 자기 분야에서 필요한 지식으로 무장하고 누구보다 탁월한 활약을 펼친다. 그런데도 그들은 학교에서 배운 지식만으로는 한계가 있으며 일과 생활에서 필요한 지식과 기술은 아직 한참 부족하다고 여긴다. 그들이 사회에서 비범한 존재감을 드러내는 진짜 비결은 경험을 쌓으면서 끊임없이 배우고자 하는 태도다. 그들은 세상이 백과사전과 같아서 늘 곁에 두고 항상 뒤적이며 읽어야 한다고 여긴다.

사회는 어느 때보다 빠르게 변화하면서 우리에게 계속 더 다양한 요구사항을 내놓고 있다. 낙오하지 않으려면 끊임없이 배워 지식과 기술 수준을 세상의 변화 속도에 맞춰야 한다. 지금은 배움에 어떻게, 얼마나 투자하는가가 가장 중요한 시대다. 다른 사람보다 새로운 지식이나 기술을 하나 더 습득한다면 실패하지 않을 수 있는 조건을 하나 더 확보하는 셈이기 때문이다.

66

1990년대 한 대형 기계부품 회사가 오랜 불경기로 할 수 없이 직원 해고 조치를 단행했다. 이때 해고된 직원 중에는 나이가 비슷한 젊은 여성 두 명이 있었다.

한 사람은 대학을 졸업한 지 얼마 되지 않은 엔지니어이고, 다른 한 사람은 공장 작업라인에서 일하는 생산직 근로자였다. 해고직원 명단에서 자기 이름을 발견한 두 사람은 서로 전혀 다른 태도를 보였다.

우선 엔지니어는 화가 치밀어 올라 속이 부글부글 끓었다. 그녀는 며칠이나 회사에 가서 사정도 하고 따지기도 했지만, 어쩔 수 없다는 말만 들었다. 얼마 후, 그녀는 현실을 받아들였지만 해고당했다는 사실이 너무나 창피해서 종일 집에 틀어박혀 지냈다. 친구나 옛 동료들이 연락해도 비웃음을 살까 봐 나가지 않았다. 스스로 고독을 선택한 그녀는 점점 우울해하더니 정신분열 증세까지 생겼다. 몇 년 후, 그녀는 오랜 우울증과 불규칙한 생활 방식 탓에 암에 걸려 외롭게 세상을 떠났다.

같이 해고당했던 생산직 근로자는 엔지니어와 전혀 다른 태도를 보였다. 그녀는 매우 빠르게 평정을 찾고 현실을 받아들였다. 한동안 남편과 아이들을 돌보는 데 열중한 그녀는 자신이 요리에 소질이 있음을 발견했다. 이후 가족들의 응원을 받으며 요리학원에 들어가서 공부했고, 고향으로 내려가 작은 음식점을 열었다. 이 음식점은 문을 연 지 1년 만에 규모가 몇 배로 확대되었고, 그녀는 이전에 공장에 다닐 때보다 훨씬 나은 삶을 살게 되었다.

"

국제디자인연맹 IDA 의장 페터 제흐 Peter Zec 는 "인생이라는 게임에서는 삶과 배움에 대한 열정을 잃어서는 안 된다. 자신을 끊임없이 성장하게 만드는 것들을 최대한 흡수해서 머릿속을 꽉 채워야 한다"
라고 말했다. 개인의 변화는 세상의 변화보다 훨씬 느리다. 꾸준히
배우고 익히는 일을 포기한다면 사회에서 도태될 것이 뻔하다. 미국
국가 조사 위원회 NRC에 따르면 지금의 노동 기능 중 절반 이상이 5
년 안에 가치가 사라진다고 한다. 실제로 하나의 노동 기능이 도태되
는 기간은 7~14년가량이다. 특히 기술 분야에서는 학교에서 배운 지
식 중 졸업하고 10년 후까지 쓸 수 있는 것의 비율이 25%가 채 안 된
다. 사회에서 발붙이고 살며 실패하지 않으려면 언제나 지식을 더하
고 기술을 기를 줄 알아야 한다. 할 수 있다는 긍정적이고 낙관적인
마음가짐을 가져야 더 자신감 있게 효과적으로 향상할 수 있다.

　사회에서 낙오하지 않는 사람을 보면 항상 무언가를 배우고 있다.
이들은 자신의 지식 체계를 끊임없이 '업그레이드'하는 사람이다. 언
제 어디서나, 생활이든 일이든 배우겠다는 자세로 사는 사람만이 나
이의 장벽을 넘고 생리적인 노화와 싸워 이겨 영원히 젊게 살 수 있다.

　독일 작은 도시의 막스 부인은 '평생 배움'을 실천한 사람으로 유
명하다. 1994년에 이미 일흔 살 고령이었던 그녀는 쾰른 대학 University
of Cologne에서 6년 만에 교육학 석사학위를 취득했다. 2004년, 막스 부
인은 여든이 가까운 나이로 200페이지 분량의 논문을 완성했다. 논
문 제목은《어떻게 노년을 보낼 것인가?-노년에 활력을 주는 배움에
관하여》였다. 막스 부인이 박사학위를 받자 지역 정부는 그녀를 그
지역 '가장 훌륭한 여성'으로 선정했다. 화제의 인물로 유명 텔레비전

토크쇼에 출연한 막스 부인은 여든 살을 훌쩍 넘긴 나이에도 방송 내내 긴장하지 않으면서 지적이고 카리스마 넘치는 모습을 보였다. 두꺼운 안경을 쓰고서 조리 있으면서도 유머러스하게 말하는 막스 부인은 전국 시청자들에게 깊은 인상을 남겼다.

배움으로 무엇을 얼마만큼 얻을 수 있는가는 정확히 말하기 어렵다. 스코틀랜드의 뛰어난 문학가 월터 스콧 경 Sir Walter Scott 은 "교육의 핵심은 자신을 가르치는 것이다"라고 말했다. 지금, 이 순간에도 세상에는 거대한 변화가 발생하고 있으니 자신을 더 가꾸고 완성해야 사회의 변화에 적응할 수 있다. 계속해서 배우고자 하는 사람만이 낙관적인 마음가짐으로 시대와 사회의 선두에서 걸어갈 수 있다.

누구나 장점도 있고 단점도 있다.
당신의 경쟁자를 포함해 현명한 사람들은 모두 이를 알고
있으며, 상대방으로부터 배우기도 잘한다.
- 전 미국 국무장관, 헨리 키신저 -

자신을 완성하고 세상과 궤를 함께하려면 반드시 쉬지 않고 배워야 한다. 그래야만 자신의 가치를 올리고 좀 더 완벽하게 가다듬을 수 있다. 이와 관련하여 하버드 도서관에는 다음과 같은 글이 적혀 있다. "공부가 인생의 전부는 아니다. 그러나 인생의 전부도 아닌 공부 하나도 정복하지 못한다면 과연 무슨 일을 할 수 있겠는가?"

주견이 없으면 아무것도 이룰 수 없다.

"여러분이 여기에 온 목적은 돈을 많이 벌어 부자가 되기 위해서가 아닙니다. 사고하기 위해서, 그리고 사고할 줄 알기 위해서입니다!" 이 말은 하버드 학생들이 입학에서 졸업까지 내내 지겹도록 듣는 말이다. 하버드는 학생들에게 반드시 비판적인 눈으로 문제를 바라볼 것을 강조한다. 비판적으로 사고할 줄 알면 주견 主見이 생기고, 주견이 생기면 당연시 여겨지는 개념이나 문화에 문제를 제기할 수 있다.

이른바 '비판적 사고'는 눈에 보이는 모든 것을 쉽게 믿거나 따르지 않으며 보수적으로 경직되지 않은 태도다. 나아가 그러한 태도로 대상의 합리 혹은 불합리한 부분을 꿰뚫어 보면서 자신만의 사상이나 관점을 확립하는 것이다. 정리하자면 비판적 사고는 자신만의 주견을 형성하는 데 가장 유리한 동시에 기본적인 태도다.

비판적 사고를 하는 사람은 주견이 있다. 이들은 권위 있는 이론이나 전문가의 말에 의심을 품고, 기존의 불합리한 사회도덕 윤리, 풍습, 금기를 맹종하지 않는다. 주견이 있는 사람은 대상의 상관성, 논리성, 명확도, 구체성, 완성도, 개방성에 주목한다. 접하는 정보나 지식을 '의심'해보면서 매우 실용적인 동시에 진리를 탐구하는 자세로 문제를 분석하며 이성적으로 판단, 선택한다. 특히 과학계에서는 주견이 확고하고 권위에 굴복하지 않는 사람만이 최종 성공을 거둔다.

니콜라스 코페르니쿠스 Nicolaus Copernicus 는 기존의 천동설을 부정하고 지동설을 주장한 과학자다. 그는 이전 세대 과학자인 피타고라스 Pythagoras 와 프톨레마이오스 Ptolemaeus 의 이론을 맹종하지 않고 오직 자신의 관측 결과를 바탕으로 꾸준히 연구를 계속했다. 이론을 뒷받침할 충분한 근거를 찾고 또 찾은 그는 저서 《천체의 회전에 관하여》를 펴내면서 지동설을 주장했다. 하지만 지동설은 당시의 가치관을 뒤흔드는 이론으로 로마 교황의 통치를 위협할 수 있었다. 이 때문에 인정은커녕 비난과 박해가 계속되었지만, 시간이 흐르면서 그의 생각이 정확했음이 증명되었다. 코페르니쿠스는 당연시되던 권위에 의심을 품는 용기와 실제에 부합하지 않는 고루한 학설을 비판하는 정신으로 오랜 생각의 틀을 깨면서 근대 과학에 혁명적 변화를 일으켰다.

하버드는 학생들에게 학술 연구에는 반드시 '의심하는' 태도가 필요하며 적극적으로 증거를 찾아 자기 생각을 내놓을 줄 알아야 한다고 가르친다. 옳고 그름을 가리지 않고 남이 하는 대로 덮어놓고 따라서는 변혁을 일으킬 수 없다.

그리스 수학자 유클리드 Euclid 가 내놓은 평행선 공준(平行線公準, parallel postulate)의 오류로 사람들은 그의 기하학에 의심을 품었다. 만약 누군가 이 의심을 겉으로 드러낼 용기가 있었다면 수학의 역사가 바뀌었을 것이다. 하지만 의심만 할 뿐, 근거를 찾아 반박한 사람은 없었다. 19세기 러시아 수학자 니콜라이 로바쳅스키 Nikolai Lobachevsky 가 나타나기 전까지는. 로바쳅스키는 유클리드 기하학과 전혀 다른 '비유클리드 기하학 non-Euclidean geometry'을 공개적으로 발표한 최초의 인물이다. 하지만 당시 반응은 냉담했고, 그는 수학계에서 비판받고 배척당했다. 하지만 로바쳅스키는 끝까지 타협하지 않았으며 평생 비유클리드 기하학을 전파하는 데 힘썼다.

주견을 내놓으려면 사고할 줄 알아야 한다. 여기서 말하는 사고란 일종의 자기학습 과정으로, 기존 이론을 의심하고 비판함으로써 자신만의 지식 체계를 건립하고 학습의 주체가 되는 것이다. 독립적으로 사고하지 못하고 혁신적인 의식이 없으면 자신만의 독특한 관점을 형성하기 어렵다. 이런 이유로 비판적 사고란 창조적 인재로 성장하는 초석이라 할 수 있다.

> 독립적으로 사고하라, 남의 말에 흔들리지 말고.
>
> - 랄프 왈도 에머슨 -

알버트 아인슈타인 Albert Einstein 은 "독립적 사고와 종합적 판단 능력을 가장 우선에 두어야 한다. 이는 특정한 분야의 지식을 깃추는 것보다 훨씬 중요하다"라고 말했다. 주견을 바탕으로 독립적으로 사고하는 사람은 권위를 맹종하거나 부화뇌동하지 않는다. 그들은 문제를 어떻게 발견하고 분석하는지 알며 이성적인 판단과 선택으로 결론을 얻는다.

꾸물대지 말고 당장 목표를 향해 달려라!

하버드를 졸업하면 빛나는 미래가 펼쳐진다고 생각지만, 사실 하버드 졸업생이 전부 성공하고 걸출한 업적을 세우지는 않는다. 하버드 졸업생 중에서도 자신이 무엇을 하고 싶은지 잘 알고 명확한 목표를 향해 기운차게 나아가는 사람만이 탁월한 성취를 이룬다.

하버드는 학생들에게 목표를 세웠으면 즉각 행동하라고 가르친다. 아무리 좋은 목표를 세웠더라도 그냥 내버려두면 영원히 달성할 수 없다. 목적지를 알지만 꾸물거리면서 출발하지 않고 제자리에서 맴맴 돌면 절대 도착하지 못하는 것과 마찬가지다.

66

중국 위구르 지역에 가난한 스님과 부유한 스님이 있었다. 어느 날, 가난한 스님이 부유한 스님을 찾아가 말했다.

"곧 난하이에 예불을 드리러 갑니다. 어떻게 생각하십니까?"

"그 먼 곳까지 어떻게 가시려고요?"

"물병 하나와 바리때 하나면 충분하지요."

"저도 몇 년 전부터 배 하나를 빌려서 강을 따라 내려가려고 하는데 준비가 부족해 아직도 못 가고 있습니다. 그런데 물병 하나와 바리때 하나로 어찌 가겠습니까?"

부자 스님이 고개를 저으며 말렸지만, 가난한 스님은 미소를 지어 보이고서 출발했다.

이듬해 가난한 스님이 난하이에서 예불을 드리고 돌아와 부자 스님을 만났다. 부자 스님은 가난한 스님의 여정을 들으면서 왠지 모를 부끄러움을 느꼈다.

"

무슨 일을 할 때 항상 우물쭈물하면서 부자 스님처럼 늘 할 일을 뒤로 미루려고만 하는 사람들이 있다. 말로는 신중하게 혹은 완벽하게 준비하려고 그런다지만 사실은 시간 낭비에 불과하다. 그들의 머릿속은 오만 가지 걱정으로 꽉 차 있고 아무리 시간이 흘러도 걱정이 끝나지 않으니 행동을 미룰 핑계만 찾는다. 분명히 고뇌하고 있지만, 되는 일은 하나도 없는 모양새다. 미루기는 성공의 걸림돌이다. 성공하려면 즉각 움직여 목표를 향해 돌진해야지 느릿느릿 굼떠서는 안 된다.

안타깝게도 우리 주변에서 미루기가 습관이 된 사람을 찾는 일은 그다지 어렵지 않다. 할 일을 미루고 인터넷으로 친구들과 수다를 떨거나, 말로는 일한다지만 전혀 관계없는 다른 일로 시간을 허비하는 사람이 허다하다. 그들은 늘 핑계를 찾는다. 그리 급하지 않으니까 내일 해도 돼……. 하지만 내일은 또 내일 완성해야 하는 일들이 분명히 있다. 그렇게 미루고 미루다가 기회를 전부 놓치면 불필요한 손실이 발생하기 마련이다.

심리학 연구에 따르면 성공한 사람들의 공통점 중 하나는 '명확한 목표를 확정하고 즉각 행동하는 태도'다. 우리도 목표를 세웠으면 꾸물대지 말고 전심전력해 실현해야 한다.

미국 일리노이주 블루밍턴 출신인 엘버트 허버드 Elbert Hubbard 는 원래 라킨 컴퍼니 Larkin Company 의 비누 판매사원이었다. 그는 꽤 훌륭한 판매사원이었으나 돌연 그만두고 1892년에 하버드에 입학했다. 하지만 얼마 지나지 않아 공부 역시 자기 길이 아님을 깨달은 그는 학교를 그만두고 영국으로 여행을 떠났다. 허버드는 런던에서 윌리엄 모리스 William Morris 를 만났다. 모리스는 아트 앤드 크래프트 운동 Arts and Crafts Movement 을 주도하는 인물로 예술 및 수공예 전문 출판사 켈름스콧 프레스 Kelmscott Press 를 운영하고 있었다.

이후 미국으로 돌아온 허버드는 직접 쓴 자전적 에세이를 출판할 회사를 백방으로 수소문했지만, 마음에 드는 곳을 찾지 못하자 직접 출판사를 차렸다. 모리스의 켈름스콧 프레스의 영향을 받은 덕이었다. 첫 번째 책은 독자들의 큰 환영을 받았고, 허버드는 같은 시리즈로 몇 권 더 직접 책을 쓰고 펴냈다. 덕분에 그는 베스트셀러 작가로 명성을 날렸고, 출판사 규모도 커졌다. 허버드가 유명인사가 되자 출판사를 방문하려는 사람들이 생겼다. 방문객들은 점점 더 많아지더니 나중에는 주변 숙박업소들이 감당하지 못할 정도가 되었다. 이를 본 허버드는 사업가다운 안목으로 기회를 포착하고 직접 호텔을 열어 운영했다. 당시 그는 객실에 들어가는 가구를 직접 디자인했는데 방문객들의 반응이 좋은 걸 보고 아예 가구 제조회사를 차렸다. 이후 월간 잡지 〈더필리스틴 The Philistine 〉, 〈더프라 The Fra 〉를 발간하고, 《가르시아 장군에게 보내는 메시지 A Message to Garcia 》를 출판하면서 허버드의 명성은 최고봉에 올랐다.

사례 속 엘버트 허버드는 그야말로 전기적인 인물이다. 그가 출판, 숙박, 가구제조까지 다양한 분야에서 연이어 성공을 거둘 수 있었던 까닭은 목표를 세운 후에 머뭇거리지 않고 즉각 행동했기 때문이었다. 그는 새로운 목표를 향해 끊임없이 노력했으며, 절대 물러서지 않으면서 일이 될 때까지 끝까지 밀고 나갔다. 목표를 실현하기 위해서라면 지칠 줄 모르고 최선의 노력을 다하면서. 이처럼 오직 목표를 향해 진군하는 사람이 성공을 쟁취하는 것은 당연한 일이다.

　그러나 실제로는 허버드처럼 하는 사람이 그다지 많지 않다. 무언가를 하려는 마음이 있고 목표까지 세웠으면서도 왜인지 행동을 주저하는 사람이 더 많다. 당연히 이런 사람들은 기본적으로 성취가 쉽지 않다. 성공하려면 나태와 자기합리화를 반드시 끊어내고, 즉각 목표를 향해 진군해서 성공을 거머쥐어야 한다.

> 행복한 사람은 재미와 의미를 얻을 수 있는
> 명확한 목표를 세우고 추구한다.
> - 탈 벤 샤하르 -

당신이 얻을 수 있는 성취의 크기는 습관으로 결정된다. 목표를 실현하고 성공하려면 느릿느릿 꾸물대는 습관을 반드시 버려야 한다. 마음먹은 즉시 행동으로 옮기는 좋은 습관만 자리 잡는다면 성공은 필연이다.

Harvard Psychology Lecture

7장

카리스마

"어떻게 세상을 얻을 것인가?"

카리스마는 사람이 지닌 무형의 정신적 기호다. 그것은 당신이 어떤 사람인지, 예컨대 긍정적인지, 강한지, 건강한지, 능력이 있는지, 소극적인지, 병약한지, 보수적인지, 과감한지 등에 관한 정보를 전달한다. 일반적으로 건강한 육체에 에너지가 왕성하며 상대방을 제압하는 기질이 돋보이는 사람을 보면 카리스마가 강하다고 말한다. 이런 사람은 친구를 얻고 적과 싸워 이기는 데 훨씬 유리하다.

남다른 야심과 패기

모든 사람에게는 거대한 에너지가 존재하는데 이를 '카리스마'라고 부른다. 신의 은총을 뜻하는 그리스어 'Kharisma'에서 유래한 이 단어는 원래 사회 예언이나 기적을 실현하는 초능력이나 절대적인 힘을 가리키는 말이나, 지금은 주변 사람들을 자발적으로 따르게 하는 특별한 능력이나 자질을 의미하게 되었다. 카리스마는 그 사람의 잠재능력을 드러내고 발휘하면서 자연스레 드러난다. 카리스마의 힘을 인식하고 바르게 사용한다면 당신의 인생에 커다란 변화가 발생할지도 모른다.

성공한 사람은 그만의 개성과 주관을 잃지 않는 모습으로 카리스마를 유지한다. 성공한 사람의 카리스마는 내면의 패기에서 비롯하며 실천을 추구하는 용기가 담겨 있다.

대부분 사람은 모두 평범하고, 사실 세상은 평범한 사람의 집합체다. 하지만 그 평범함 속에도 약간의 다름이 존재해서 평범한 삶을 비범하게 만드는 사람이 있는가 하면, 평범한 삶을 더 비루하게 만드는 사람도 있다. 이런 차이는 서로 다른 생활 태도에서 비롯한다. 다시 말해 각각의 생활 태도가 각각의 카리스마를 형성하고 서로 다른 인생을 만든다.

널리 이름을 알리는 삶을 살지, 아니면 특별한 재능 없이 평범하게 살지는 모두 그 사람의 카리스마가 결정한다. 카리스마가 인생을 만든다고 해도 과언이 아니다. 하버드 학생이었던 빌 게이츠가 거둔 성공 역시 그의 카리스마와 관련이 크다.

빌 게이츠는 성공을 갈망하는 사람이었다. 고등학교 시절, 그는 이미 MS의 창립자 중 한 명인 폴 앨런Paul Allen과 '레이크사이드 프로 그래머 그룹Lakeside Programmers Group'이라는 회사를 세워 현지 기업에 자체 개발한 프로그램을 납품했다. 두 사람은 앨런이 단독으로 일을 맡으려고 하면서 처음 갈등을 빚었다. 화가 난 게이츠는 그 길로 회사를 떠났고, 얼마 지나지 않아 앨런은 게이츠 없이 회사를 운영하기 어렵다는 사실을 깨달았다. 하는 수 없이 그는 게이츠에게 다시 돌아와달라고 정중하게 요청했다.

게이츠는 복귀 조건으로 총책임자 자리를 요구했다. "나는 그 자리가 익숙해. 내가 모든 일을 관리할 수 없다면 더 이상 연락할 생각하지 마."

한때 MS에서 일한 적 있는 폴 그레이엄 Paul Graham 은 게이츠의 비범함뿐 아니라, 냉혹한 사업가적 면모에 적잖이 놀랐다고 털어놓았다. 그레이엄에 따르면 게이츠는 '윈-윈 win-win'이 아니라 경쟁업체를 완전히 박살내는 사업방식을 추구했다. 그에게 성공은 경쟁자를 없애는 것이지 걸작을 만들어내는 것이 아니었다.

이런 점은 게이츠 자신도 어느 정도 인정했다. "그렇게 하지 않았다면 MS는 결코 혁신적인 상품을 내놓지 못했을 겁니다." 그는 MS가 경쟁자를 제거하는 데만 열중하지 시장을 키우려고 하지 않는다는 비난에도 아랑곳하지 않았다. 시장을 키우는 주체는 MS여야 한다고 생각했기 때문이다. 또 당시 규모가 10배나 큰 IBM의 공격도 훌륭하게 막아낸 바 있다. 사실 IBM을 비롯한 다른 경쟁자들이 MS보다 특별히 부족한 점은 없었다. 다만 MS는 사용자의 피드백을 허투루 생각하지 않고 끊임없이 상품을 개선하면서 완벽을 추구했으며 매 순간 세상이 발전하는 방향으로 연구개발을 멈추지 않은 덕에 거대한 성공을 거둘 수 있었다.

빌 게이츠는 특유의 카리스마로 세계 최고의 부자가 되었다. 남다른 야심과 패기는 그의 카리스마를 만들었고 이는 곧 MS의 성공으로 이어졌다.

잡초가 아니라 하늘 높이 우뚝 솟은 큰 나무가 되려면 반드시 최고봉에 오르겠다는 용기와 자신감이 필요하다. 비범한 능력으로 탁월한 성과를 거두려면 카리스마를 더 키우고 최대한도로 발휘해야 한다.

타고난 에너지인 카리스마가 강한 사람은 주변 사람들에게 영향을 미치고, 그들의 감정까지 움직일 수 있다. 사람들은 카리스마가 있는 사람 주변에 모이고 집중하기 때문이다.

승리하고 성공하기를 바란다면 카리스마를 드러내자. 빌 게이츠와 스티브 잡스 Steve Jobs 는 세상을 바꾸는 놀라운 성공을 거두고 자신만의 왕국을 세운 사람이다. 그들은 일찍부터 마음속에 커다란 성공의 청사진을 그렸고, 특유의 카리스마를 형성했다.

항상 바쁘게 일하는데도 이렇다 할 성공을 거두지 못하는 사람은 능력이나 진정성이 아니라 야심이 없고 패기가 부족할 가능성이 크다. 패기는 눈앞의 난관을 두려워하지 않는 용기이자, 얼마든지 훌륭하게 해낼 수 있다는 확신이다. 패기가 부족한 사람은 일하면서도 종종 마음이 다른 곳에 가 있고, 시작만 하지 끝맺음을 못 한다. 이런 사람들은 항상 자신을 의심하느라 기회 앞에서도 과감한 판단력을 발휘하지 못해 늘 성공과 멀어진다.

성공을 거두려면 카리스마를 드러내야 하고, 그것은 남다른 야심과 패기에서 비롯한다. 카리스마가 당신의 인생을 바꿀 것이다.

> 모든 진실한 사람은 하나의 사업이자 하나의 국가,
> 하나의 시대다.
>
> — 랄프 왈도 에머슨 —

카리스마 있는 사람이 되고 싶다면 우선 야심이 있어야 한다. 주변 사람들이 당신의 야심을 목격했을 때, 더 많은 것을 손에 넣게 될 것이다. 또 카리스마에는 패기가 필요하다. 패기는 당신이 더 많은 주목과 존중을 받게 할 것이다.

끝까지 가고야 말겠다는 의지

하버드 심리학 교수들은 카리스마 형성과 관련해 저술가 러셀 콘웰 Russell Conwell 박사의 말을 자주 인용한다. "예로부터 성공의 비결에 관한 이야기는 정말 많았습니다. 하지만 성공의 비결은 무슨 특별한 것이 아닙니다. 그 비결은 우리 귓가에 항상 맴돌지만, 실천하는 사람은 드물죠. 바로 '의지'입니다. 누구라도 의지의 중요성을 알고 그것을 실천한다면 최고의 자리로 가는 충분한 에너지를 얻을 수 있어요."

의지가 강한 사람은 실패와 고난에 부딪혀도 쉽게 포기하거나 도망가지 않는다. 그들은 강한 의지로 고난을 극복하고, 좌절할수록 용기를 낸다. 그리고 그 과정에서 누구보다 강한 카리스마를 형성한다.

루트비히 판 베토벤 Ludwig van Beethoven 은 독일 본 Bonn 의 가난한 집안에서 태어났다. 그의 아버지는 특별히 하는 일 없이 매일 술만 마시는 사람이었다. 어머니는 매우 선하고 따뜻한 여성이었지만, 고생만 하다가 베토벤이 열일곱 살이던 해에 세상을 떠났다.

베토벤은 어려운 가정환경 탓에 제대로 된 학교 교육을 받지 못했고 공부에 흥미도 없었다. 그는 오직 음악에만 천부적인 재능을 보였다. 일찍부터 아들의 재능을 간파한 아버지는 베토벤을 '음악 신동'으로 키워서 돈벌이를 시킬 궁리만 했다. 그 바람에 베토벤은 겨우 네 살 무렵부터 하프시코드와 바이올린을 배웠고, 여덟 살에 무대에 올라 성공적으로 첫 공연을 해냈다. 사람들은 제2의 모차르트 Wolfgang

Amadeus Mozart가 나타났다며 찬사를 보냈다.

1800년, 음악 콩쿠르에서 첫 우승을 거둔 베토벤은 젊은 음악가로서 밝은 미래를 앞두고 있었다. 하지만 불행하게도 그는 자신이 점점 귀가 들리지 않는다는 사실을 인지하기 시작했다. 피아니스트의 귀가 들리지 않는다니, 그야말로 청천벽력 같은 일이었다. 스물여덟 살 무렵에는 청력이 현저히 나빠졌고, 조금 더 나이가 들어서는 완전히 들리지 않았다. 그러나 베토벤은 음악을 포기하지 않았고, 좌절감에 휩싸이지도 않았다.

베토벤은 평생 가정을 이루지 않았지만, 죽기 전까지 총 100여 곡을 세상에 남겼다. 그의 남다른 의지는 누구도 범접할 수 없는 강한 카리스마를 만들었고, 베토벤의 이름은 역사에 길이 남았다.

성공하지 못하는 이유 중 대부분은 '견지', 즉 끝까지 꾸준하게 하지 않아서다. 무언가를 끝까지 해낼 수 있는 사람인가는 그가 곤경에 처했을 때 여실히 드러난다. 만약 어떻게 해도 상황을 바꿀 수 없다면 그 꽉 막힌 상황을 버티고 버텨서 돌파하는 힘이 필요하다. 그런 강한 의지가 있는 사람만이 고난을 영광으로 바꾼다.

인생의 목표를 실현하려면 살면서 끊임없이 투쟁해야 한다. 이 투쟁의 대상은 외부의 불리한 환경과 내부의 장애물을 모두 포함한다. 강한 의지는 바로 이 투쟁의 과정에서 단련되어 나오는 결과물이다. 뜨거운 불에 단련되는 강철처럼 고난과 역경을 거쳐야만 강한 의지가 생기고 카리스마도 커진다.

의지를 다지고 카리스마를 키우려면 타인에 대한 의존을 멈추고 독립적인 삶을 살아야 한다. 오직 자기 힘으로 일을 완성하고 그 과정에서 만나는 각종 문제를 극복해야 한다.

어떤 사람들은 자신만만하게 어떤 일에 도전했다가도 문제에 부딪히거나 자기 능력이 부족하다는 사실을 깨달으면 크게 동요한다. 이는 아직 의지가 부족해서다. 의지가 부족한 사람은 장기적으로 꾸준히 일해서 목표를 실현하기 어렵다.

성공하려면 실력을 키우는 동시에 의지를 다지는 일을 게을리해서는 안 된다. 당신의 의지가 남들보다 더 높은 수준에 도달했을 때, 가장 힘든 시기에 고난을 역량으로 바꿔 성공을 거둘 수 있다.

> 세상을 개척하는 사람은 두 종류다. 하나는 확고한
> 의지가 있는 사람이고, 다른 하나는 장애물을
> 두려워하지 않는 사람이다.
>
> - 랄프 왈도 에머슨 -

성공은 의지의 결과물이다. 의지가 강한 사람은 아무리 어려운 상황에 부딪혀도 끝까지 가는 힘을 바탕으로 끝내 성공을 거둔다.

기회를 낚아채는 대담함

하버드 학생들은 제각각 국적, 피부색, 종교 등이 다르지만, 모두 '겁이 없다는' 공통점이 있다. 한 하버드 교수가 "겁이 많은 사람은 하버드에 들어올 수 없다!"라고 단언했을 정도다. 겁이 없고 용감한 그들에게 못할 일이란 없다.

오스트리아의 유명한 작가 슈테판 츠바이크 Stefan Zweig는 이렇게 말했다. "운명이 강림한 위대한 순간에 우리의 미덕, 예컨대 노력, 순종, 근면, 신중 따위는 의미가 없다. 운명은 소심한 인간을 경시하고 냉대하며, 대담한 사람만 더 높은 곳으로 이끌어 영웅의 전당으로 보낸다."

대담한 사람은 깜짝 놀랄만한 담력과 식견을 바탕으로 강한 카리스마를 드러낸다. 지금 우리가 속한 사회는 끊임없이 발전하며 더 나은 단계로 나아가기 위해 추진력과 모험을 요구한다. 거대한 위험에 맞서 싸울 대담함이 없는 사람은 성공하기 어렵다.

대만 포모사 플라스틱 Formosa Plastic을 설립한 왕융칭 王永慶은 한때 커다란 난제에 부딪혔다. 새로 생산한 플라스틱 파우더가 전혀 팔리지 않아 고스란히 창고 안에 쌓였기 때문이다. 분석 결과, 원인은 높은 가격이었다.

처음 생산계획을 세울 때, 왕융칭은 생산비용을 1톤당 800달러로 책정했다. 1톤당 1,000달러가 당시 해외 시장의 일반적인 수준이었으므로 충분히 경쟁력이 있다고 보았다. 하지만 알다시피 시장은 변화

7장. 카리스마

무쌍하게 움직인다. 그 바람에 운 나쁘게도 포모사 플라스틱이 생산을 시작한 후에 국제 업계 수준이 1톤당 800달러 아래로 떨어지고 말았다. 생산량이 적은 포모사 플라스틱은 당연히 경쟁력이 없었다. 또 막상 생산하고 나니 수요가 생각보다 크지 않고 품질면에서도 좋은 평가를 받지 못했다. 상황이 이러니 판매가 안 되는 것이 당연했다.

이 문제를 해결하기 위해 고심하던 왕융칭은 생산을 확대해서 비용을 줄이기로 했다.

재고가 창고 가득 쌓인 상황에서 생산을 확대하다니, 분명히 일반적인 대처는 아니었다. 회사 안팎에서 반대 의견이 들끓었지만, 왕융칭은 아랑곳하지 않았다. 이렇게 해서 포모사 플라스틱은 1958년에 플라스틱 파우더의 생산량을 월 100톤에서 200톤으로 확대했다.

문제는 여기서 끝이 아니었다. 그 사이에 일본 플라스틱 업체들 역시 생산량을 배로 늘려 포모사 플라스틱보다 더 비용을 낮춘 것이다! 비교해보면 포모사 플라스틱의 제품은 여전히 시장경쟁력이 없었다. 이를 어쩐다……, 고민에 빠진 왕융칭은 놀랍게도 생산을 더 늘리기로 했다.

왕융칭은 그룹 경영진과 해외에서 모셔온 전문가 및 고문들과 이 문제에 관한 세부사항을 논의했다. 여러 차례 회의에서 월 생산량을 400톤으로 늘리자는 의견도 있었고, 늘리는 김에 아예 600톤으로 늘리자는 의견도 나왔다.

왕융칭은 잠시 생각에 잠긴 듯하더니 고개를 들고 단호하게 말했다. "1,200톤으로 늘립시다!" 현장에 있던 사람들은 생각지도 못한 숫

자에 귀를 의심할 정도로 깜짝 놀랐다.

한 해외 전문가는 월 생산량을 1,200톤으로 늘리려면 그만큼 시설을 추가해야 해서 리스크가 너무 크니 600톤이 적당하다고 만류했다. 다른 사람들 역시 그의 말에 동조했다.

하지만 왕융칭은 이번에도 자기 생각을 밀어붙였다. "우리 창고 안에 재고가 산처럼 쌓인 까닭은 간단합니다. 비싸서죠! 일본 업체들의 월 생산량은 무려 5,000톤입니다. 지금 비용을 내리지 못하면 끝까지 경쟁력을 얻지 못하고 사지로 내몰립니다. 우리는 달리는 호랑이 등 위에 올라탔고, 여기서 떨어지면 무슨 일이 생길지는 상상하기도 싫습니다. 어떻게든 매달려서 호랑이를 제압해야 합니다!"

왕융칭은 카리스마 넘치는 모습으로 사람들을 설득하는 데 성공했다.

1960년에 제2기 공장이 완공되면서 포모사 플라스틱은 플라스틱 파우더를 매달 1,200톤씩 생산하기 시작했다. 비용이 크게 떨어지자 드디어 시장경쟁력이 생겼다. 이후 포모사 플라스틱은 성공을 거듭해 세계 플라스틱 업계의 선두 자리로 올라섰다.

대담함은 기회를 잡고 상황을 바꾸는 최대의 자산이다. 하지만 생각보다 많은 사람이 가만히 앉아 운명이 자신을 찾아오기만 기다린다. 운명은 번개처럼 짧은 순간에 결정된다. 매사에 겁을 먹은 채 박력이라고는 없이 사는 사람은 운명의 전환점에서 좀처럼 선택을 내리지 못하고, 기회가 눈앞에 있는데도 손을 뻗어 잡을 용기를 내지 않는다. 무슨 일이든 자신은 감당하기 어렵다고만 생각한다. 대담한 사람만이 기적을 창조한다. 행복과 성공 위에 덮인 베일은 아주 얇고 가볍다. 겁이 나서 감히 들춰보지 못하는 사람은 그것을 누릴 자격이 없다.

그는 1967년 8월 19일 대만의 평범한 가정에서 태어났다. 어렸을 때부터 그는 '겁이 없기로' 유명했다. 다섯 살 무렵부터는 집에 처음 보는 손님이 와도 낯을 가리지 않고 자유롭게 이야기를 나눴고, 학교에 들어가서는 웅변, 글짓기, 토론 등 각종 대회에 참가해서 상을 휩쓸었다. 또 대학을 졸업한 후에는 한 방송국의 기자 채용시험에 수석으로 합격했다.

1994년 남아프리카 공화국은 최초의 다인종 민주선거를 실시했다. 이 역사적인 순간을 취재하기 위해 현지로 파견된 그는 곳곳을 뛰어다니며 열심히 뉴스를 보도했다. 이 선거에서 넬슨 만델라가 남아공 최초의 흑인 대통령으로 선출되자 전 세계 언론 매체 기자들이 당선자와 인터뷰하기 위해 혈안이 되었다. 당시 만델라가 묵고 있었던 호텔 앞에는 기자 수백 명이 진을 치고 기다렸지만, 당선이 확정되고 8시간이 지나도록 아무 소득이 없었다. 다들 포기하고 철수하려는데 어딘가에서 웅성거리는 소리가 들리더니 만델라가 경호원에 둘러싸여 내려오고 있었다. 그 순간 기자와 지지자들이 순식간에 모여들어서 질문과 환호를 쏟아냈지만, 만델라는 무슨 이유에서인지 아무 말도 하지 않았다. 이때 그가 경호원들의 저지선을 뚫고 들어가

만델라를 향해 아프리카 현지 부족어로 외쳤다. "남아프리카 공화국에 축복을! 만델라 만세!" 경호원들은 불쾌한 듯이 그를 몰아내려 했지만, 만델라는 호기심을 보였다. 아프리카 말을 하는 동양인이라니, 만델라는 경호원들을 저지하며 먼저 그에게 다가와 손을 내밀었다. 그는 기회를 놓치지 않고 만델라와 악수하는 동시에 왼손으로는 잽싸게 마이크를 꺼내 종일 달달 외워두었던 영어로 질문을 던졌다. 만델라는 미소를 띠고 그의 질문 몇 가지에 대답했고, 함께 온 촬영 기자는 이 모습을 고스란히 촬영했다. 이날 그는 당선자 신분의 만델라와 처음이자 유일한 인터뷰를 한 기자로 큰 주목을 받았다.

그는 바로 펑황TV鳳凰衛視의 인기 진행자인 후이후胡一虎 다. 후이후는 공개석상에서 여러 차례 이렇게 말한 바 있다. "저는 어렸을 때부터 겁이 없었답니다. 무슨 일이든 대담하게 뛰어들었죠! 항상 더 나아져서 앞을 향해 가려고 했어요."

지금 당신이 성공과 어깨를 나란히 하지 못한 까닭은 '앞을 향해 가려는' 용기가 부족해서다! 옛말에 "간 큰 놈은 배불러 죽고, 간 작은 놈은 굶어 죽는다"라고 했다. 가만히 앉아 기회가 자신을 찾아오기만을 기다리는 사람은 어느 날 운명을 바꿀 기회가 나타나도 되레 놀라 도망간다. 한 철학자는 '운명은 곧 선택'이라고 말했다. 그렇다. 대담한 사람만이 용감하게 선택해서 스스로 운명을 만들고 자신의 인생을 개척한다. 거칠고 험한 협곡을 넘어 넓은 평원으로 나아가려면 지금보다 더 대담해야 한다. 오직 대담한 사람만이 성공과 성취의 기쁨을 누릴 수 있다.

평생 안정만을 바라고 단 한 번도 더 높은 목표를
추구하지 않는다면, 단 한 번도 날개를 펴고 더 높이 날지
않는다면, 대체 인생에 무슨 의미가 있는가?

– 빌 게이츠 –

소심하고 유약한 사람은 스스로 양손과 양발을 모두 꽁꽁 싸매고 앞으로 나가지 못
하며, 거칠고 경솔한 사람은 경거망동해서 스스로 패망한다. 진정으로 대담한 사람
만이 자기 손으로 걸림돌을 치워가며 거침없이 앞으로 나아갈 수 있다. 그는 이런
기세로 강한 카리스마를 형성하며 성공의 정상에 서서 밝은 빛을 발한다.

성공을 향한 갈망

하버드 교수들은 평범한 삶을 특별하게 바꾸지 못하는 까닭은 성공을 갈망하지 않고 열정이 없기 때문이라고 잘라 말한다. 이런 사람들은 보통 특별한 기회나 놀라운 기적이 자신을 찾아오기를 바랄 뿐, 반드시 성공하겠다는 욕망이 없다. 반면에 기어코 성공하고야 마는 사람은 늘 성공을 향한 간절함으로 스스로 인생을 개척한다.

단언컨대 성공을 갈망하는 사람만이 성공으로 나아가는 동력을 얻을 수 있다. 성공은 늘 당신의 손이 닿는 그곳에 있으니 용감하게 손을 뻗어야만 성공을 거머쥘 수 있다.

66

가난하고 비루한 삶을 살던 뉴욕 청년이 홀연히 아시아로 떠났다. 그는 마흔 살이 되는 해에 백만장자가 되어 고향으로 돌아왔다.

부자가 된 비결을 묻는 사람들에게 청년은 이렇게 말했다. "반드시 부자가 되겠다는 생각이 없었다면 나는 지금도 길거리 건달로 살았을 거야. 아무도 알지 못하는, 그저 그런 사람으로 살다 죽었겠지."

예전에는 친구들이 그보다 '잘 나갔지만', 이제는 오히려 그를 부러워했다. 사실 그들은 이 청년이 부자가 되겠다는 열망을 품게 만든 존재이기도 했다. 그가 여전히 가난한 삶을 벗어나지 못하고 있을 때, 계속 성장하고 발전하는 친구들은 그에게 큰 자극이 되었다. 당시 친구들은 큰돈을 벌어 자기 인생을 바꾸려고 했지만, 그는 허송세

월하며 방탕하게 살면서 종말론에 심취했다.

하루는 사촌이 그를 모욕하며 냉대했다. "미안하지만 이 집에 너를 위한 저녁 식사는 없어!" 자존심에 큰 상처를 입은 그는 분노와 비애에 휩싸여 왜 가족들이 자신을 이렇게 대하는지 생각했고, 반드시 자기 삶을 바꾸어 그들과 똑같은 자리에 앉겠다고 마음먹었다. 그는 현실에 안주하지 않고 끝까지 투쟁하는 용사가 되어 다른 사람이 가진 것을 자기도 손에 넣기 위해 최선을 다하기로 했다.

자신의 삶을 위해 싸우겠다고 결심하자 돈에 대한 생각과 태도도 자연스레 바뀌었다. 그는 오직 자신의 힘으로 더 많은 돈을 벌고, 타인의 인정과 존중을 받고자 했다.

뉴욕에서 전자제품 영업사원으로 일을 시작한 그는 얼마 후, 아시아로 떠나서 의류사업을 벌였다. 어느 정도 돈을 번 후에는 자신의 의류 브랜드를 만들었고 승승장구해서 열 개가 넘는 자회사를 거느리게 되었다.

99

사례에 등장하는 청년은 성공하고자 하는 강한 욕망이 있었기에 더 노력하도록 자신을 압박했다. 모욕 받았을 때, 좌절하거나 포기하지 않고 성공하겠다는 욕망을 더 활활 타오르게 한 덕분이다. 욕망은 그가 행동하게 만드는 추진기가 되었으며 지치지 않고 나아가는 동력으로 작용했다. 성공을 갈망하지 않는 사람은 무슨 일을 해도 좀처럼 끝까지 훌륭하게 마무리 짓지 못한다. 모름지기 성공한 사람이 되려면 적극적이고 진취적인 태도, 그리고 승리를 원하는 강한 욕망을

잃어서는 안 된다. 성공에 대한 욕망이 클수록 더 열정적으로 일할
수 있는 법이다.

1996년 사이클 세계 랭킹 5위에 오른 후, 랜스 암스트롱Lance Armst-
rong은 크게 실망했다. 세계 우승을 목표로 했던 그에게 5위는 실패
와 다름없었기 때문이다. 암스트롱은 사이클이라는 운동을 '자전거
에 올라타서 죽을 만큼 페달을 밟는 것'이라고 묘사했지만, 사실 힘만
으로는 세계 정상에 오를 수 없다. 암스트롱에게 필요한 것은 전략을
좀 더 다듬고 완성하는 일이었다. 이 과정은 원래 자전거 위에서 진
행되어야 하지만, 암스트롱은 뜻밖에도 자전거가 아닌 병상에 올라
전략을 완성했다.

스물다섯 살이던 해, 암스트롱은 고환암 진단을 받았다. 이미 암
세포가 전신으로 퍼져 완치 확률이 3%밖에 되지 않았다. 엎친 데 덮
친 격으로 암스트롱은 당시 경제 상황까지 좋지 않았다. 연이어 터지
는 악재 속에서도 암스트롱은 좌절하거나 포기하지 않았다. 반드시
성공하겠다는 욕망은 그가 투사처럼 용감하게 고난과 맞서 싸우고
더 높이 도전하게 했다.

네 차례 고된 치료 과정을 마친 후, 암스트롱은 기적적으로 건강
을 되찾기 시작했다. 몇 개월 후에 그는 병상에서 내려왔고, 천천히
혼자 걷기 시작했으며 나중에는 뛰기까지 했다. 다시 시간이 흐른 후
에는 낮은 강도의 웨이트 트레이닝까지 가능하게 되었다. …… 얼마
후, 의사는 그에게 "이제 자전거를 타도 됩니다!"라고 말했다.

다시 1년이 흐른 후, 암스트롱은 닷새에 걸쳐 치러진 부엘타 아 에스파냐vuelta a espana에서 모두의 예상을 깨고 14위에 올랐다. 사이클 팬들은 암스트롱이 전술에 초점을 맞추면서 힘을 조절할 수 있게 된 데 열광했다. 그는 이제 호전적인 장군이라기보다 필요할 때 물러나는 법을 아는 전략가였다.

이어진 몇 차례 경기에서 암스트롱은 꾸준히 성적을 올렸다. 미국, 네덜란드, 스페인에서 열린 경기에서 모두 4위에 올랐으며, 룩셈부르크에서는 마침내 우승해 세상을 놀라게 했다. 1999년에는 투르 드 프랑스Tour de France에서도 탁월한 기량을 보이며 우승했다. 트로피를 높이 들어 올렸을 때, 그의 강한 카리스마는 미국 전역을 뒤흔들었다. 그는 투르 드 프랑스에서 우승한 최초의 미국인이었다!

이후 암스트롱은 계속 새로운 신화를 써내려갔다. 이어진 여섯 번의 투르 드 프랑스에서 전부 우승하면서 암스트롱은 투르 드 프랑스 역사상 최초의 7회 우승자가 되었다. 그는 명실상부한 '투르 드 프랑스의 영웅'이었다. 당시 미국 대통령이던 부시는 암스트롱에게 보낸 축하 전보에서 "당신은 정말 경이로운 사람입니다!"라고 말했다.

반드시 성공하고야 말겠다는 강한 욕망은 능력을 최대치로 발휘하게 만든다. 이런 사람들은 사업과 인생의 성공을 위해 쉬지 않고 전력투구하며 도중에 지쳐 포기하는 법이 없다.

인생은 끝없이 계속되는 경기다. 인생이라는 경기장에서는 강한 욕망을 지닌 사람만이 상대방을 제압하고 성공을 손에 넣을 수 있다.

강한 욕망도 빼놓을 수 없다. 사람이란 원동력이 있어야
성공할 수 있다. 다소 분수에 맞지 않는 생각을 하면서
그것을 이루려고 최선을 다해야 한다.

– 빌 게이츠 –

성공을 향한 갈망은 그 사람이 끝까지 싸워 성공을 거머쥐게 만드는 동력이 된다.
마음속에 그러한 욕망을 타오르게 해야만 비로소 강한 카리스마를 형성하고 성공으
로 나아갈 수 있다.

커다란 지혜

지혜는 카리스마의 크기와 강도에 결정적인 영향을 미치는 요소이자 성공을 이루는 데 유일한 원천이기도 하다. 지혜는 재능보다 더 중요해서 재능이 절대 할 수 없는 일, 바로 더 강한 카리스마를 만든다.

다음은 하버드에서는 지혜와 관련해 자주 언급되는 이야기다.

66

옛날에 팔과 다리, 눈이 모두 하나뿐인 왕이 있었다. 하지만 자신의 신체적 결함을 비관하지 않았으며 오히려 스스로 매우 잘생기고 멋진 사람이라고 생각했다. 왕은 자신의 '훌륭한' 외모를 대대손손 남기기 위해 나라에서 제일 뛰어난 화가를 선발해 초상화를 그리기로 했다.

수차례 엄격한 심사 과정을 거쳐 화가 세 명이 최종 선발되었다.

첫 번째 화가는 뛰어난 실력으로 왕의 외모를 하나도 빠짐없이 완벽하게 묘사해서 실제 모습과 거의 똑같이 그렸다. 하지만 왕은 초상화를 본 후, 크게 역정을 내면서 말했다. "이 그림 속의 내가 거리를 헤매는 불구자와 무엇이 다르냐, 어찌 이런 그림을 후대에 전하라는 말인가?" 화를 이기지 못한 그는 이 화가를 당장 죽이라고 명령했다.

그 모습을 본 두 번째 화가는 감히 사실대로 그리지 못하고, 사지가 멀쩡하고 건장해서 마치 영웅처럼 보이는 멋진 왕을 그렸다. 하지만 왕은 그림을 본 후에 또 노발대발하면서 소리쳤다. "이 그림의 나는 실제 내가 아니지 않은가! 지금 네가 감히 나를 조롱하는 것이냐?" 이렇게 해서 두 번째 화가 역시 첫 번째 화가와 마찬가지로 처형당했다.

세 번째 화가는 앞선 두 사람이 어떻게 죽었는지 알았지만, 크게 걱정하지 않았다. 대신 왕의 신체적 결함이 도드라지지 않는 그림을 그릴 방법을 열심히 궁리했다. 그 결과, 화가는 한쪽 무릎을 꿇고 앉아, 한쪽 눈을 감고 총을 조준하는 왕의 옆모습을 그렸다. 단점을 매우 효과적으로 가리면서도 영웅적인 모습을 강조하는 그림이었다. 당연히 왕은 매우 만족하며 기뻐했고, 세 번째 화가는 큰 상을 받았다.

"

사례에서 먼저 그림을 그린 두 화가는 죽임을 당했지만, 마지막 화가는 왕을 기쁘게 해 커다란 보상을 받았다. 이 이야기는 성공과 실패를 가르는 기준이 기술이나 능력의 차이가 아니라 지혜에 있음을 잘 보여준다.

지혜로운 사람은 그렇지 못한 사람보다 훨씬 쉽게 성공한다. 지혜는 당신이 중요할 때 상황을 바꿀 수 있게 돕는 열쇠가 된다. 지혜로운 사람은 타인의 인정과 주목을 받고 그 안에서 카리스마가 더 커진다.

지혜는 잠재능력을 끌어내고 그가 더 많은 사람을 끌어당길 수 있게 한다. 누구나 거대한 역량을 가지고 있다. 이 역량을 발휘해야 인생에 거대한 변화를 만들 수 있는데 이를 가능케 하는 것이 바로 지혜다. 지혜를 이용해 숨어 있는 잠재능력을 깨워라. 그러면 당신의 인생은 완전히 달라질 것이다.

7장. 카리스마

아르키메데스Archimedes는 고대 그리스의 유명한 수학자이자 물리학자다.

어느 날 로마 침략자들이 바다를 건너 그리스로 왔다. 하지만 맞서 싸워야 할 그리스의 청장년들은 모두 이미 다른 전쟁터에 나가 있어서 도시 안에는 노인과 여성, 아이들뿐이었다. 놀란 사람들은 황급히 아르키메데스를 찾아와 어떻게 하면 좋겠냐고 물었다.

아르키메데스는 우선 직접 성벽에 올라 상황을 살폈다. 머지않은 바다에 로마인들이 탄 전함이 있었는데, 유심히 보니 이제 막 돛에 기름을 먹인 듯했다. 이를 어쩐다……, 대응방법을 곰곰이 생각하던 아르키메데스는 무심코 고개를 들고 하늘을 바라보았다. 내리쬐는 햇살이 너무 세서 눈을 제대로 뜨기 힘들었다. 바로 그 순간, 그의 머릿속에 좋은 아이디어가 떠올랐다. "방법이 있소! 배를 불태웁시다!"

아르키메데스는 사람들에게 당장 집으로 가서 거울을 전부 들고 나오라고 지시했다. 잠시 후, 약 1,000여 개의 거울이 햇빛을 반사해 하나의 점, 바로 로마인의 전함에 모였다. 하나로 모인 빛은 점점 더 뜨거워지더니 방금 기름을 먹인 돛에 기어코 불을 냈다! 멀쩡하던 돛이 느닷없이 활활 타오르는 걸 본 로마인들은 싸우기는커녕 놀라서 도망가기 바빴다.

지혜는 당신을 더 강하게 만들어 누구보다 더 열심히, 더 훌륭하게 일을 완수하도록 돕는다. 재능이 있는 사람이라면 지혜가 그 재능을 더 빛나게 만들어줄 것이다. 다른 사람보다 더 커다란 지혜를 가졌을 때, 성공은 먼 이야기가 아니다.

성공한 인생을 살고 싶다면 긍정적인 마음가짐을 가져야 한다. 긍정적인 마음가짐을 가진 사람은 큰 지혜를 얻을 수 있으며, 그것을 바탕으로 자신이 성공할 수 있는 방향을 명확히 감지해 나아간다. 이런 이유로 우리는 반드시 지혜를 이용해 카리스마를 키우고 승리의 역량을 강화해 성공의 자본으로 삼아야 한다.

> 침착하고 현명하다면 오직 가치 있는 일만이 영원하며
> 절대적이라는 사실을 깨달을 수 있다. 작은 고통과 희열은
> 단지 진실의 그림자에 지나지 않는다.
>
> - 헨리 데이비드 소로 -

지혜는 그 사람의 일생을 결정한다. 카리스마는 지혜가 피우는 꽃이며, 인생의 성공과 실패는 지혜가 만드는 결과물이다. 지혜는 당신이 언제 어디서나 능력을 발휘하고 카리스마와 매력을 드러내도록 도울 것이다.

사라지지 않는 열정

열정적인 사람은 일할 때 단호하며, 기회 앞에서 신속하고 과감하게 결정한다. 또 매사에 적극적이고 긍정적이며 투지가 돋보인다. 반대로 열정이 부족한 사람은 무슨 일을 하든 겁부터 내고 주저하면서 결정을 내리지 못하며 자신감이 없어서 타인에게 신뢰를 주지 못한다. 열정은 그 사람의 카리스마를 결정하므로 일이든 처세든 열정이 있어야 강한 카리스마를 드러낼 수 있다.

열정이야말로 그 사람이 지닌 카리스마의 구체적인 표현이다. 무릇 성공한 사람은 일정한 수준의 실력을 갖췄고, 실력을 갖춘 사람은 자신감에서 비롯한 열정으로 충만하다. 말과 행동이 모두 열정적인 사람이야말로 진짜 강력한 카리스마가 있는 사람이다.

아인슈타인이 초등학생일 때의 이야기다. 미술 시간이 끝나고 친구들은 각자 만든 작품을 제출하고 집으로 돌아갔지만, 아인슈타인은 끝내 내지 못했다. 다음날 그가 작은 의자를 완성해 제출하자 선생님은 영 탐탁지 않은 표정으로 말했다. "세상에 이보다 더 조잡한 의자는 없을 것 같구나."

아인슈타인은 선생님의 차가운 반응에도 아랑곳하지 않고 "있는데요."라며 책상 아래에서 다른 의자 두 개를 꺼냈다. 그는 왼쪽 손에든 의자를 들어 보이며 말했다. "이건 처음에 만든 거예요." 그리고는 다시 오른쪽 손으로 든 의자를 보면서 "이건 두 번째로 만든 거고, 방금 선생님께 드린 건 세 번째로 완성한 거예요. 그것도 별로지만, 전에 만든 두 개보다는 좀 더 나아요."

느릿느릿 차분하게 말하는 아인슈타인을 보며 선생님은 잠시 멍해져 아무 말도 못 했다.

어린 아인슈타인의 자신감이 정말 대단하지 않은가? 그는 행동으로 자신이 얼마나 열정적인 사람인지 증명했다. 남이 아니라 이전의 자신보다 더 나아짐으로써 자신감을 키우고 열정을 드러내어 선생님을 놀라게 했다.

중국 전자제품 업체 거리뎬치 格力電器 의 회장 동밍주 董明珠 는 카리스마 넘치는 여장부로 유명하다. '전자업계의 제왕', '중국 비즈니스철의 여인'으로 불리는 그녀를 두고 혹자는 '지나간 자리에 풀도 안 난다'라며 혀를 내두른다.

2013년 경제인 총회에서 샤오미 小米 회장 레이쥔 雷軍 과 동밍주는 '올해의 경영인'으로 공동 선정되었다. 두 사람은 수상 소감을 이야기하며 서로를 도발했다. 레이쥔은 동밍주에게 5년 안에 샤오미의 영업액이 거리뎬치를 넘어서면 1위안을 달라고 말했고, 동밍주는 호탕하게도 그러지 말고 10억 위안을 걸자고 제안했다.

동밍주의 카리스마는 열정의 산물이었다. 거리뎬치의 브랜드 '거리 格力'는 2015년에 '전 세계 영향력이 가장 큰 중국 브랜드'에 선정되었다. 현재 생산공장 여러 개, 직영점 및 판매처 3만여 개, 직원 7만 명, 년 판매액 1,000여 억을 자랑하는 거리뎬치는 에어컨 분야에서 핵심 기술을 보유하고 있다. 이 모든 것은 동밍주가 보이는 믿음의 근원이었다. 만약 이같이 강력한 뒷받침이 없었다면 그녀는 절대 이처럼 자신만만하지 않았을 것이다.

열정이 있는 사람은 자신감이 넘치지만, 열정이 부족한 사람은 자신에 대한 믿음이 없으니 무슨 일을 해도 실망하고 비관한다.

열정이 넘치는 사람은 자신의 실력을 겉으로 표현하는 동시에 긍정적이고 낙관적인 태도로 끊임없이 노력하며 배우려는 자세가 있다. 자신을 더 향상하려는 마음이 있기에 자연스레 열정과 자신감이 생기고 이것이 곧 카리스마로 승화된다. 자신감, 열정, 그리고 카리스마는 당신의 삶을 더 풍요롭게 만들고 더 빠르게 성공으로 이끌어 줄 것이다.

언제나 열정적일 것, 이것이 성공의 첫 번째 비결이다.
- 랄프 왈도 에머슨 -

기본적으로 실력이 없는 사람에게 자신감이나 열정 따위가 없으니 당연히 카리스마를 기대할 수도 없다. 오직 일정한 실력을 갖춘 사람만이 충분한 자신감으로 열정을 보이고 특유의 카리스마를 드러낼 수 있는 법이다.

하버드 심리학
강의 사례

할리 베리
좋은 실패자가 되다.

1981년에 설립된 골든 라즈베리 상 Golden Raspberry Awards 은 오스카 상 Oscar Awards 의 '짓궂은' 버전이라 할 수 있다. '최고들'을 대상으로 하는 오스카와 달리 골든 라즈베리는 '최악들', 그러니까 최악의 영화, 최악의 감독, 최악의 배우 등에게 상을 준다. 시상식은 매년 미국 아카데미 시상식 전날 저녁에 열린다.

지금까지 수많은 유명 영화감독, 배우, 그리고 제작자가 골든 라즈베리 수상자로 선정되었지만, 수상자들은 대부분 무척 기분 나빠하며 무시한다. 역사적으로 수상자가 시상식에 참석하는 일은 거의 없었다.

2005년 2월 26일 저녁, 제25회 골든 라즈베리 시상식에 전혀 예상하지 못한 인물이 나타났다. 영화 〈캣우먼 Catwoman 〉으로 '최악의 여우주연상' 수상자로 선정된 배우 할리 베리 Halle Berry 가 직접 참석해 트로피를 받은 것이다! 그녀의 깜짝 등장은 현장에 있던 관객뿐 아니라 전 세계를 깜짝 놀라게 했다.

그녀가 한 손에는 몇 년 전에 받은 오스카 트로피를, 다른 한 손에는 골든 라즈베리 트로피를 들어 보이자 시상식장이 큰 웃음으로 들썩였다. 이로써 할리 베리는 골든 라즈베리 시상식에 참석한 첫 번째 할리우드 배우가 되었다.

한바탕 즐겁게 웃고 난 후, 사람들은 이 배우가 대체 무슨 마음으로 이곳에 왔는지 궁금해하기 시작했다. 그도 그럴 것이 그녀는 미국 아카데미 역사상 여우주연상을 수상한 최초의 흑인으로 늘 화려한 레드카펫 위를 걷는 배우였기 때문이다. 골든 라즈베리가 분명히 '상'이기는 해도 조롱과 풍자가 뒤섞인 '실패'를 의미한다는 걸 모르는 걸까? 할리 베리는 다들 무슨 생각하는지 안다는 듯이 미소를 머금고 유머러스한 수상 소감을 시작했다.

"오, 신이시여! 어찌 저를 이리로 인도하셨나요? 제가 여기까지 오게 될 거라고는 한 번도 생각한 적 없답니다. '최악'이라니요. 이런 상을 받을지는 전혀 몰랐어요. 배우가 되려고 했을 때 이런 걸 원한 건 아니라고요! 뭐 어쨌든 그래도 감사드리고 싶네요. 골든 라즈베리가 제게 던진 평가는 제가 평생 간직해야 할 귀중한 보물입니다." 그녀는 잠시 멈춘 후에 힘 있는 눈빛으로 모두를 향해 말했다. "여러분, 믿어주세요. 저는 절대 멈추지 않겠습니다. 앞으로 더 멋진 연기를 보여드리죠!" 그 순간, 모든 관객이 자리에서 일어나 시상식장이 떠나갈 듯이 커다란 박수와 환호를 보냈다.

시상식이 끝나자 기자들이 할리 베리를 둘러싸고 질문했다.

"수상이 모욕이라고 생각하지 않나요?"

"배우가 칭찬만 들으려고 하면 안 되죠. 비평과 질책도 받아들일 줄 알아야 한다고 생각합니다. 오스카 시상식에서 트로피를 받았다면, 용감하게 골든 라즈베리도 받아야죠!"

"트로피를 어떻게 보관하실 건가요?"

그녀는 손에 쥔 '최악의 여우주연상' 트로피를 들어 보이면서 미소 지으며 말했다.

"매일 볼 수 있게 주방에 둘 예정이에요. 세상의 찬사와 박수가 쏟아질 때, 이 트로피를 보면 붕 뜬 기분을 날려버릴 수 있을 테니까요. 제게는 정확한 비평과 질책도 중요하답니다. 맑은 머리와 깨어 있는 정신을 유지하게 해주니까요. 자신을 잃지 않는 데 큰 도움이 되죠."

할리 베리는 사인을 부탁한 팬에게 어린 시절 어머니에게 들었던 말을 써주었다.

"좋은 실패자가 되지 못하면, 좋은 승리자도 될 수 없다."

~~~~~~

할리 베리는 내면이 강하고 용기 넘치며 지혜로운 사람이다. 그녀는 유연한 사고로 득실을 생각하고 성공과 실패를 바라본다. 일찍이 만인의 주목과 찬사를 받는 영광을 누렸지만, 박수와 환호 소리에 휩쓸리지 않고 실패로부터 도망치지 않았다. 대신 긍정적인 마음가짐으로 그것을 똑바로 보고 받아들였을 뿐이다. 그녀의 행동은 인생이라는 여정에서 성공과 실패는 모두 새로운 시작일 뿐임을 잘 보여준다.

"좋은 실패자가 되라!"는 음미해볼 만한 말이다. 모든 사람은 성공을 갈망하고, 성공한 상태를 최대한 길게 유지하고자 한다. 하지만 성공이란 무수한 실패와 좌절에서 얻은 경험과 교훈으로 얻어지는 결과물이다. 실패를 인정하지 못하고 받아들이지 않는다면 실패와 좌절의 자리에서 맴돌 뿐, 전진할 수 없다.

~~~~~~

프랭클린 루스벨트
자신감으로 부족함을 채우다.

프랭클린 루스벨트는 어린 시절, '문제'가 많은 아이였다. 너무 소심해서 늘 겁먹은 생쥐 같은 표정을 짓고 다닌 그는 항상 친구들의 놀림거리였다.

열등감으로 가득한 그는 학교에서도 감히 큰 소리로 말하지 못했다. 선생님이 교과서를 읽어보라고 하면 순식간에 얼굴이 붉어지고 두 다리가 바들바들 떨렸다. 간신히 일어나도 고개를 푹 숙인 채, 부정확한 발음으로 떠듬떠듬 읽었다. 친구들은 치아가 입술 밖으로 삐져나온 루스벨트의 외모를 놀려대며 같이 놀기는커녕 가까이 가지도 않았다. 루스벨트는 다른 사람들의 눈에 점점 더 민감해졌고 항상 무기력한 채로 혼자 다녔다. 그의 삶은 점점 더 암담해졌다. 나이가 들면서 그는 더 이상 자신을 비루한 존재로 그냥 둘 수는 없다고 생각하기 시작했다. 어떻게든 결함을 채우고 메워서 찬란한 햇빛처럼 밝고 강인한 사람이 되겠다고 다짐했다.

루스벨트는 우선 자신이 세상에서 유일무이한 존재이며 부족한 부분이 있다면 극복할 수 있다고 생각했다. 그리고 끊임없이 자신을 단련하고 용기를 불어넣어서 사람들 무리 속으로 천천히 들어가기 시작했다. 물론 처음에는 조롱과 모욕이 쏟아졌지만, 매일 집에 돌아와 거울을 보면서 자신을 응원하며 버텼다. 연설에도 도전했다. 사람들 앞에 나서서 연설하면서 목소리를 다듬고 뻐드렁니를 숨기는 법을 연습했으며, 거칠고 촌스러운 자세와 몸짓도 없앴다. 얼마 지나지 않아 그는 다른 연설가처럼 빛나는 목소리와 위엄 넘치는 자태는 조금 부족해도 가장 힘이 넘치고 신뢰를 주는 연설가가 되었다.

굳건한 내면과 강인한 의지를 바탕으로 꾸준히 자신을 다듬어 나간 루스벨트는 마침내 밝고 자신감이 넘치는 멋진 인물로 성장했다. 그리고 미국 역사상 유일하게 4회 연임에 성공한 대통령, 가장 위대한 대통령 세 명 중 한 명이 되었다. "나 자신보다 더 나를 잘 아는 사람은 없습니다. 나는 신체의 결함을 정확히 알고 인정하는 동시에 스스로 용감하고 강인하며 멋진 사람이라고 생각했죠. 그리고 행동으로 선천적인 장애를 극복할 수 있음을 증명했습니다." 따지고 보면 그의 '부족함'이 그를 더 강하게 만든 셈이다. 부족함과 그것을 채우려는 강한 의지는 루스벨트 인생의 가장 커다란 자산이었다.

~~~~~~

뛰어난 정치가였던 루스벨트가 한때는 열등감에 휩싸여 말도 제대로 못 하는 아이였다는 사실을 아는 사람은 많지 않다. 이처럼 성공의 빛은 그 사람의 결함이 보이지 않게 한다. 자신의 부족한 점을, 자신의 인생을 똑바로 바라볼 용기가 없는 사람은 영원히 성공할 수 없다.

자신감은 성공을 바라는 사람이 반드시 갖춰야 하는 소질 중 하나다. 강조하건대 성공하고 싶다면 우선 자신감을 키워야 한다. 그리고 자신감을 키우려면 지저분한 거리를 깨끗이 치우듯 자기 내면의 가장 어둡고 퀴퀴한 구석에 뿌리내린 열등감과 자기 비하를 말끔히 제거해야 한다. 그런 후에 그곳에 자신감을 공고하게 자리 잡게 하는 것이다. 내면에 자신감의 씨앗을 심고 튼튼히 키우면 기회가 당신을 찾아올 것이다.

〜〜〜〜〜〜〜〜〜〜〜〜〜〜〜〜〜〜〜〜〜〜〜〜〜〜〜〜〜〜〜〜

나폴레옹
자신감으로 성공하고,
자만심으로 실패하다.

나폴레옹은 인생의 대부분을 전쟁터에서 보냈다. 그는 프랑스인들에게 용맹하고 강인한 불패의 상징이다. 그가 말한 "내 사전에 불가능이란 없다"는 그가 얼마나 자신감이 넘치는 사람이었는지 잘 보여준다. 이 자신감은 그를 성공으로 이끌었지만, 그를 무너뜨리기도 했다.

나폴레옹은 1789년부터 1793년까지 5년 동안 프랑스 대혁명과 툴롱 포위전에 연이어 참전하면서 군사적 재능을 마음껏 드러냈다. 아주 기발하고 교묘한 작전을 구사했고, 소수의 인원으로 다수의 적을 효과적으로 무너뜨렸다. 젊고 혈기왕성한 그는 단숨에 프랑스의 영웅으로 떠올랐지만, 그는 외부의 평가에 시큰둥했으며 자기 위에는 누구도 믿지 않았다.

이후에도 나폴레옹은 전쟁터를 떠돌며 살았다. 멈추지 않고 전진했으며 백전백승을 거두면서 승승장구했다. 승리할 때마다 희열을 느꼈지만, 여전히 외부의 찬사에는 큰 관심을 두지 않았다. 원로들이 그를 칭찬하며 영웅이라 불러도 만족하지 않았다. 그가 진짜 원하는 건 장군 자리나 영웅의 호칭이 아니라 천하를 지배하는 '황제'가 되는 것이었기 때문이다. 1804년 5월 18일, 제2통령 캉바세레스 Cambacérès가 "원로원 결의에 따라 나폴레옹 장군을 프랑스 황제 나폴레옹 1세 Napoléon I로 선포한다"라고 밝혔다. 12월 2일, 마침내 노트르담 대성당에서 나폴레옹의 즉위식이 거행되었다. 이 즉위식에 로마 교황 비오 7세 Pius VII가 참석했지만, 야심만만한 나폴레옹은 직접 황제관을 써서 사람들을 깜짝 놀라게 했다. 노골적으로 기독교의 권위를 인정하지 않는 행동이었기 때문이다. 대체 그는 언제쯤 만족할까? 사실 나폴레옹 자신도 알 수 없었다. "나는 내 한계를 모른다. 오직 세상을 통치하기를 바랄 뿐이다."

나폴레옹은 프랑스 황제 자리에 올랐으면서도 만족하지 못하고 오히려 야심을 더 키웠다. 그는 자신이 승리의 운명을 타고났으니 전 세계를 통치하는 황제가 되겠다고 마음먹었다. 그의 자신감은 이제 더 이상 자신감이 아니라 자만심이 되었다. 반드시 승리한다고 확신했기에 전쟁을 일으킬 때도 크게 고민하지 않았다. 그의 머릿속에서 나폴레옹 군대가 가는 길에 패배란 없었다.

이후 몇 년 동안 그는 연이어 주변의 몇 개 국가를 점령했고, 영토를 끊임없이 확대했다. 승리에 도취한 그는 더 속도를 높여서 세계를 통치하겠다는 꿈을 앞당겨 실현하고자 했다. 1812년 6월, 나폴레옹은 60만 대군을 이끌고 러시아 원정을 떠났다. 이때 러시아 군대를 지휘하는 쿠투조프 Kutuzov는 계속 후퇴함으로써 나폴레옹 군대를 함정에 빠뜨리는 전략을 선택했다. 그는 프랑스군이 먼 거리와 식량 부족, 추운 날씨에 버틸 수 없다고 생각하고 모스크바를 불태웠다. 실제로 나폴레옹이 이끄는 대군은 모스크바에 들어왔지만, 이미 3일이나 불탄 도시 안에는 아무것도 없었다. 그의 60만 대군은 살을 에는 추위와 끔찍한 허기에 덜덜 떨면서 러시아 정규군과 유격부대의 공격에 완전히 무너졌다. 결국, 나폴레옹은 패잔병 2만 7,000명만 데리고 파리로 퇴각했다.

러시아 원정의 대실패는 나폴레옹의 몰락을 불렀다. 1813년 봄, 러시아, 영국, 프로이센, 오스트리아, 스웨덴 등의 국가가 제6차 대프랑스 동맹을 맺고 전쟁을 벌였다. 1814년 4월 16일, 끝내 패배한 나폴레옹은 자신의 퇴위 조건을 정한 퐁텐블로 조약 Traité de Fontainebleau 에 서명하고 엘바 섬 Elba 에 유배되었다. 나폴레옹은 1년 후에 엘바 섬을 탈출해 파리로 돌아와서 복위에 성공했지만, 다시 전쟁을 벌였다가 영국과 프로이센의 연합 공격에 완패했다. 그는 남대서양 한가운데에 있는 세인트헬레나 Saint Helena 에 유배되어 생을 마감했다.

나폴레옹은 분명히 뛰어난 영웅이었다. 자신감은 연이은 승리를 안겨주었지만, 나폴레옹은 그 자신감에 눈이 멀어 세상의 판도를 읽지 못하는 실수를 저질렀다. 자신감이 자만심으로 변질했을 때, 그의 모든 성공과 업적은 물거품이 되었다.

~~~~~~

맹목적인 자신감은 자만심에 불과하다. 나폴레옹의 비극은 그가 실패의 맛을 보지 못했다는 데 있다. 그는 끊임없이 침략하고 승리해서 전쟁터의 도박사가 되었고, 만족할 줄 모르며 욕망을 한없이 키우기만 했다. 불패의 신화 속에 빠져 현실과 이상을 구분하지 못하고 자만의 늪에서 끝내 헤어 나오지 못하게 된 것이다. 자신감이 자만심으로 변질하자 위기의식은 사라지고 상황을 읽는 사고력이 둔감해졌다. 승리의 횟수가 많아지면서 실패의 크기가 더 커진 것이다. 나폴레옹은 자신감으로 성공을 거두었으나, 자만심으로 끝내 패배하고 말았다.

~~~~~~

윌리엄 헨리 해리슨
포기는 실패가 아니다.

윌리엄 헨리 해리슨 William Henry Harrison 은 미국의 제9대 대통령이다. 인디애나주 버클리의 부유한 귀족 집안에서 태어난 그는 인디언 동맹군과의 전쟁에서 승리를 거두어 '티피커누 Tippecanoe 의 영웅'으로 불리며 전국적으로 유명해졌다. 이후 전쟁터와 정계에서 활약한 해리슨은 '역발상'을 이용해서 문제를 해결하는 데 능한 사람이었다. 그의 이런 장점은 어렸을 때부터 돋보였다.

해리슨은 어렸을 때, 무척 얌전하고 수줍어서 늘 말없이 조용히 있는 아이였다. 그래서 주변 사람들은 항상 그를 데리고 다니며 즐거운 놀잇거리를 찾아주고 함께 장난치며 놀았다. 어느 날, 사촌들이 어린 해리슨을 부르더니 동전 선택하기 놀이를 하자고 말했다. 그들은 1센트와 5센트 동전을 내놓고서 해리슨에게 하나만 가져갈 수 있다고 말했다. 해리슨은 잠시 고민하는 듯하더니 1센트짜리 동전을 집어 들었다. 그러자 사촌들은 모두 배를 잡고 웃으면서 어떤 것이 더 좋은지도 모르는 바보라며 놀리기 시작했다. 이후에도 같은 놀이를 몇 차례 더 했는데 그때마다 해리슨은 늘 1센트 동전을 골랐다. 사촌들은 무척 즐거워하며 그를 놀렸다.

어느 날 한 아주머니가 계속 놀림을 당하는 해리슨을 보고 안타까

위 물었다.

"혹시 어떤 동전이 더 큰 돈인지 모르니?"

그러자 어린 해리슨은 아주 작은 목소리로 대답했다.

"당연히 알죠. 알지만 1센트를 고른 거예요. 5센트를 고르면 다시는 이 놀이를 하지 않을 테니까요. 제가 1센트를 집으면 또 하자고 계속 그러거든요. 벌써 여러 번 해서 모은 돈이 5센트를 넘었어요!"

아주머니는 자랑스럽게 웃는 해리슨을 보고 감탄했다.

～～～～～～～～～～～～～～～～～～～～～～～～～～～～

포기가 반드시 실패나 손실을 의미하지는 않는다. 역발상을 이용하면 겉으로는 잃은 것처럼 보여도 새로운 이익의 시작이 될 수 있다. 살다 보면 아직 객관적 조건이 갖춰지지 않아 실현하기 어려운 일들이 있다. 이때는 과감하게 포기해야 다른 새로운 것을 얻을 수 있다. 이런 포기는 의지가 없거나 꾸준하지 않다는 의미가 아니라 역발상을 이용해 곤경에서 벗어나는 긍정적인 인생 태도라 할 수 있다.

～～～～～～～～～～～～～～～～～～～～～～～～～～～～

에이브러햄 링컨
좌절에 무너지지 않는다.

링컨은 미국 대통령 중 가장 순탄하지 않은 삶을 산 대통령이다. 그의 일생은 굴곡과 좌절로 가득했지만, 끝까지 무너지지 않는 마음으로 버틴 끝에 미국 역사상 가장 위대한 대통령으로 손꼽히는 인물이 되었다.

평생 가난했던 링컨은 온갖 종류의 좌절과 싸웠다.

1816년, 가족이 거주지에서 쫓겨나자 일곱 살 어린 나이의 링컨은 가족을 부양하기 위해 일을 시작했다. 1818년에 어머니가 돌아가시고 링컨은 커다란 실의에 빠졌다. 1832년에는 일리노이주의회 의원 선거에서 낙선했으며 설상가상으로 직장까지 잃었다. 로스쿨에 들어가려고 했으나 자격이 없어 교문 구경도 못 하고 마음을 접었다. 다음 해인 1833년에는 사업이 어려워지면서 친구에게 돈을 빌리는 지경까지 갔다. 하지만 1년도 못 되어 완전히 파산했고, 이후 16년에 걸쳐 빚을 갚았다. 이 일로 누구도 그에게 돈을 빌려주려고 하지 않았다. 1834년에 다시 한번 일리노이주의회 의원에 도전해 승리했다. 이제야 안정을 찾나 싶었지만, 그의 고난은 아직 끝나지 않았다. 1835년 결혼을 앞두고 사랑하는 약혼녀가 세상을 떠나자 링컨은 삶에 대한 믿음을 전부 잃었다. 1836년까지 링컨의 정신 상태는 붕괴하기 일보 직전이었고 꼬박 6개월을 병상에 누워 있었다.

　이후에도 실패와 좌절이 연이어 찾아왔지만, 링컨은 더 이상 두려워하지 않았다. 고난은 어느새 그의 삶이 되어 있었다. 1838년, 링컨은 주의원의 대변인이 되려고 했지만 성사되지 않았다. 1840년에는 선거인단 선발에서 떨어지고, 3년 후인 1843년에는 연방 하원의원 선거에서 낙선했다. 하지만 1846년에 다시 나선 선거에서 연방 하원의원으로 당선되어 드디어 워싱턴에 입성했다. 정계에서 나름의 활약을 펼쳤지만, 1848년 재선에는 실패했다. 1849년, 정치적 고향인 일리노이주정부에서 토지부 장관을 맡고자 했지만 거절당했다. 1854년에 상원의원 선거에서 낙선한 후, 링컨은 이렇게 말했다. "이 길은 너무나 힘들어 지칩니다. 지금 나는 한쪽 발이 미끄러진 상태고, 다른 쪽 발도 안정적이지 않습니다. 그래도 숨을 고르고 제 자신에게 말해야겠지요. 그저 미끄러져 넘어진 것뿐이라고, 죽어서 다시는 일어나지 못하는 것도 아니라고 말입니다." 이후 링컨은 두 차례 선거에서 더 실패한 후에, 1860년에 마침내 미국 대통령에 당선되었다.

　링컨이 지금까지도 커다란 존경을 받는 까닭은 그가 실패와 좌절, 고난을 받아들이는 방식이 일반인들의 수준을 크게 넘어섰기 때문일 것이다. 그는 고통을 받아들이되 자신을 잃지 않는 강인한 내면을 갖춘 사람이었다. 누구와도 비교할 수 없는 강한 내면으로 연이어 실패해도 반드시 다시 일어나는 역량을 발휘했다.

실패와 좌절, 고난이 몰려와도 포기하지 않는 정신은 일종의 신념이자 품격이다. 또 자신감이 넘치고 포용력이 큰 강한 내면을 갖춘 사람만이 가질 수 있는 고귀한 소질이다. 현실에서 대부분 사람은 의식적 혹은 무의식적으로 포기를 선택함으로써 크게 모난 데 없는 삶을 살고자 한다. 반대로 어떤 사람들은 힘들어도 강인하게 버티면서 포기하지 않는 쪽을 선택한다. 링컨이 그 대표적인 인물이다. 이런 사람들은 소수지만, 대다수 사람의 박수를 받는 삶을 산다.

빌 게이츠
해야 할 일이 있고,
하지 말아야 할 일이 있다.

빌 게이츠는 '세계 최고의 사업가'다. 우리가 손에 쥔 젓가락을 부지런히 놀려 음식을 집어 먹는 것처럼 그는 돈을 능숙하게 굴려서 이익을 창출한다. 이는 경제 엘리트의 타고난 자질이라기보다 '취사선택'을 잘하기 때문이라고 말하는 편이 맞다. 게이츠는 누구보다 탁 트이고 멀리 볼 줄 아는 눈으로 돈을 번다.

게이츠는 늘 우리에게 '빅뉴스'를 제공하는 사람이었다. 특히 마흔네 살이던 해에 내린 '깜짝 결정'은 전 세계인의 큰 이목을 끌었다. MS가 가장 휘황찬란한 성공을 거두던 그때 게이츠는 CEO 자리를 사퇴하고, MS의 모든 경영일선에서 손을 떼겠다고 발표했다. 그의 뒤를 잇는 사람은 스티브 발머 Steve Ballmer 였다. 이 놀랍고도 언뜻 이해하기 어려운 소식은 갖가지 추측을 낳았다. 하지만 정작 게이츠는 별다른 말이 없었다. 일반인들은 분명히 이해하기 어려운 결정이었으나, 사실 게이츠에게는 또 다른 성공을 위한 시작일 뿐이었기 때문이다.

이에 관해 게이츠는 다음과 같이 말했다. "앞으로 내가 너무나 사랑하는 일인 소프트웨어 개발과 미래를 위한 계획에 시간을 쓸 예정입니다. 나와 MS는 멋진 25년을 함께 했지만, 내 인생의 하이라이트는 아직 오지 않았습니다. 이제 새로운 팀과 협업하면서 MS의 더 아름다운 미래를 위해 최선을 다해 볼 예정입니다."

그는 '너무 사랑하는 일'인 소프트웨어 개발에만 전념하기 위해서 CEO 자리를 과감히 내려놓고 모든 권한을 발머에게 넘겨주었다. 이는 커다란 지혜이자 놀라운 기백이다. 게이츠는 자신이 가장 하고 싶은 일과 해야 하는 일을 정확히 파악한 후, 그것에 집중할 줄 아는 사람이다. 그와 MS가 거둔 휘황찬란한 성공 역시 바로 그의 이런 점에서 비롯되었다.

해야 할 일과 하지 말아야 할 일을 정확히 취사선택하는 것, 포기와 선택은 매우 중요하다. 게이츠는 CEO 자리를 포기했지만, 그에게 이 일은 상실이 아니라 새로운 성취를 위한 시작이었다. 보통 사람들은 재물과 권력을 한 번 손에 쥐면 좀처럼 내려놓지 못한다. 그들이 원하는 건 장기적인 안정이므로 새로운 기회가 와도 주저하기만 한다. 성공하려면 해야 할 것과 하지 말아야 할 것을 파악해서 미련 없이 놓는 법도 알아야 한다. 그래야 인생의 꽃을 화려하게 피우고 그 아름다운 향기를 멀리까지 보낼 수 있다.